JN084337

古事記及び日本書紀の研究［完全版］

津田左右吉

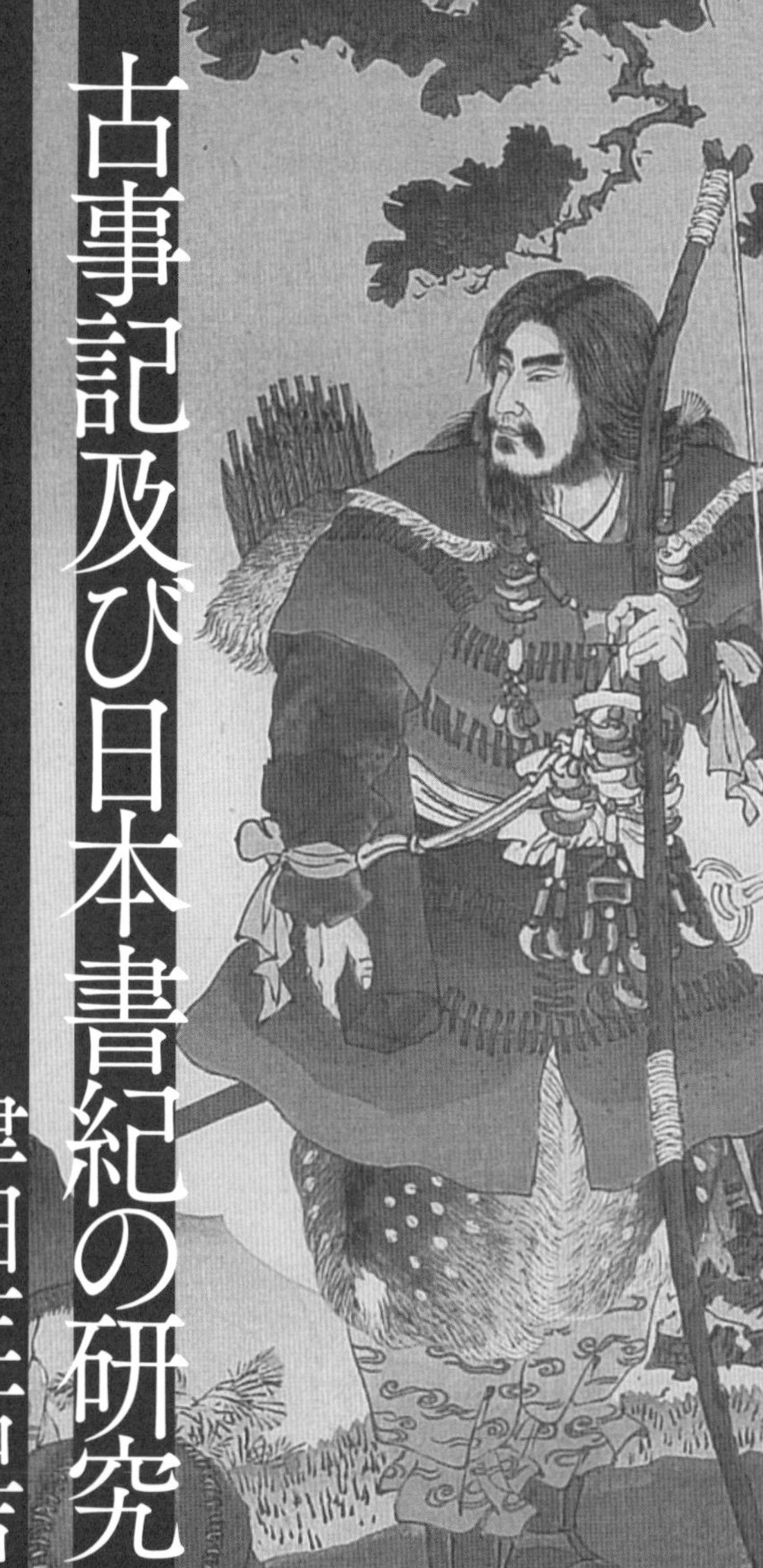

毎日ワンズ

古事記及び日本書紀の研究［完全版］

津田左右吉博士のこと

南原　繁

津田博士と東大とは不思議な因縁がある。それが博士の生涯における悲劇的事件を起こすことにもなった。私自身、責任者として博士にご迷惑をかけたことを今も心の負い目と感じている。

昭和十四年、東大法学部に東洋政治思想史の講座が新設された。そのとき、初代の担当者が問題になったが、私は当時早稲田大学におられた津田左右吉博士を推薦し、同年十月から十二月まで「支那の政治思想」の題目で連続講義が行なわれた。私はかねて博士の歴史に対する識見、学識を高く評価していたし、はじめて講座を開くにはバックボーンをもった学者を、という願いがあったからである。また日本だけでなく東洋全体を知っている学者、その上私学の学者を迎えたいという気持ちもあった。

ところが、博士の東大出講が大事件を巻き起こした。私も不敏で予想しなかったし、博士もおそらくは予期されなかったことであろう。もっとも、その前年昭和十三年に、博士の著書『支那思想と日本』が、軍部や右翼の攻撃を受けてはいたが、博士を東大に迎えなかったならば、以下に述べるような大事件とはならなかったであろう。

昭和十五年二月、博士の主著『神代史の研究』ほか三冊（＊『古事記及び日本書紀の研究』『日本上代史研究』『上代日本の社会及び思想』）が発禁となった。起訴、予審を経て皇室の尊厳を冒涜するという罪名の下に公判になったのが昭和十六年十一月であった。以来、昭和十七年一月まで二十回あまり尋問が傍聴禁止のまま行なわれたが、その間博士は一切の研究も中止され、裁判のために精力のすべてを尽くされた。昭和十七年五月に下った判決（＊『古事記及び日本書紀の研究』のみが有罪）は禁固三カ月（執行猶予）であった。これに対して検事控訴があったが、裁判所が受理する以前に時効となり、この事件そのものが免訴となってしまった。これは戦争末期の混乱によるものと思われる。

博士の研究は、そもそも出版法などに触れるものではない。その研究方法は古典の本文批判である。文献を分析批判し、合理的解釈を与えるという立場である。そして、研究の関心は日本の国民思想史にあった。裁判になった博士の古典研究にしても、『古事記』『日本書紀』は歴史的事実としては曖昧であり、物語、神話にすぎないという主張であった。その結果、天皇の神聖性も否定せざるを得ないし、仲哀（ちゅうあい）天皇以前の記述も不確かであるという結論がなされたのである。右翼や検察側は片言隻句をとらえて攻撃したが、全体を読めば、国を思い、皇室を敬愛する情に満ちているのである。

戦後、博士が早大総長に選ばれた際、東大総長室に訪ねてこられ、「自分はその任でないと思うがどうか」と意見を聴かれた。そのとき私も研究を続けられるほうをお勧めし、博士のご意見とまったく一致したことがあった。事実、博士はその後も学究の道一筋に歩まれた。戦後の学界、思想界にはあるイデオロギーからする極端な解釈が流行したことがあるが、博士はわれわれから見て保守的にすぎると思われるくらいに皇室の尊厳を説き、日本の伝統を高く評価された。まことに終始一貫した態度をとられた学者であった。

昭和三十六年十月、国際哲学人文科学協議会が東京で開かれ「東洋における人間と歴史の概念」をテーマにしてシンポジウムが行なわれた。私は、博士にご出席願えたらばと思い、手紙を差しあげたが、すでに健康のため、許されなかったのはまことに残念であった。

私は博士を東大にお迎えした前後、たびたびご自宅を訪問したが、当時四谷の某氏邸の一隅、僧房の如きささやかな部屋に、つつましく夫人と暮らしておられた。誠実で質素な、文字通り学究の生活であり、儒者を思わせるものがあった。そして何かの折りに博士がいわれた言葉、「私はかつて人を憎んだことがない、ただ気の毒と思うことはある」は、今も私の心のまもりとしている。

（元東京大学総長）

古事記及び日本書紀の研究［完全版］

目次

＊本書は昭和十五年に発売禁止になった『古事記及び日本書紀の研究』（津田左右吉著・岩波書店）を底本とし、昭和三十八年に発行された『津田左右吉全集』（岩波書店）をも参考に用いました。
＊編集に際し、旧送り仮名や旧漢字は現行のものに改め、難解と思われる漢字や単語にはルビを振ったり注釈を施したりしました。ただ編集部注釈には、著者注釈との混同を避けるため「＊」を付しました。
＊本書には「シナ」や「北鮮」など今日では差別的と解釈されかねない表現をそのまま表記した箇所がありますが、作品の世界観を損なわないためであり、その他の意図は一切ないことをお断りいたします。
＊なお著者が晩年、漢字をなるべく用いないこと、とくに固有名詞のカナ書きを実行した点を考慮し、例えば「アマテラス」「ツクシ」など多くを原文のままとしました。

毎日ワンズ編集部

古事記及び日本書紀の研究［完全版］

総論

一　研究の目的及びその方法

『古事記』と『日本書紀』とは、種々の方面に向かって種々の研究の材料をわれわれに供給する。わが国の上代（※奈良朝以前）の政治史はもちろん、社会制度や風俗習慣や宗教及び道徳に関する思想や、ひと口にいうと、内外両面におけるわが上代の民族生活とその発達のありさまとを考えるには、ぜひともこの二書を綿密に調べなければならぬ。しかし、そういう研究に入らない前に、まず吟味しておくべきことは、記紀の記載（『日本書紀』においては主として『古事記』と相照応する時代の部分）は一体どういう性質のものか、それは歴史であるかどうか、もし歴史だとすれば、それはどこまで事実の記載として信用すべきものか、もしまた歴史でないとすれば、それは何であるか、あるいはまたそれにあらわれている風俗や思想はいつの時代のこととして見るべきものか、という問題である。この点を明らかにしてかからなければ、記紀の記載を基礎にしての考察は甚だ空疎なものになってしまう。

何故にこんな問題が起きるかというに、記紀、とくにその神代の部は、その記載が普通の意義でいう歴史としては取り扱いがたいもの、実在の人間の行為または事蹟を記録したものとしては信用しがたいものだからである。われわれの日常経験から見れば、人の行為や事蹟としては不合理な物語が多いからである。なお神代ならぬ上代の部分にも、同じ性質の記事や物語が含まれているのみならず、一見したところでは別に不思議とも感じられないことながら、細かく考えると甚だ不合理な、事実らしからぬ記載が少なくない。これは一々例証などを挙げるまでもなく、周知のことである。

ところが、そういうものがいつのまにか歴史的事実の記載と認むべき記事に移ってゆき、あるいはまた事実らしいことと絡み合っている。だから記紀の記載については、どれだけが事実でありどれだけが事実でないかの限界を定め、事実の記載と認むべき部分としからざる部分とをふるい分け、そうして事実の記載でない部分にいかなる意味があるか、何故に、またどうしてそういう記載ができているかを究め、それによって記紀の記載の性質と精神と価値とを明らかにしなければならぬ。ひと口にいえば、記紀の記載は批判を要する。そういう批判を厳密に加えた上でなければ、記紀というものは歴史的研究の材料とすることができない。ところがわが学界では、まだそれが充分に行なわれていないようである。この書が、もし幾分なりともその欠点を補う用に立つならば、著者のしごとはまったく無駄ではあるまい。

さて、記紀の批判は、第一に、記紀の本文そのものの研究によってせられねばならぬ。第二には、別の方面から得た確実な知識によってせられねばならぬ。

第一の方法は、ある記事なりある物語なりにつき、その本文を分析して一々細かくそれを観察し、そうしてあるいはその分析した各部分を交互対照し、または他の記事、他の物語と比較して、その間に矛盾や背反がないかを調べ、もしあるならば、それがいかにして生じたかを考察し、また文章において他の書物に由来のあるものはそれを検索して、それといいあらわされている事柄との関係を明らかにし、あるいはまた記紀の全体にわたって多くの記事、多くの物語を総合的に観察し、それによって、問題とせられている記事や物語の精神のあるところを看取するのであって、種々の記事なり物語なりの性質と意味と価値とは、これらの方法によって知られるのである。そして同じ時代のこと、または同じ物語が、記紀の二書において種々の違った形をとってあらわれていることが、大いにこの研究を助ける。この両方の記載を比較、対照することによって、あるいは記事の変化し、物語の発展してきた径路が推測せられ、あるいはその間から記事なり物語なりの精神を看取することができるのである。

また同じ記紀(とくに『日本書紀』)のうちでも、その本文を見れば、大体において歴史として信ずべき部分(すなわち後世の部分)としからざる部分(すなわち上代及び神代の部分)とのあることがわかるが、それはおのずから前者をして後者を判断する一つの標準たらしめるのである。が、これは実は第二の方法であって、たとえばシナや朝鮮半島の文献によって得た確実な歴史上の知識、または明白な考古学上の知識をもとにして、それと関係のある記紀の記載を批判するようなのが、すなわちそれである。そしてこの二つの方法は互いに助け合うべきものであるから、われわれはそれらを併せ用いなければならぬ。

なおもう少しこのことを敷衍(ふえん)しておこうと思うが、第一の方法においては、まず何よりも本文を、そのことばのまま文字のままに誠実に読み取ることが必要である。はじめから一種の成心（＊先入観）をもってそれに臨み、ある特殊の独断的臆見をもってそれを取り扱うようなことは、注意して避けねばならぬ。記者の思想はそのことばその文字によって写されているのであるから、それをありのままに読まなければ、記事や物語の真の意義を知ることができぬ。神が島を生まれたとあるならば、その通りに見るほかはない。神がタカマノハラ（＊高天原）に往(い)ったり来たりせられたとあるならば、その通りに天に上ったり天から下りたりせられたことと思わなければならぬ。地下のヨミの国、海底のワダツミの神の宮も、文字のままの地下の国、海底の宮であり、草木がものをいうとあらば、それはその通りに草木がものをいうことであり、ヤマタヲロチやヤタガラスは、どこまでも蛇や鳥である。埴土(はにつち)で船をつくったとあれば、その船はどこまでも土でつくったものでなければならぬ。あるいはまたウガヤフキアヘズの命(みこと)の母がワニであり、イナヒの命が海に入ってサヒモチの神（＊ワニ）になられたとあるならば、それもまた文字通りに、ある神はワニの子で、ある命はワニになられたのであり、ヤマトタケルの命があらぶる神を和平せられたとあるならば、それはどこまでも神に対することであって、人に対することではなく、大小の魚が神功(じんぐう)皇后の御船を背負って海を渡ったとあるならば、これもまたやはりその通りのことでなくてはならぬ。

しかるに世間には今日もなお往々、タカマノハラとはわれわれの民族の故郷たる海外のどこかの地方のことであると考え、ホノニニギの命のヒムカに降臨せられたというのは、その故郷からこの国へわれわれの民族の祖先が移住してきたことであると思うものがあり、そういう考えから「天孫民族」というような名さえつくられている。そうしてその天孫民族に対して「出雲民族」という名もできているが、これは、皇孫降臨に先立ってオホナムチの命が国譲りをせられた、という話の解釈から来ている。あるいはまた、コシのヤマタヲロチというのは異民族たるエミシ（＊蝦夷）を指したものだと説かれている。なお民族や人種の問題とはしないでも、神が島々を生まれたというのは国土を経営せられたことだといい、タカマノハラもヨミの国もまたワダツミの神の国もどこかの土地のことであり、あらぶる神があるとか草木がものをいうとかいうのは反抗者、賊徒が騒擾（そうじょう）することだと説き、イナヒの命が海に入られたというのは海外に行かれたことだと考えられている。けれども、本文には少しもそんな意味はあらわれていず、どこにもそんなことは書いてない。それをこう説くのは、一種の成心、一種の独断的臆見をもって、本文をほしいままに改作して読むからである。

　ところで、何故こんな付会（＊こじつけ）説が生じたかというと、それは一つは、記紀の神代の物語や上代の記載はわが国のはじまったときからの話とせられているために、それをあるいはわれわれの民族の起源や由来を説いたものと速断し、あるいは国家創業の際における政治的経営の物語と臆測したのでもあろう。が、それよりももっと根本的な理由は、これらの物語の内容が非合理な、事実らしからぬことであるからである。徳川時代の学者などは、一種の浅薄（せんぱく）なるシナ式合理主義から、事実でないもの、不合理なものは虚偽であり妄誕であって何らの価値のないものと考えていて、そしてまた一種の尚古主義から、荘厳なる記紀の記載の如きは虚偽や妄誕であるべきはずがないから、それは事実を記したものでなくてはならぬと推断し、したがってその非合理な物語の裏面に合理的な事実が潜み、虚偽、妄誕に似た説話に包まれている真の事実がなければならぬ、と臆測したのである。そうしてそれがために、新井白石の如く、非合理な物語を強いて合理的に解釈しようとし、事実と認めがたいものにおいて無理に事実を看取しようとして、甚だしき牽強付会の説をなすに至ったのである。彼が「神は人であり神代は人代である」と考えたのはそれを示すものであって、こういう考え方によって神代の物語を上代の歴史として解釈しようとしたのである。

これに反して本居宣長の如きは、『古事記』の記載を一々文字通りにそのまま歴史的事実であると考えたのであるが、それとても歴史的事実をそこに認めようとする点において、やはり事実でなければ価値がないという思想をもっていたことが窺われ、また人のこととしては事実らしからぬ非合理な話であるが神のこととしては事実を語ったものであるという点において、人については白石と同じような意義での合理主義を抱いていたことが知られる。のみならず、宣長が神代の神の多くは人であると考えた点にもまた、白石と同じところがある。

さて、今日記紀を読む人には、宣長の態度を継承するものはあるまいが、その所説において必ずしも同じでないにせよ、なお彼の先蹤（せんしょう）に（意識して、あるいはせずして）追従するものが少なくないようである。しからばこういう態度をとる人に、合理的の事実がいかにして非合理の物語としてあらわれているかと聞くと、一つの解釈は、「それは比喩の言をもってことさらにつくり設けたのだ」というのである。白石の考えの一部にはこういう思想があり、彼はその比喩の言から何らかの事実を引き出そうとしたのである。それから今一つの解釈は、事実を語ったものが伝誦の間におのずからかかる色彩を帯びてきた、ひと口にいうと「事実が説話化せられたのだ」というのであって、今日ではこういう考えをもっている人が多いようである。

しかし、何故に事実をありのままに語らないで、ことさらに奇異の言をつくり設けて非合理な物語としたのであるか。神が人であるならば、何故に「神」といい、「神の代」というのか。これは白石一流の思想では解釈しがたき問題である。また記紀のこういう物語を、事実の説話化せられたものとしてすべてが解釈せられるか、たとえば、葦牙（＊葦の若芽）の如く萌えあがるものによって神が生まれたとあり、最初にアメノミナカヌシの神の如きが天に生まれ出でた、というようなことは、いかなる事実の説話化せられたものであるかというと、それは何とも説かれていない。しかし、それだけは事実の基礎がない、というのならば、何故に他の物語に限って事実の説話化せられたものであるというのか。甚だ不徹底な考え方である。そうして比喩であるというにしても、説話化であるというにしても、その比喩、その説話が非合理な形になっているとすれば、少なくとも人にそういう非合理な思想があること、あるいはそういう思想の生ずる心理作用が人に存することを許さねばならぬ。が、それならば、何故に最初から非合理な話を非合理な話として許すことができないのか。こう考えてくると、この種の浅薄なる合理主義が自己矛盾によって自滅しなければならぬことがわかろう。

しからばわれわれは、こういう非合理な話をいかに考えるべきであるか。それは別に難しいことではない。

第一には、そこに民間説話の如きものがあることを認めるのである。人の思想は文化の発達の程度によって違うものであって、決して一様でない。上代人の思想と今人（こんじん）の思想との間には大いなる径庭（けいてい）（＊隔たり）があって、それには、今日の小児の心理と大人のとの間に差異があるのと似たところがある。民間説話などは、そういう未開人の心理、未開時代の思想によってつくられたものであるから、今日から見れば非合理なことが多いが、しかし未開人においては、それが合理的と考えられていた。鳥や獣や草や木がものをいうとせられたり、人と同じように取り扱われていたり、人が動物の子であるとせられたりするのは、今日の人にとっては極めて非合理であるが、未開人においては合理的であったのである。けれどもそれは未開人の心理上の事実であって、実際上の事実ではない。上代でも、草や木がものをいい鳥や獣が人類を生む事実はあり得ない。ただ未開人がそう思っていたということが事実である。だからわれわれは、そういう話を聞いてそこに実際上の事実を求めずして、心理上の事実を看取すべきである。そうしていかなる心理によってそう思われていたかを研究すべきである。しかるにそれを考えずして、草木がものをいうとあるのは民衆の騒擾することだ、というように解釈するのは、未開人の心理を知らないために強いて今人の思想でそれを合理的に取り扱おうとするものであって、未開人の思想から生まれた物語を正当に理解する所以（ゆえん）ではあるまい。

また人の思想は、その時代の風習、その時代の種々の社会状態、生活状態によってつくり出される。したがってそういう状態、そういう風習のなくなった後世において、上代の風習、またその風習からつくり出された物語を見ると、不思議に思われ、非合理と考えられる。たとえば、蛇が毎年処女を捕らえに来るという話がある。蛇を神としていた一種の信仰や処女を犠牲として神に供えるという風習のなくなった時代、または民族から見ると、この話は甚だ理解しがたいが、それが行なわれていた社会の話として見れば、別に不思議はない。だからわれわれは、歴史の伝わっていない悠遠なる昔の風習や生活状態を研究し、それによって古い物語の精神を理解すべきなのである。ところが、それを理解しないで、蛇とは異民族のことだとか賊軍のことだとかいうのは、まったく見当違いの観察ではあるまいか。

もちろん、記紀の物語にあらわれているわれわれの民族生活が上記の二条に述べたように未開時代の状態であった、というのではない。ただわれわれの民族とても、極めて幼稚な時代を経過したものであるから、そういう遠い過去につくられ、その時代から伝えられている民間説話などが記紀の物語の書かれた頃にも存在し、そうしてそれに採用せられ編入せられた、と認め得られるのであって、同様の現象は文化の進んだいずれの民族においても見ることができる。のみならず、記紀にあらわれている時代とても、一方には遥かに進んだ思想がありながら、他方にはなお甚だ幼稚な信仰などが遺存し、文化の進むに伴って新たに発達した風俗がありながら、ずっと未開の時代の儀礼や習慣などが（よしその意味が変わっているにしても）なお行なわれていたのである。このことについては、なお後章に至って言及する場合があろう。

次には、人の思想の発達したのちの想像のはたらきによって構成せられた話が古い物語にも少なくないことを、注意しなければならぬ。普通に「説話」といわれているものには、多かれ少なかれこの分子が含まれている。天上の世界とか地下の国とかの話は、その根底に宗教思想なども潜在しているであろうが、それが物語となってあらわれるのは、この種の想像の力によるのである。事実としてはあり得べからざる、日常経験から見れば不合理な空想世界がこうしてつくり出されることは、後世とても同様であって、普通に「ロマンス」といわれるものにはすべてこの性質がある。人の内生活において本質的に存在している、いわばロマンチックな精神の表出として、いつの世にもそういう物語がつくられる。それを一々事実を語ったものと見て、タカマノハラは実は海外の某地方のことだ、などと考えるのが無意味であることは、いうまでもなかろう。

　以上は説話の一々についてのことであるが、もし多くのそういうような物語が一つのまとまったものに組織せられている場合には、そこに何らかの精神があり何らかの意図がはたらいていることを、看取しなければならぬ。それがなくては、そういう組み立てはできないはずだからである。シナの堯舜（ぎょうしゅん）（＊古代の伝説上の聖君、堯と舜）から禹湯文武（うとうぶんぶ）（＊夏の禹王、殷の湯王、周の文王と武王）に至る長い物語は、シナ人の政治道徳の思想によって構成せられているから、それがために事実とは考えられないことが多くあらわれている。それを思わずして、あの古代の物語を一々事実を記したものと見ようとすれば、牽強付会に陥ることはいうまでもない。記紀の物語は必ずしもそれと同視すべきものではないかもしれぬが、上代人の国家観なり政治観なりがそこに反映していないとも限らず、したがってそれがために、事実らしくない非合理なことがあらわれていないともいわれなかろう。このことについてはなおのちにいうつもりであるが、ここにはまず、そういうことがあり得べきものとして予想せられることを仮定し、そういう場合には、われわれはその語るところにいかなる事実があるかと尋ねるよりは、むしろそこにいかなる思想があらわれているかを研究すべきである、ということを注意しておくのである。こういう性質の物語は、物語そのものこそ事実を記した歴史ではないが、それにあらわれている精神なり思想なりは厳然たる歴史上の事実であって、国民の歴史にとっては重大なる意義のあるものである。

だからわれわれは、今日のわれわれの日常経験に背いている非合理な、事実らしからぬ記紀の物語を読むにあたって、それを強いて合理的な事柄の記されているものとして見るべきではなく、その本文をそのままに読んで、そうして、そういう物語が人のいかなる心理、いかなる思想から生じたか、何故にそういうものが世に存在するか、いかにしてそれがつくられたか、またいかにしてそれが記紀にあらわれるようになったかを考え、本文のままでその意味を研究すべきである。

ただ、記紀の物語のようなものが記紀ばかりにあると思っていた時代、また思想や考え方の発達や変化ということがわからず人の思想や考え方はいつでも同じものと思っていた時代、したがってまた未開人、上代人の思想や心理を理解することのできなかった時代の学者、たとえば新井白石のような人が、そういう特殊の物語を特殊のものでなく解釈し、後人の日常経験に背馳(はいち)している説話をそうでないように理解しようとしたのは、無理のないことではある。神は人なりとか神代は人代なりとかいうのは、一つはここから生じた窮策であった。

白石のみでなく、儒者系統の学者で神代の物語に何らかの価値を認めようとするものは、白石の如く具体的にそれから引き出した歴史的事実というものの何であるかを説きはしなかったけれども、その見方においては、多くは彼と同じような考えをもっていた。たとえば熊沢蕃山でも貝原益軒でも、あるいはまた儒者ではないが伊勢貞丈の如きもみな、それである。神道者の説でも、度会延佳（＊度会神道の唱導者）や山崎闇斎（＊垂加神道の唱導者）の思想の一面には、やはりそれがあった。

また、それに価値を認めようとしないものには、荒唐無稽の話だから存して論ぜず、それについて考を費やすには及ばぬ、という見解をもっていたものもあった。早くは雨森芳洲の如き、また村田春海、山片蟠桃の如きがそれである。水戸の『大日本史』にあらわれている思想的態度も、これと同じところに帰着しよう。このうちでも、山片蟠桃は明らかにそれを何の根拠もないつくりごとであるとし、つくりごとであるから価値がない、としているが、上田秋成の意見もまたこの類に入れられようか。

しかし、つくりごとであるとはしながら、それに何かの意味はあろうと考えたものもあって、市川匡はそれを後世の天皇の御心から出た秘事であるとし、帆足万里はそのうちに神道の教えとして天皇のつくられたものがあるといっているが、本居宣長などの系統に属しない別派の国学者であった富士谷御杖もまたそれを、教えのために天皇のつくられたものだといっている。橘守部が「幼な語り」をそのうちに認めたことは新しい見方であるが、しかし、それにも教えの意義があるとはいっている。これもまた儒教思想によって考えたものであることはいうまでもない。

こういういろいろの考え方が徳川時代の学者にはあったが、いずれもその根本には白石と同じ意義での合理主義があり、事実でなければ無意味であるとする考えがあるので、教えであるというのも、事実でないこと、非合理なことを、そのままでは価値がないと考えたために、それに強いて何らかの意味をつけようとしたのであり、やはり一種の窮策であった。そしてそれはやはり、知識が狭かったのと、上代人の思想や考え方を解しなかったのとのためである。

しかし今日では、人の知識が広くなった。記紀の物語に含まれているような説話は世界至るところにあることがわかり、人の思想や事物の見方、考え方が一般文化とともに変化し、発達するものであることが知られ、上代人に比較すべき未開民族の風俗習慣やその心生活もほぼ了解せられ、また多くの国、多くの民族において、上代の歴史の如く伝えられているものがいかにして構成せられたかということも知れ渡ってきた。したがってわれわれは、そういう知識の助けを借りて、あるいは上代人の思想や心理を理解し、あるいは物語の作者の意のあるところを推測し、それによって記紀の説話なりその全体の結構なりの意味を知ることができるようになった。もはや徳川時代の学者のような窮策をとる必要はなくなったのである。

要するに、記紀の記載には事実らしからぬ物語が多いが、それがためにそれらの物語が無価値であるのではない。事実でなくとも、むしろ事実でないがために、かえって、それに特殊の価値がある。それは現実に生起した事件という意義での事実ではないが、思想上の事実、もしくは心理上の事実である。外面的の事実ではないが、内面的の事実である。記紀の物語をこう観察してはじめて、真の研究の門に入ることができるのである。

それから、第二の方法についても一言しておきたい。外国の書物によって日本の書物の記載を批判するということを不快に思うような、昔の国学者一流の偏狭な思想は、もはや世間にもあるまいと思うが、それでもなお一種の無意味な因襲から、記紀に書いてあるからというので何となくそれが事実らしいように感ずるものがないともいえぬ。けれども史料の批判は民族の自他内外によって標準の変わるものではないから、こんな謬想(びゅうそう)はもとよりきれいに取り去ってしまわねばならぬ。のみならず、自国の記録には、無意識の間に、もしくは何らかの特殊の目的をもって、種々の修飾の加えられる例の少なくないことをも考えねばならぬ。

ここで一言しておきたいことは、記紀の物語を解釈するにあたって、文献の外の知識、たとえば考古学の知識などを借りることである。文献の記載が曖昧な、または疑わしい場合に、考古学の知識によってそれを批判することにはもとより異論はない。が、それは考古学を考古学として独立に研究した上の知識でなくてはならぬ。考古学が文献上の知識を材料とすることはもちろんあろうが、その文献は史料として確実なものでなくてはなるまい。ところが、記紀の神代や上代の部のような、歴史であるか何であるかすら不明な、厳密な批判を加えてみなければその記載を歴史として取り扱うことのできない文献は、そのままでは考古学の材料にはならぬ。したがって記紀の記載が厳正なる批判によって歴史的事実たることの承認せられた上でなくては、記紀のほかに参考すべき文献がないような事物を取り扱う考古学の研究は、もっぱら遺跡や遺物そのものによらなければなるまい。そういう風に記紀から離れて研究した考古学の結論にして、はじめて記紀の批判を助けることができる。しかるに、もしそれに反して、未だ批判を経ない記紀の記載に、いい加減の、あるいはほしいままな意義をつけ加え、その助けによってつくりあげられた似而非(えせ)なる考古学があるとすれば、それは考古学としての本領を傷つけるものであると同時に、また決して記紀の批判の助けとなる資格のないものである。記紀の研究のほうからいうと、その批判の準拠としようと思う考古学が逆に記紀を用いていたのでは、何にもならぬのである。

人種とか民族とかいう方面の知識においてもまた、同様である。人種や民族の移動が文献によって知られることもあるが、そういう文献のない場合には、それを研究するにはおのずから学問的の方法がある。いうまでもないことであるが、それはすなわち主として比較解剖学と比較言語学との力によって体質と言語とを明らかにし、また民族を問題とする場合には、それに加えるに民族の存立の基礎をなす生活上の根本条件、民族の殊別（＊区別）に関係の深い種々の文化現象の研究をもってすべきである（ここに「人種」と「民族」とを並べていったが、それは人種は同じでも民族としては違う場合が多いからである。普通に民族というのは、同じ人種に属するとともに、長年月の間、共同の生活をしてきた、すなわち生活の閲歴を同じくすることによって、その年月の経過とともに自然に形づくられた民衆の集団を指すのであるから、この閲歴の違いによって、一つの人種がいくつもの民族に分かれるのである。人種が違えば民族もまたしたがって違うことは、いうまでもない。人種や民族の混合ということもあり、事実、どの人種どの民族にもいくらかの程度においてそれの行なわれなかったものはないが、一般的にはこう考えられる）。

さて、ここにいったような方法によって研究せられた人種や民族に関する学術的知識が、もし、わが国の上代に種々の異人種、異民族がいて、それらの地理的分布がどんな状態であったか、またそれらがどういう径路、どういう形勢で移動したかということを確実に証明した上において、記紀の記載をそれらの異人種、異民族の行動の記録として見、それがすべての点において互いに符合し、無理のない比定ができることを認め得た場合、それによって記紀の物語の全部が遺漏なく説明し得られる場合、そしてまたその人種上、民族上の差別や移動が記紀にあらわれ得る如き近い世において存在し、また行なわれたことの明らかに知られた場合には、記紀の記載はあるいはそういう風に解釈してもよいかもしれぬ（事実上それができないことは明らかではあるが）。そうしてまた、そういう解釈をする場合には、民族や人種の行動が何故にそのままに伝えられずして記紀の物語のような形をとったか、ということについて、充分の説明をしなければならぬ（これもまたできないことであろう）。またこういう解釈や説明をする場合の人種や民族に関する知識は、記紀の記載からまったく離れた独立の研究によって得たものでなくてはならぬ。これはあたかも前に考古学について述べたと同様である。もししからずして、一種の独断的臆見をもって記紀のある部分にほしいままな意義をつけ加え、それによって、たとえば天孫民族とか出雲民族とかいうものを成り立たせようとするならば、それは何ら学術的価値のないことである。のみならず、仮に前に述べたような条件の下において、記紀の記載を人種や民族の行動として解釈することの許される場合があると見るにしても、それは記紀の唯一の解釈法ではない。記紀の本文を文字通りに読めば毫もそんな意義はないから、記紀にはまた別の、あるいはそれよりも正当な解釈法があることを拒むことはできない。それを拒もうとするならば、まず何故に記紀の記載を文字通りに解釈してはいけないか、ということを的確に証明してかからねばなるまい。

さらに一言すべきは、説話などの比較研究についてである。多くの民族の間に類似した、あるいは共通な、種々の説話が存在することは、争うべからざる事実であって、そこから比較研究の途も開かれたのであり、上に述べた如く、記紀の物語にも、そういう学問の力を借り、それによってはじめて意義の解せらるべきものが少なくないことは明らかである。が、それについてもまず第一に記紀の説話そのものを文字のままに読み取り、そうしてのち、それと対照すべきものがもし他の民族にもあることがわかるならば、それを参考すべきである。はじめから他の民族の事例をよりどころにして、またはそれからつくられたある学者の仮説をあらかじめもっていて、記紀の説話を無造作にその型に当てはめて考えることは、避けねばならぬ。こういうことについての比較研究は今日においては決して完成しているのではなく、とくに西洋人の研究にはわが国やシナなどの材料が正当に採り入れられていないからである。また一般的な説話学の材料として記紀の説話を取り扱うのではなく、記紀の説話そのものの意義を明らかにするための研究においては、よし他の民族に例のあるものでも、考察の主眼は多くの民族に共通な性質をそこに認めようとするのではなく、どこまでも記紀の説話の特性を発見することにあるのであるから、なおさらこの用意が大切である。

説話のみでなく、宗教や呪術やその他の民間の風習についても同様である。本来こういう事柄が多くの民族において類似した現象を呈しているのは、民族間の交通によって一から他へ伝えられたと見るべき場合もあろうが、それよりもむしろ人類の生活がその未開時代においては、民族の異なるにかかわらず、ほぼ同じような段階を経て進んできたものであって、その同じような文化の段階における同じような生活から同じような思想や風習が形成せられた、と考えらるべきことが多い。けれども民族の異なるにしたがってその生活に特性が生じているから、民族生活の一つのあらわれとしてこれらの事柄を見るにあたっては、その特性を知るのが肝要なのである。だから記紀の研究では、いわゆる比較研究の助けを借りる場合にも、主としてこの点に着眼し、そうして世界に類例の多い事柄がわが国においていかなる特色を帯びてあらわれ、またそれが記紀においていかに取り扱われ、いかなる意味をもたせられているかに、注意しなければならぬのである。

しかし、記紀はわが国で書かれたものでは最古の文献であるが、それに先立ってわれわれの民族のことを記した文献は他の国にあるかもしれぬ。ここにおいてか、シナの文献を考える必要が生ずる。そしてそれはまた、記紀を批判するにあたって必要な文献上の知識がどこにあるかを知る頼りにもなる。文献でなくとも、われわれの民族の遺跡に存在するシナの製品によって過去の歴史の何事かが推測せられる場合が多く、それが間接に記紀の批判の助けになるものであることはいうまでもない。が、それを考えるには、上代におけるわれわれの民族とシナ人との交渉を知らねばならぬ。

二　われわれの民族とシナ人及び韓人との交渉

シナの典籍に「倭」という民族の名が出ていて、それがわれわれの民族を指す称呼として用いられていることは、いうまでもない。さて、その名のあらわれている古いところを調べてみると、『山海経(せんがいきよう)』（＊古代中国の地理と神話の書）に見える「倭属燕」はよく人の引用するものであるが、この書は撰述の時代も不明であるし、書中の記載で事実らしく見えることも、それだけでは信用しかねるものであるから、しばらく論外に置かねばならぬ。その他、後漢時代（二五年―二二〇年）につくられた王充の『論衡』にも、周代のはじめのこととして倭人貢献の記事があるが、こういう風にいわゆる四夷（＊中国の周囲の国々）の来朝、もしくは貢献を上代帝王の治世に仮託することはシナ人の癖であるから、これも歴史的事実として見ることは難しい。さすれば『漢書』地理志の燕の条に「楽浪海中有倭人、分為百余国、以歳時来献見云」とあり、『後漢書』の中元二年（五七年）の条に「東夷倭奴国王遣使奉献」とあるのが、今日に伝わっている典籍においては確実なものとして取り扱い得る倭の記事の初見であろう（『漢書』地理志の百余国というような数はもとより文字通りに解すべきものではなく、またその多くの国のものがことごとく「以歳時来献見」したとも考えられないが、シナ人が倭に多くの国のあることを伝聞したこと、またその中のあるものが楽浪郡と交通したことは事実と見なければならぬ）。

　その次に倭に関する記事のすこぶる詳密にあらわれているのが『魏志』の倭人伝で、それによって三世紀の中頃における倭の状態、並びにその風俗習慣などを知ることができる。「奴国」というのもそれに見えている。『後漢書』の東夷伝の中にも倭伝があるが、これは概ね『魏志』のをとったものである上に、それを読み誤った点もあって、独立の価値は乏しい。それから『晋書』にも倭の記事がある。

　さて、『魏志』及びそれより前のシナの史籍、並びに『晋書』の倭人伝にシナと交通したように書いてある「倭」が、わがツクシ地方であるということは、『魏志』倭人伝に詳述せられている地理的記載によって知られるので、これには疑いを容れる余地がない（もっとも世間に異論はあるが、私見によれば倭人伝のこの解釈は動かすべからざるものである)。徳川時代に筑前の志賀島の海浜から発見せられた「漢委奴国王印」の文字のある金印もまた、その一証である。この文は「漢の委(倭)の奴の国王の印」と読むべきもので、「奴」は『日本書紀』などに見える「儺(な)」すなわち那珂(なか)郡地方(*福岡市付近)を指したものであるということは、三宅米吉氏によって提出せられてから学界の定説となっている。『後漢書』の記事が奴の国王の最初の朝貢(ちょうこう)を示すものであるかどうかはやや不明であるが、よしそれが最初のものであるとしても、もっと前からツクシ地方の諸小国の君主が、当時朝鮮半島の西北部を管治していた漢の楽浪郡と交通をしていたことは、推測しなければならぬ。漢の都まで使節を遣わすには、それよりも前にかなりの親しみを楽浪郡にもっていたと考えるのが自然だからである。前に引いた『漢書』地理志の記事はすなわちそれを証するものである。もっともこの記事は前漢末のことをいったのかもしれず、したがって同じ漢代でもそれより前の状態は明らかでないが、よほど控えめに解釈するにしても、前漢時代(前二〇二年―八年)の末近き頃から、ツクシの諸小国の君主がぼつぼつ楽浪に交通しはじめたと考えるにさしつかえはなかろう。

金印の刻字

が、もう一歩進んで臆測するならば、この交通は楽浪郡設置(前一〇九年)ののちまもない時代からすでにあったものとも考え得られよう。『後漢書』東夷伝に「自武帝滅朝鮮、使訳通於漢者三十許国」とある「使訳」(*使者と通訳)以下は、『魏志』倭人伝に「漢時有朝見者、今使訳所通三十国」とあるのを誤解し、漢代のことと思って書いたものらしいが、武帝（＊前漢第七代皇帝・劉徹）が朝鮮（＊いわゆる衛氏朝鮮）を滅ぼしてから倭人が漢と通じた、というのはしかるべき事情である（朝鮮の滅亡と楽浪郡の設置は本来政治上の変動であって、必ずしも文化史上の時期を画すべきものではなく、そして当時における倭人の交通はまったく政治的意味のないものであるから、それはあるいは朝鮮時代からの引き続きであろうかとも考えられるが、文献の上ではそう推測すべき積極的の根拠がない）。そして『魏志』に見える如く魏の時代（二二〇年―二六四年）には、邪馬台国（福岡県山門郡にあった国）の女王卑弥呼の使者が帯方郡を経由して洛陽に赴き、また魏の使いが詔書と印綬をもたらして邪馬台国に来たほどであり、「今使訳通ずるもの三十国」といわれたところを見ると、後漢時代を通じて楽浪（のちには帯方）に交通したツクシの諸小国の君主はかなりに多く、それが魏のときまで引き続いていたものに違いない（三世紀のはじめに楽浪郡の南部は帯方郡となって独立し、倭人の交通はこの帯方郡の所管に移った）。

　さて、魏の使いのはじめてきたのは正始元年（二四〇年）であって、そのときには特殊な政治的意味はなかったようであるし、一体に「貢献」とか「朝貢」とかシナで称せられることも、通常の場合には何らかの財貨を得るのが目的であったろうが、正始八年（二四七年）にはやや政治的意味のある交渉が生じている。それは、南のほうの狗奴国と衝突したために、邪馬台国がその事情を帯方郡に訴え、郡の太守が官吏を邪馬台国に派遣して告諭させた、ということである。小国分立して互いに勢を争うときには、思想上に何らかの権威を有する後援者を得ることがその間に利を得る好方便であるから、邪馬台国もこの意味で帯方郡の威を借りようとしたのかもしれぬ。さすれば、これに似たことが前にもなかったとはいわれぬ。倭の諸国が一般に文化国として崇敬しているシナに親しいということは、政治的勢力の上においても、少なくともそれなりの利益はあったろう。

さて、『晋書』倭人伝によれば、この邪馬台国は晋の武帝（＊西晋初代皇帝・司馬炎）の泰始年間のはじめまで朝貢をしていたらしい。『晋書』のこの記事は洛陽の都に使節が行った（＊二六六年が最後）ということであるが、帯方郡に対する倭の交通はそれで終わったのではなく、楽浪、帯方が滅亡したとき、すなわち四世紀のはじめまでは依然として継続せられたと見るのが妥当であろう（邪馬台国の所在については、それをツクシの一地方とするのと、皇都の地であったヤマトとするのと二つの説があるが、『魏志』の記載を正しく解釈する限り、それがツクシの一国であることには、何らの疑いがない。そしてその位置については、今の山門郡とする説がしたがうべきものと考えられる）。

ところが、シナの文献に見えるこれらの記載は、『古事記』や『日本書紀』によって伝えられているわが上代の物語とは何らの接触点を有せず、まったく交渉のないものである。実際、『魏志』によると、三世紀の中頃においては、ツクシ地方は政治上それよりも東方（＊本州）の勢力に服属していなかったことが明らかであり、そしてこの状態は、遡っては少なくとも前漢末、すなわち前一世紀の終わりから、下っては邪馬台国が晋に貢献を継続していたとき、すなわちたぶん四世紀のはじめまで同様であったと推測せられ、その推測を妨げる何事もないのであるから、この地方は、三世紀以前においてはヤマトの朝廷の権威の下に入っていなかったと見なければならず、そしてそれは、こういうシナの文献の記載と記紀の物語とが互いに関係がない、という事実と相応ずるものである。シナの文献が記紀の所伝とはまったく離れていて、しかもそれが概して確実なものだとすれば、その記載は記紀の批判において有力なる一資料となるものであることが知られる。のみならず、記紀の性質をこれによって知ることもできる。詳しくいうと、記紀の記載の上代の部分によってわれわれの民族の上代史は知られない、ということがわかるのである。われわれの民族の重要なる一部分を形づくっているツクシ人の上代の事蹟、しかもそれは、政治的にも文化的にも、われわれの民族の全体にとって極めて大きいはたらきをした事柄であるにかかわらず、その事蹟が、毫も記紀にあらわれていないからである。

さて、上に述べたようなツクシ地方のわが民族のことを書いたシナの文献は、いつつくられたものかというに、『魏志』は魏の滅びてまもない晋のはじめに編纂せられたものであり、とくに倭人伝の主要なる記事は魏人がツクシに来たときの見聞録によったものに違いなく、また『後漢書』の編纂は『魏志』よりもずっとあとの宋代（五世紀）であるが、その本紀（ほんぎ）はもちろん、事件（＊さまざまな出来事）のあった当時の記録に基づいた史書によって書かれたものである。ところが、記紀は今日に伝わっているわが国の文献では最古のものであるものの、その撰述年代は、一つは和銅五年（七一二年）、一つは養老四年（七二〇年）であって、ともに八世紀に入ってからのことである。しかしそのうちには、それよりもずっと古い時代の資料がとられていることはいうまでもない。その最古の資料がいつ頃のものであるかは研究を要する問題であるが、いかに古くとも、文字の術がわがヤマト朝廷において用いられるようになってからであることは、疑いがない。文字を用いていた国でヤマト朝廷がはじめて接触したものは百済（くだら）であるから、その時期は、百済から文字の伝えられたあとであるが、それがいつであるかは攻究を要する。そしてそれには、百済がわが国と交通しはじめた時代を考えねばならぬ。

ところが、ここでも『魏志』の韓伝が役に立つ。それによると、魏の時代、すなわち朝鮮半島の西北部に楽浪、帯方の二郡があった時代には、その南部は馬韓、辰韓、弁韓の三集団に分かれていて、馬韓には五十四国、辰、弁の二韓には各々十二国あったという。百済はこの馬韓の一国たるにすぎなかった。一国といっても、馬韓に五十四国もあるという話と「大国万余家小国数千家」という記事とから推測すれば、いかに大国と見ても万余家の一集落にすぎなかったろう。また辰韓の一国には斯盧（しろ）があって、それがすなわち新羅（しらぎ）であるが、これもまた十二国の一つにすぎず、その大きさは、辰韓の諸国が「大国四、五千家小国六、七百家」だとあるので、ほぼ想像せられる。倭人伝に、末盧（まつろ）すなわち松浦（まつら）は四千余戸、伊都すなわち怡土は千余戸、奴すなわち儺は二万余戸、邪馬台国すなわち山門は七万余戸、とあるのを参照するがよい（倭人伝のこの記事は魏人の実見上からの推測ではあろうが、もちろん正確とはいわれず、かつその間の差異があまり大きすぎるところから見ると、邪馬台国などについては、里程の甚だしく遠くなっていることとともに、筆者の造作が加わっているに違いなく、また韓伝に見える韓人の戸数も半ばは臆測にすぎないであろうから、これらの記事を文字通りに受け入れることはできなかろうが、しかし韓の地域と国数との関係また地勢や文化の上から考えると、一国といっても狭小な土地で人口も少なかったことは、ほぼ首肯せられる）。また弁韓の一国に狗邪国があって、それがツクシ、帯方間の中継地点、ツクシ船の停泊所であったが、それはすなわちのちに加羅（任那）としてわが国に知られた今の金海市である。『晋書』を見ると、武帝の時代（二六五年—二八九年）に馬韓、辰韓貢献の記事があるから、この状態は三世紀の終わりまでは同様であったと想像せられる。

ただ、この時代の百済の位置がどこであったかは明らかにわからぬが、四世紀の中頃になると、それがいわゆる漢城の南の広州を首府とする大国となって、馬韓の全地域を領有している上に、もとの帯方郡の一部分、すなわちほぼ今の京畿道の大部分をも占領していたことは、半島の歴史の研究の結果として知られている。そうしてその頃には、楽浪郡及び帯方郡の北部は高句麗の領土になっていたので、百済はこの高句麗と衝突するという形勢であった。四世紀のはじめに、晋がその領土の東北部を異民族たる鮮卑に奪われ、楽浪、帯方との連絡を断たれたので、二郡の維持が困難になったに乗じ、高句麗が鴨緑江の渓谷から出てきてその地の大部分を占領し、南辺の一部は百済の有に帰したのである。そして、百済の王室が高句麗人と同じ民族から出ているという伝説がもし信ぜられるならば、それが百済に君臨するようになったのは、楽浪、帯方の覆滅、高句麗の南下という半島の大動揺に伴った一事件であろうから、この事実と前に述べた大勢とを総合して考えれば、百済がこういう風に勢力を得た時期は、四世紀に入っていくらかの歳月を経てからのことであろう。もしまたこの伝説が事実を語ったものでないとするにしても、三世紀における百済の地位と四世紀の中頃におけるそれとを対照してみるだけで、ほぼ同じことが考え得られる。『三国史記』（＊朝鮮最古の歴史書）の上代の部分は歴史的事実の記載として信ぜられないものであるが、『百済紀』においては、近肖古王（三七五年没）のときからの記載にはほぼ事実として認められるものがあるらしく、そして百済が高句麗と衝突したという記事がはじめてこの王の紀に見え、また百済が北漢山（＊ソウル市）に都を遷したのもこの王のときだという話がある。この遷都の説は誤りであるが、百済の地位と領土との固まったのが四世紀の中頃だといったのはこれがためである。ところが、のちにいうように百済のわが国に交通したのもまたこの王のときであって、『古事記』の応神天皇の巻に「照古王」という文字で記されているのが、すなわちそれである。『三国史記』によればこの王の在位は三十年であって、これはそのままに信用すべきものかどうか明らかでないが、没年の三七五年であることは、三七二年に晋に朝貢したという『晋書』の記事から見てもほぼ疑いがなかろうから、この交通のはじまったのは、四世紀の後半に入ってからのことであろう。

しかし、百済のわが国に交通したのは、わがヤマトの朝廷の威力が韓半島に及んだことと関係がなくてはならず、それはまた、わがツクシ地方の少なくとも北部、すなわち半島に対する交通路にあたる地方がヤマト朝廷に統一せられていたことと伴わなければならぬ。ツクシの北部が帰服しない間は、地理上の事由からヤマト朝廷は決して半島に手を出すことができなかったに違いないからである。すでに述べた如く、少なくとも三世紀の終わりに近い頃まではツクシ地方はヤマト朝廷と政治的関係がなかったとすれば、それが（少なくともその北部が）ヤマト朝廷に帰服したのは、いかに早くとも三世紀の終わりでなければならず、そして『晋書』に見える倭人貢献の最終の記事は、必ずしもツクシの諸小国の君主が帯方に交通したことの最終であったとは言いがたく、したがってまた彼らが独立していた状態の終わりであるとは考えられないから、この変動は四世紀に入ってからのことかと思われる。そして、それにはいくらかの年月が費やされたであろうから、それはあたかも半島の大動揺とほぼ同時であったと見なければならぬ。これは一方では、百済が近肖古王のときにわがヤマト朝廷と交通したことの可能であることを示すものであるとともに、他方ではこの百済との交通の行なわれたことが、ヤマト朝廷がツクシ（の少なくとも北部）を統一せられた時期を考定する有力な標準となることを示すものである。言い換えれば、ツクシ地方がヤマトの朝廷を戴くわが国家組織に入ったのは百済の馬韓統一、帯方占領と同じく、ほぼ四世紀の前半のうちに行なわれたものであることが、その百済の近肖古王がヤマトの朝廷と交通したという事実によって推測せられるのである。

ところが、これと同じ時代において新羅の辰韓統一もまた行なわれたらしい。三世紀において新羅が辰韓十二国中の一国たるにすぎなかったことは前に述べた通りであり、われわれの民族に対しても、弁韓の狗邪国が中間にあり、なおあるいは他の辰韓の国が狗邪と新羅との中間にあったかもしれぬから、直接には何らの交渉の起こるべき形勢ではなかった。「新羅」の名はツクシ人が聞き知っていたかもしれぬが、特別の関係が生ずべき状態ではなかった。ツクシ船はイキ、ツシマを経て狗邪へ行き、そこから半島の海岸を縫って遠く帯方の海浜、すなわち今の仁川湾方面（＊黄海側）へ往復したのであるから、その道にあたる弁韓、馬韓地方の国々にはいろいろの交渉が生じたであろうが、何の目指すあてもない東北方の海（＊日本海側）へは舳先（へさき）を向けなかったであろうから、新羅などはまったく縁のないところであったろう。三世紀の新羅はこんな一小集落であったが、四世紀の後半になると辰韓地方は新羅に統一せられていたらしい様子が、半島の歴史において知られる。さすれば、その統一は百済の馬韓統一とほぼ同じ時代、したがってまたわがヤマト朝廷のツクシ領有ともあまり隔たっていない頃のことであったろう。

要するに、四世紀のはじめからはじまったシナの北部における鮮卑の活動が半島の大混乱を誘致して、その結果、半島においては高句麗、百済、新羅の三国鼎立の形勢を現出し、これと同時にわがヤマト朝廷もツクシの北部を領有し、さらに半島と直接の交渉を生ずるようになったのである。そうして、ツクシの諸小国の君主は三百余年間、楽浪、帯方に交通して、のちには『魏志』倭人伝の示すが如く、政治上にも幾分の交渉をもっていたのであるから、二郡の覆滅は何らかの影響を彼らの上に及ぼしたに違いなく、ヤマトの朝廷のツクシ領有も、それと何ほどかの関係があったかもしれぬ。あからさまにいえば、二郡の覆滅はツクシの諸小国の君主をして、従来いくらかの頼みとしていたところ、一種の思想上の権威として仰ぎ見ていたところを失わせたのであるから、それがヤマトの朝廷の活動を便ならしめたのかもしれぬ。話はやや横道に外れたが、ついでであるから半島の形勢の変化を説いておく。あとになってこの一節を回想する必要が起こるであろう。

正
始元年太守弓遵遣建中校尉梯儁等奉詔書印
綬詣倭國拜假倭王并齎詔賜金帛錦罽刀鏡采
物倭王因使上表荅謝詔恩其四年倭王復遣使
大夫伊聲耆掖邪狗等八人上獻生口倭錦絳青
縑緜衣帛布丹木𤝔短弓矢掖邪狗等壹拜率善
中郎將印綬其六年詔賜倭難升米黃幢付郡假
授其八年太守王頎到官倭女王卑彌呼與狗奴
國男王卑彌弓呼素不和遣倭載斯烏越等詣郡
說相攻擊狀遣塞曹掾史張政等因齎詔書黃幢
拜假難升米為檄告喻之

『魏志』倭人伝

三　文字の使用と古事の伝承

前節に述べた如く、百済のヤマト朝廷と交通しはじめた時代が四世紀の後半のある時期であったとすれば、百済人によって文字の伝えられたのもまた同じ頃でなくてはならぬ。応神朝に阿知吉師（あちきし）（＊『日本書紀』では阿直岐）、和邇吉師（わにきし）（＊王仁）が来たという話をそのまま事実として認めることはできないとしても、わが国と百済との交渉の生じた時期から考えて、こう推測せられる。したがってわがヤマト朝廷でつくられた最古の文献は、いかに早くとも、四世紀の末期にできたものであろう。『魏志』の倭人伝の主なる資料となった記録の筆者であったらしい魏人のツクシに来たときより約百年ののち、『後漢書』に奴の国の使いが洛陽に行った記事のあるときから三百五十年ものちである。シナの典籍の光によって明けはじめたわれわれの民族の歴史のはじまりが、わが国の文献によって開かれるそれよりも遥かに古いということは、これで知られよう。

もっとも、文字を用いることはこのときからはじまったけれども、それを用いて記された事柄には、人の記憶に存し、口碑（こうひ）によって伝えられた前代の事蹟がいくらかはあろうという想像を拒むことはできないから、古くなるほどおぼろげでもあり訛伝（かでん）（＊誤伝）も多くなっていながら、ある歳月を経た昔のことのいくらかが、こういう風にして文献にあらわれていないとはいわれぬ。けれどもその口碑は、歴史というにはあまりに不精確である。暦の知識のなかった時代のことであるから、年数などももちろん、伝えられなかったろう。また口碑というものの性質として、事件の前後の順序が混乱したり、その事件の物語が精密でなかったり、伝承の間に変化したりすることをも、忘れてはならぬ。のみならず、そういう口碑の存在する期間にも限りがあるので、甚だしく古い昔へ遡らせることは難しい。文字のない時代、とくに文化の程度の低い時代において、口碑によって遠い昔の事実が（よし混乱したりおぼろげであったりするにせよ）年代記的にまとまって言い伝えられていたということは、多くの民族においてその実例を求めることが困難ではあるまいか。近い世の状態を見ても、民間に断片的の口碑は往々存在するが、まとまった伝記や歴史は伝えられていないのが普通である。そしてその断片的の口碑も、やや古いことは直接間接に文献の力を借りている。文字のない時代には比較的口碑が長く保たれるという事情もあるか知らぬが、それとても知識の程度が低く考え方が粗笨（そほん）である場合には、早くそれが忘れられたり混乱したりするということをも考えねばならず、第一、そういう幼稚な社会では、過去の事実を事実としてのちに伝えようというような意図があるらしくはない。自分らの事業を後世に伝えようとか、祖先の事蹟を忘れずに記憶しようとかいう意図は、社会の組織が強固になり文化の程度も進んだ時代において、はじめて生ずるものである。民間説話というようなものは、長く口から口へと伝えられるが、それは上代人の心理からつくられた物語であるがために、すべての人が自分らの生活の反映として、深い興味をそれに対して有するからである。もとより事実の言い伝えというべきものではなく、口碑とはまったく性質が違う（口碑が説話化せられ、または両者が混合することはあるにしても）。

だからわが国の上代においても、大体同様に考えねばならぬ。さすれば、われわれの民族の歴史がシナの文献の光によって明けはじめるということは、疑いのないことであろう。そうして単にこの点から見ても、記紀の記載の上代の部分によってわれわれの民族の上代史はわからない、ということは知られる。

ただし、以上の考えは、百済人によって書記の術がはじめて伝えられたという考えの上に立ってのことであるから、それに反対の見解があれば問題は別に生ずる。たとえば、ツクシ地方には長い間のシナとの交通の結果、文字がすでに輸入せられ用いられていて、それがヤマトにも早くから伝わっていたのではないか、というような疑いも起こらぬには限らぬ。少なくとも三百余年間続いたツクシの諸小国の君主と楽浪、帯方との交通が、シナの工芸品をかなり多くツクシに輸入させたことは疑いがない。今日わが国に発見せられる漢鏡などは、こうしてツクシ船の将来したものであろう。のちには伝わらなくなったが、絹などは最も多く輸入せられたに違いない。そしてこれほどの長い間の交通であるから、ツクシ人は単に工芸品をもってきたのみならず、いくらかはその製作法をも学んだであろう。考古学上の研究によると、一世紀には銅器がつくられ、二、三世紀の頃には鉄器ができるようになっていたらしいが、それらは直接なり間接なりにシナ人からその技術を学んだものとしなくてはならぬ。『魏志』によると、三世紀には蚕桑紡織(さんそうぼうしょく)の術も行なわれていた。いつ学ばれたものかは明らかでないが、「宮室楼観、城柵厳設」(＊卑弥呼の居室のそばには櫓(やぐら)と城柵が厳かに設けられている)というような家屋の建築法(この語はひどく誇張していわれたものに違いないが)、「大作冢、径百余歩」(＊卑弥呼の死後、径が百余歩もある陵が築かれた)というような墳墓の築造法なども、シナの風習を模倣したものと推測せられる。

しかし、文字が行なわれていたと思われるような証跡は見えない。文字があればシナ人は必ずそれに注目したに違いないから、倭人伝にもそのことが記されそうなものであるのに、毫もそんな記事はない。のみならず、『魏略』（＊中国三国時代の魏を中心に描かれた歴史書）に「其俗、不知正歳四時、但記春耕秋収、為年紀」（＊倭人は暦というものを知らず、春に耕し秋に収穫することによって一年を知る）といってあるのを見ると、暦の知識のなかったことが知られるとともに、文字の用いられなかったことが想像せられる。シナの文字が用いらるれば、おのずからそれに伴う知識が伝えられねばならず、さすれば簡単な年月を記載するくらいの知識がないことはなかったはずである。

国王の印璽（いんじ）や詔書をシナの政府から与えられはしたが、それがただちに文字を学びまた用いようとする欲望を刺激するものでないことは、たとえば満州方面の古来の民族の状態を見ても推測せられる。魏の使いが来て「以檄告諭」（＊檄文をもって諭した）とあるが、これは文字の知識のないものにも詔書を与えると同様、必ずしもそれを解し得ることを予想したのではなかろう。『魏志』の倭人伝において、もしツクシ人が記録の術を知っていたという推測をなし得る材料があるとするならば、それは「卑弥呼が上表した」という一点のみであるが、これとても実際ツクシ人が書いたとしなければならぬことではない。まして使いによって上表したとすればなおさらであって、儀礼を整えるためにシナ人に委託して書かせた、と解し得られることは、ヤマト朝廷がシナの南朝と交通するようになってからでも、もし文書を用いたとすれば、やはり彼らが起草したとしなければならぬことからも、類推せられる。推古朝に至って隋に遣わされた留学生すらも、概して帰化人であったではないか。倭王の使いが自ら「大夫」と称したというが如きは、果たしてその語がシナ語の「大夫」（＊地方長官）の義であるかどうかが、第一、疑問である。

要するに、楽浪、帯方と交通していた時代のツクシ人が文字を用いた、と推測せられるような証跡は認められない。よしいくらかの文字を解し得た一、二のものがあったと想像するにせよ、実用的に文字が用いられたとは考えられぬ。鏡を模造しても文字は削られている。シナの風をまねて築いたらしい墳墓においても、文字のある磚（＊墳墓などに使用された古代のレンガ）を用いたものは一つも遺っていないではないか。ツクシ人が何故に文字を学ばなかったかというと、それはその文字が日本語とはまったく性質の違うシナ語の表徴であって、表音文字でなく、したがって、それによって日本語を写すことのできないものであるのと、それが解しがたく学びがたいものであるのとの故であろう（ヤマトの朝廷でそれを学ぶようになったのは百済人の媒介があったからである）。だから、ツクシ人がシナから受け入れた工芸品やある種の技術は、瀬戸内海の航路によって転々して東のほうにも伝わったであろうが、文字の術がツクシに行なわれ、またそこからヤマト方面にも広まっていたとは、考えられぬ。少なくとも、ヤマトの朝廷において、百済との交通以前に文字が行なわれていなかったことは、百済人及びその頃からのちに帰化した漢人が記録掛として用いられたのでも知られる。

文字が古くから用いられていないということは、これでわかったとして、今一つ起こるべき問題は文字の用いられなかった前に、単なる口碑や伝説があるのみではなく、何らかの特殊の風習なり制度なりがあって、それによって古事が伝えられたのではないかという疑いである。さてわが民族の上代に、君主もしくは英雄の物語として伝誦すべき叙事詩のようなものがあったらしい形跡は毫も見えない。が、世間では往々、上代に「語部（かたりべ）」というものがあってそれが古事を語り伝えていたように、考えられてもいるらしいから、それについて一応の観察をしておかねばならぬ。

さて語部という称呼は記紀などには載っていないが、正倉院文書（大日本古文書一、二）の大宝二年の美濃の戸籍、天平十一年の出雲の大税賑給（たいぜいしんごう）歴名帳にその名が見えている。しかしその職掌については、今日に伝わっている奈良朝以前の典籍には明らかな所見がなく、ただ平安朝になってからできた「儀式」の大嘗会（だいじょうえ）の卯日の条にはじめてそれがあらわれている。それは「伴佐伯宿禰各一人、率語部十五人、亦入就位、奏古詞」というのである。『延喜式』の同じ条にも同じことが書いてあるが、別に「物部、門部、語部者、左右衛門府九月上旬申官、預令量程参集……語部、美濃八人、丹波二人、丹後二人、但馬七人、因幡三人、出雲四人、淡路二人」とある。語部は、物部・門部と同様、大嘗会の前に臨時に諸国から人数を定めて召集せられ、門部と同様、門衛のことを司る伴（大伴）宿禰（すくね）・佐伯宿禰の配下に属し、卯の日の儀式において古詞を奏する役を務めたのである。ここの物部や門部は、皇居もしくは宮門の衛兵としての昔の部の名であって、これらの部は、それぞれの首長、すなわちいわゆる伴造（とものみやつこ）に統率せられていたものであるが、唐制が模倣せられてからそれがなくなり、大嘗会のような古い儀礼を行なう場合にのみその名を用い、それに充てるものは臨時に地方から召集したのであろう。さすれば語部についてもまた同じように考えてよかろう。その名称から見ても、制度の上に唐風を模倣した前から存在したものらしい。ただし昔の語部は、その名称から考えても、「儀式」に見える大嘗会のときの職掌が古詞を奏することである点から見ても、伴氏や佐伯氏に隷属していたものとは思われないから、そういうことになっているのは、後世になってから、何らかの特殊の事情でそう定められたものであろう。また前に述べた正倉院文書に見える如く、美濃や出雲に語部の名のもののあるのは、もとそこに語部の部民（語部に属する農民）がいたからのことらしい。丹波・丹後などもたぶん同様であったろうから、召集せられる地方には昔からの歴史的由来があるのであろう。

次にその「古詞」とは何かというに、これは吉野の国栖や楢の笛工が古風を奏し悠紀の国司に属する歌人が国風を奏したあとで、奏せられるものであるから、それらが昔からの遺風であると同様、これもまたそうであったろう。けれどもその内容はまったくわからず、したがって、上代において語部が古事を語り伝えていたその遺風である、というようなことを想像させるには、何らの手がかりもない。語部は、それよりもむしろ、吉野の国栖や悠紀・主基の国人が歌舞を奏する如く、ある特殊の宮廷の儀式か祭祀かまたは饗宴かの場合に、何事をか演奏するものであった、と推測するほうが自然である。そうしてそれにはまた、たとえば出雲国造が神賀詞を奏し、中臣や齋部が祝詞を読むように、ある一定の詞章があって、それを読んだのではないかとも考えられる。けれども祝詞などの詞章が後世に遺存しているにかかわらず、語部の「古詞」として明らかに伝わっているものが少しもないとすれば、それはあまり重要なものではなかったらしい。大嘗会の場合から考えても、吉野の国栖の歌笛や国々の風俗歌と同じ程度のものであったろう。文字のなかった時代にそういうものがあり、それによって上代の事蹟が語り伝えられた、というような重要なものであったならば、記紀の上代の物語のどこかにその名ぐらいは出ていてもよさそうなことであり、また文字の用いられたあとにもそれが続いていたとすれば、一方に文部などのことがしばしば記されているのに対しても、この名が見えなければならぬように思われる。そうして『古事記』の巻首にある太安万侶(おおのやすまろ)の上表などによって考えても、古事がこういうような方法によって伝えられたとは、当時の人は、まるで考えていなかったらしい。さらに大きく考えれば、文字のなかった時代のわが民族の生活が、そういうものを要求し、もしくは生み出すような状態であったかどうか、甚だ疑わしく、また文字の用いられるようになってから、そんなものができたとはなおさら信じがたい。

さて上に語部の名が記紀に見えないといったが、天武紀（十二年の条）に語造の連(むらじ)のカバネを賜わった記事があり、そうしてそれは語部の首長であった家であろうから、語部の存在したことはこの記事によって知られる。また出雲風土記に語臣の名が記されているが、この国に語部の部民があったことから考えると、これも語連に属していた家であろう。『新撰姓氏録(しんせんしょうじろく)』（巻十四）に見える天語連はすなわちこの語連の家であって、「語連」の名の上に「天」の語が加えられたものらしい。ところで、この天語連の名によって推測をするならば、この天語連と『古事記』の雄略の巻に見える「天語歌」との間に関係があるものと考えることができ、したがってこの天語歌と酷似した長歌で神代の巻に記載せられているいわゆる「神語」（オホナムチの命とヌナカハヒメ及びスセリヒメとの応酬の歌）もまたそれと同様に見られることになろう。天語連は宮廷の饗宴の際などにこういうような歌を演奏する職掌をもっていたものではあるまいか（天語歌が饗宴の余興として歌われたことは雄略の巻の物語から明らかに知れるし、「豊御酒(とよみき)奉らせ」という詞からも推測せられる。神代の巻の「神語」の一つにも同じ詞があるのみならず、酒杯を挙げて歌われたとも書いてある。歌の内容もそれにふさわしいものである。雄略の巻には、それが酒宴のときに新作せられたように書いてあるが、これはもとより物語としての構想であって、酒間にこれらの歌を歌っていた後世の習慣が、そこに反映しているのである。これらの歌が甚だしく古いものでないこと、またそれに伝誦の間に生じた混乱のあることについては、別で考えるであろう）。そうして、この天語連が果たして語部の首長の家であるならば、語部の存在は『古事記』によってもまた知られることになる。こう考えてくると、語部というものは、宮廷において、半ば儀礼として、半ば饗宴の余興として、こういうものを演奏するために設けられたのであろう。さすれば、のちまでもその形骸が遺存して、国栖の歌笛や国々の風俗歌と同様に取り扱われた、と考えるに支障はない。歌を「古詞」というのも、それを奏するものを語部というのも、やや穏当でない称呼のように思われるが、すでに『古事記』の神代の巻にはあの長歌を「神語」といっているから、こういう疑いを起こすには及ぶまい。天語歌はアメノカタリウタの語を、したがって天語連はアメノカタリノムラジの語を、漢字に写したものと解せられる。

あるいはまたこうも考えられる。それは、神語というのは本来、神の語であって、語部はそれを語るものであったが、ある時代から神の歌として製作せられたものがあるために、おのずからそれをも歌うようになり、その歌にはとくに天語歌という（やや耳ざわりな熟語である）名がつけられ、またそれをも神語というようになったので、語部の本務は原意義においての神語を語ることであったと見るのである。しからば、その神語は何かというに、それは純粋に宗教的起源を有するもので、神（神代史上の神でなく、信仰の上の神）に代わって演（の）べる神の語ではあるまいか。神語という語は、『日本書紀』や『続日本紀』においては種々の意義に用いられているが（『古事記伝』巻十一にその例が列挙してある）、その原義は神自身の語というのであろうし、実際この意義に用いた例がある（神功（じんぐう）紀巻首十一、崇神（すじん）紀七年、皇極紀三年、などの条）。さて祭祀のような儀礼の場合に、巫覡（ふげき）または神の代表者となったものあるいは神に扮したものが神の語として何事かを語るというようなことは、世界に例のある風習の一つであるから、わが上代の民間の祭祀にもそんな習慣があって、それがこういうことの淵源となったかもしれぬ。すなわち朝廷の儀礼の整頓とともに、それが儀式化せられ、その詞章も一定し、語部という専門家も生じたのである、こう見ることができはしまいか。『新撰姓氏録』によると、天語連は祭祀を司っていたイミベ氏の祖のフトダマの命に関係が深く、また阿波のイミベの祖とせられているヒワシの命を遠祖と称しているが、これも故あることかもしれぬ。

この二つの考えのいずれによるにしても、その起源は民間の風習にあり、したがってその由来は遠いに違いないが、ここにいうのは朝廷の制度として一定の職掌を有する語部のことであるから、それは国家の組織が整頓したのちに定められたものでなくてはならぬ。が、それとても氏族制時代のことには違いないから、大化改新以後になると、昔のままの地位や職掌が維持せられなくなったと思われる。そうして本来さほど重要なものでもなかったから、新しく制定せられた朝廷の官職においてそれを継承するようなものも設けられなかったろう。だから平安朝頃になると、語部そのものが事実上なくなっているとともに、その語る詞（または歌）も伝わらなくなり、形ばかりに何かが残っていたのであろう。いわゆる「古詞」が知られなくなったのもこの故であろう。さて上記の推測の当否はともかくもとして、語部が上代に古事を語り伝えたものであるという徴証が少しもない、ということだけは断言し得るところである。

こう考えてくると、文字のなかった時代においては、尋常一様の口碑伝説によって昔のことが伝えられた、と見るほかはなかろう。

さて、上にも述べた如く、四世紀の末期頃から文字の術がそろそろわが朝廷に知られはじめたのであるから、もし口碑伝説が文字に写されるようになったとすれば、それはたぶん、五世紀に入ってからのちのことであろう。簡単な朝廷の記録の類、たとえば皇室の系譜の如きものは、それよりもいくらかの前に、すなわち文字が入ってからまもなく、つくられたでもあろうが、それにしても、国語を漢字で書きあらわすという困難な方法が案出せられた上でなくてはならぬから、文字の術のはじめて知られてからそうなるまでにはかなりの年月を要したであろう。古伝説や口碑などを写すことができるようになるには、なおさらである。だからこう考えられるのである。そうして、そういうものがつくられてからのちも、長い間にはあるいは失われたものもあろうし、またあるいは意識的に、もしくは無意識的に行なわれた種々の変改を経由し、もしくは特殊の意図によって構成せられた物語のうちに按排（あんばい）せられ編み込まれて、のちに伝えられたものがあるかもしれぬ。もし記紀の資料に四世紀よりも前の古伝説などがあるとするならば、それはこういう径路を経たものであろう。それならば、その記紀はどうしてつくられたか。これが次の問題である。

四　記紀の由来、性質及び二書の差異

『古事記』の性質と由来とについては、巻頭に撰者たる太安万侶の上表が載せてあって、そのうちに明記してあるから、第一にそれを読んでみなければならぬ。その重要の部分はこういうのである。

「……天皇詔之。朕聞、諸家之所賷帝紀及本辞、既違正実……斯乃邦家之経緯、王化之鴻基焉。故惟撰録帝紀、討覈旧辞、削偽定実、欲流後葉。時有舎人、姓稗田、名阿礼、年是二十八、為人聡明、度目誦口、払耳勒心。即勅語阿礼、令誦習帝皇日継及先代旧辞。然運移世異、未行其事矣。伏惟、皇帝陛下……於焉惜旧辞之誤忤、正先紀之謬錯、以和銅四年九月十八日、詔臣安万侶、撰録稗田阿礼所誦之勅語旧辞、以献上者。謹随詔旨、子細採摭。然上古之時、言意並朴、敷文構句、於字即難、已因訓述者、詞不逮心、全以音連者、事趣更長。是以、今或一句之中、交用音訓、或一事之内、全以訓録、即辞理叵見、以注明、意況易解、更非注、亦於姓、日下謂玖沙訶、於名、帯字謂多羅斯、如此之類、随本不改……」（＊天皇は次のように仰せられた。「朕の聞くところによれば、諸家の所蔵する帝紀及び本辞には、真実と違い、あるいは虚偽を加えたものが多いとのことだ。ならば今このときに、その誤りを正しておかないと、幾年も経たないうちに真の歴史は失われてしまうに違いない。そもそも帝紀と本辞は国家組織の原理を示すものであり、天皇親政の基本となるものである。故に正しい帝紀を撰んで記し、旧辞をよく検討して、偽りを削り、真実を定めて後世に伝えようと思う」。そのとき、姓は稗田（ひえだ）、名は阿礼（あれ）、年は二十八歳になる舎人（とねり）

が天皇に仕えていた。阿礼は聡明な人となりで、一目で口に出して音読することができ、一度聞いたことは覚えて忘れなかった。そこで天皇は阿礼に命じられて、帝皇の日継と先代の旧辞とを繰り返し誦み習わせられた。しかしながら天皇が崩御になり、時も移り、そのことを実行されるに至らなかった。さて皇帝陛下は、旧辞に誤りのあるのを惜しまれ、帝紀の乱れているのを正そうとして七一一年九月十八日に、私に詔を下して、阿礼が勅命によって誦み習った旧辞を書き記し、書として献上せよとのことであったので、仰せのままに子細に採録した。ことばの意味のわかりにくいものには注を加え、わかりやすいものにはことさら注を施さなかった……およそ書き記したところは、天地のはじまりから、今より約百年前の推古天皇の御代までである。そしてアメノミナカヌシノカミからウガヤフキアエズノミコトまでを上巻とし、神武天皇から応神天皇までを中巻とし、仁徳天皇から推古天皇までを下巻とした)。

太安万侶、非実在説もあったが 1979 年その墓所が発見された

この文の最初の「天皇」は天武天皇（＊第四十代）のことで、中頃にある「皇帝」は元明天皇（＊第四十三代）である。これで見ると、『古事記』は元明天皇の勅を奉じて太安万侶の撰録したものであるが、その直接の材料は、稗田阿礼の誦み習った帝皇の日継及び先代の旧辞である。そして、阿礼のそれを誦み習ったのは、天武天皇の詔を奉じたのであって、天武天皇は、諸家の伝

えている帝紀本辞（または旧辞）が区々になっていて誤謬も多いからそれを討覈（＊尋ね調べること）して定めよう、という御考えから、まずその準備として、阿礼に命じて帝皇の日継及び先代の旧辞を誦み習わさせられたのである。天武天皇のこの勅命は、いつのことであったか明らかでないが、『日本書紀』の天武紀十年三月の条に「詔川島皇子、忍壁皇子……令記定帝紀及上古諸事……」とあるのは、それと関係のあることに違いない。

さて、この上表においてまず注意すべきことは、①諸家に帝紀及び本辞（旧辞）が伝えられていたこと、②この諸家の伝えもっているものは、それに検覈を加えて正説を一定しなければならぬほどにその内容が区々になっていて、誤謬虚偽とすべきことが混入していたこと、③官府の権威をもって定説をつくる計画であったこと、④阿礼が古記録を誦習したことと、この誦習は成就したけれども正説を定めるという官府の事業は成就しなかったこと、⑤安万侶はその阿礼の誦習したものによってこの『古事記』を撰録し、書物としての帝紀本辞を直接に取り扱ったこと、などである。

第一に、諸家が帝紀及び本辞を伝えもっているということであるが、まずこの「帝紀及び本辞」という語に注意するを要する。この上表のうちにも、「帝紀本辞」と連称してあるほかに「帝紀旧辞」とも「帝皇日継先代旧辞」とも、また「先紀旧辞」ともあり、なお上に引いた天武紀の記事には「帝紀及上古諸事」とあるのを見ると、帝紀と帝皇日継と先紀とは同じものであるらしく思われ、また本辞と旧辞と先代旧辞とはみな同じであって、その内容は「上古諸事」と称すべきものであることが推知せられる。このことは、帝紀も帝皇日継も先紀もともに旧辞に対して、また本辞も旧辞も上古諸事もともに帝紀に対していわれている、その書き方によってわかるのである。

旧辞の上に「先代」の二字を加えてある場合もあるが、旧辞であるとすれば先代の事柄の語られたものに違いないから、この二字はあってもなくても同じである。あえて加えてあるのは、たぶん、帝皇日継に対していわれたために同じく四字の名称としたのであろう。のみならず、上表においては全体の文勢からもそう解しなくてはならぬので、もし同じように相対して用いてある名称がそれぞれ違ったものを指しているとすれば、文章が成り立たない。さすれば、帝紀は「帝皇日継」であるから、皇室の歴代の系譜及び皇位継承のことを記したものであって、神代の神の系譜もまたその巻首にあったものであろう。また本辞、すなわち旧辞は「上古諸事」のことであるから、上代のこととせられている種々の物語を指すのであり、そうして「旧」といい「上古」といってあることから考えると、それは近い代の事柄を記したものではない、ということが推測せられる。神代の物語はその巻首における重要なものであって、神武天皇の東遷以下の種々の物語はみな、それに含まれていたのであろう。

こういう帝紀と本辞（旧辞）とが、天武朝においては、昔から伝わってきたものとして存在したのである。『古事記』を通覧すると、最も重きを置いて詳密に記してあるのは歴代の皇室の系譜であり、仁賢（＊第二十四代）の巻以後にはただそればかりが書いてあって、また種々の物語が、神代と神武天皇と崇神天皇以後顕宗天皇（＊第二十三代）以前の歴代とについて記されている（ただ継体の巻に一カ条だけ石井の叛乱の記事があるのは、例外である）。そうしてこの『古事記』は、阿礼の誦んだ帝皇日継（帝紀）と先代旧辞（旧辞または本辞）とによって撰録したものだというのであるから、いわゆる帝紀と旧辞（本辞）との性質もこれから推測せられ、旧辞が「上古諸事」であることも、それによっておのずから明らかになる。

詳しくいうと、『古事記』の内容には帝紀と旧辞との二要素があるが、その『古事記』は皇室の系譜と天皇（及び皇族）の言動としての種々の物語とのほかには何もない。だからそれを帝紀と旧辞とに配当すれば、系譜が帝紀で、種々の物語が旧辞であると考えるほかはないのである。もっとも上表には「撰録……勅語旧辞」とあるけれども、事実として帝紀と旧辞とを撰録したのでなければならぬことは、のちにいう通りである。

ただし、帝紀については、多少の疑問もある。それは、「帝紀」という名によって考えると、シナのいわゆる正史の本紀めいたものではなかったろうか、ということである。けれどもこの疑いは、『古事記』の記載そのものをひと通り分析してみればすぐに氷解するものである。シナの正史の本紀は、皇帝の言行、もしくは皇帝の命によるものとせられている施政、または皇帝の治下における国家の大事などを記載するものであるが、『古事記』にも、天皇もしくは皇族の動静や政治的経営の物語がある。それは、物語の形をなしている点においても、また記載せられている事柄そのものにも、本紀とは違ったところがあるが、天皇や皇族の言行や政治的意義のある事柄が記されている点においては、本紀に似通った性質をもっている。崇神の巻のミワ山の物語などは、物語そのものは政治上の事柄でも天皇の言動でもないが、それに関係のあるように結構せられている。あるいはまた仁徳の巻の皇后の物語の類は、政治的意義のないものであるが、天皇の言動に結びつけられてはいる。皇室にも政治にも直接の交渉のないものは、応神の巻のイヅシヲトメの物語などわずかに一、二を数え得るにすぎない。そうしてこういう物語のほかには、『古事記』の記載はただ皇室の系譜のみである。

だから、もし帝紀の内容に、本紀の記載と似通ったところのあるこういう物語が含まれていたとするならば、『古事記』の物語のほとんど全部は当然、帝紀のうちの記載でなければならず、そして系譜もまたその帝紀に含まれていたに違いないことが「帝紀」という名称によっても知られるから、それと対称せられ、それと区別せられている旧辞からとられたところは『古事記』にはほとんどないことになる。これは明らかに安万侶の上表にいってあることと矛盾する。だから、この上表を信用する以上、『古事記』に見える種々の物語が旧辞に記載せられていたものであって、この旧辞に対してそれとは違ったものとせられている帝紀は、皇室の系譜であり、帝皇日継がすなわちそれである、としなければなるまい。『古事記』の内容は帝皇日継と先代旧辞との二つでなくてはならぬから、『古事記』から旧辞の分子を除いたものが帝紀でなければならず、そうしてそれは系譜のほかにはないことになる。帝紀に対するものとしては、「本辞」という名も用いてあるが、その訛伝が「邦家之経緯、王化之鴻基」に累を及ぼすとせられているのを見ると、それは決して皇室にも政治にも関係のないことを記したものとは思われず、その内容は天皇、皇族の言動や国家の経営に関する物語でなくてはならぬから、それをここにいったような旧辞と別のものとすることはできない。

こう考えると、帝紀がシナの正史の本紀のようなものでなかったことは、明らかであろう。むしろ帝紀と旧辞とを合わせたもの、すなわち『古事記』とせられたものの全体が、本紀に似たところのあるものだ、というほうが当たっていよう。

もしまた帝紀とは、物語をなさない簡単な政治上の記事、たとえば崇神の巻のコシ、東方十二道、タニハ（＊丹波）などへの諸皇子の派遣、成務の巻の国造と県主の制置、応神の巻の百済の朝貢、允恭の巻の新良（＊新羅）の貢進、氏姓の検定、というようなことが記されていたものとして考え得られるかというに、こういう記事が数えるほどしか『古事記』にないことを思うと、それだけが帝紀という特別の成書として存在していたということは、甚だ解しがたい。ただ景行、仲哀、仁徳、允恭、雄略などの巻々には、系譜のすぐ次に、部や屯家を定めたり池を掘ったりしたこと、またはその他の物語をなさない何らかの記事があるのは、こういう記事が帝紀に付載せられていたのが『古事記』編纂のときにそのまま写し取られたのではないかとも、一応は考えられ、そしてそう考えると、継体の巻に石井のことの記されているのも、その理由が解せられるようであるが、崇神、垂仁、応神、仁徳、履中などの巻々には、同じような記事が物語のあとに記してあるのを見ると、そうばかりも推測しがたい。

なお、孝霊、垂仁などの巻々には、同じようなことが系譜の中間に記されているので、それは景行の巻に、単純ではあるが物語の形をなしているものが同じ位置にあることとともに、系譜においてその記事または物語に関係のある皇子の名の見えるところに、それを挿入したもののようである。

したがって、こういう記事が帝紀に付載せられていたか、または旧辞に含まれていたかは、明らかにはわかりかねるが、そのうちに、崇神の巻の調貢の法を定めたということが

「所知初国之御真木天皇(はつくにしらししみまきのすめらみこと)」の称呼についての説話と連続するように、また応神の巻の秦氏(はたうじ)、漢氏(あやうじ)の祖の来朝が造酒者の来たこと及びそれについて語られている歌物語と関連して記されているような例のあること、垂仁、仁徳などの巻々のように部の設定が物語につれて記してあることなどから考えると、これは帝紀にではなくして旧辞にあったものと考えるほうが、妥当であろう。のみならず、上にいった孝霊の巻のキビの平定、允恭の巻の氏姓の検定などの記事はその書き方が物語風であること、また成務の巻の国造と県主の制置、応神の巻の和邇吉師の来朝などが地方制度やシナの学問の起源を記したものである如く、こういう記事にも、旧辞の物語に例の多い「事物の起源説話」と見るべきものが少なくないことなどを考え合わすべきである。

もっともこれまで述べてきたことは、『古事記』が阿礼の誦んだ帝皇日継と先代旧辞とを残すところなく撰録したものであり、そしてそのほかに別の資料がなかった、ということを前提としての考えであるが、安万侶の上表をそのままに受け入れる限り、こう考えるのが当然である。

次に、『古事記』と安万侶の上表とから離れて考えると、『日本書紀』の欽明紀二年の条の分注に「帝王本紀」という名が見えるが、その記載の内容から推測すると、これはすなわち帝紀であって、系譜を記したもののことではあるまいか。『続日本紀』(*平安初期の歴史書)の文武(もんむ)紀大宝二年の条に「国造記」というものがあってそれが系譜だけのものらしいことをも参考するがよい。なお、顕宗紀の分注に「譜第」という名が見えていて、それも皇室の系譜を記したものらしいが、しかしこれは、歴代のいわゆる「日継」を記したまとまったものであるか、ある時代またはある皇族だけの系譜であるか、他に所見がないから明らかに推測しかねる。

また記紀のほかの書の記載を見ると、正倉院文書の天平二十年の『写章疏目録』のうちに「帝紀」二巻があって、それにはとくに、シナ撰述のものでないことを示す意義において「日本書」と注記してあることから見ると、この書がわが国のものであることが知られるが、それがわずか二巻であることとから考えると、皇室の系譜を記したものとしての帝紀がすなわちそれではあるまいか。もしそうならば、帝紀が系譜のみを記したものであることは、これからも知られよう。

さらに一言しておくべきは、『上宮聖徳法王帝説』（＊最古の聖徳太子伝）の釈に「帝記」の名目が出ていて、それは系譜のみを記したものではないように見える、ということである。この「帝記」が、ある書物の名であるか、帝室のことを記したものというほどの意義で漠然こういわれたのであるか、それすらもよくわからぬが、シナの文物が盛んに入り、幾多の文献があらわれ、『上宮聖徳法王帝説』の編述せられたあとにおいて「帝記」の名がいかように用いられようとも、それよりずっと前に編述せられ旧辞と相対して「帝紀」と名づけられていたものとそれとは、必ずしも同一視する必要がない。文字の使い方、名のつけ方に変遷があってもよいからである。だから安万侶の上表の帝紀の意義は、それだけで研究すべきものであろう。

ついでに言い添えておく。聖徳太子と蘇我馬子とが撰録したというもの、詳しくいうと『日本書紀』の推古紀の二十八年の条に「皇太子島大臣共議之、録天皇記……」とあるうちの「天皇記」というものが、『古事記』の上表にある帝紀の意義を知るについて参考せらるべきではなかろうか、という意見があるかもしれぬが、この記載は、別に『日本上代史の研究』において考えた如く、事実ではないから、推古朝時代にこういう名称の書があったとは思われぬ。したがって今の問題には、これは関係のないことである。

帝紀が皇室の系譜であることは、以上の考説で明らかになったと思う。皇位が世襲であることはいうまでもなく、朝廷の貴族も地方の豪族もその地位と職掌とがみな世襲であって、政治上の制度においても実際生活の上においても一般に家系が重んぜられた上代において、こういう帝紀がつくられていたのは、当然である。シナの正史の本紀に倣って書かれたと思われる『日本書紀』にも系図というものが特別についていたことも、このことについて参考せらるべきである。

ところで、この帝紀、旧辞が文字に写されたものであることは「諸家之所賚」（＊諸家の所蔵する）という語からでも推知せられる。「旧辞」という名は、口で伝誦せられていたものででもあるかのように聞こえるか知れぬが、文字に写された詞章または物語を「辞」または「語」と称することはシナの典籍の一般の慣例であるのみならず、『日本書紀』でも、安康紀三年の条の注にある「辞」、雄略紀の巻首の注や同紀十四年と二十二年の条や用明紀元年の条などに見える「語」が現にそうであるから、「旧辞」の名によって、それを文字に写されたものでないとすることはできない。また旧辞の「辞」が「ことば」を主にしていっているのでないことは、旧辞の内容が「上古諸事」であること、それが「辞」という文字を用いてない帝紀と並び称せられていること、またこの上表の全体の主意から見て、明らかである。

さて、こういうものが文字に写されていることは、応神天皇の頃からのちに漢字が漸次用いられてきたことからも、また漢字を用いて国語を写す方法のいろいろに案出せられたことからも、疑いはない。漢字を用いはじめたときには、それによって国語を写そうとしたのであって、そういう方法で書かれた文章の今日に遺っている一つの例は、時代の後れているものではあるが、法隆寺金堂の薬師像の光後の銘である。祝詞もまたそれであって、そのうちでも大殿祭のなどは、宮殿が掘立て小屋式、縄結び式であることを示すその内容の上から見て、かなり古いものであるらしい。その他、大祓のにしても、龍田風神祭のにしても、また祈年祭のにしても、その主要部分には古くつくられたものらしい形跡がある。

また『古事記』などの歌の写し方も、古くからの慣習にしたがったのであろう。すでに文字が用いられる以上、何らかの方法によって国語をそれで写そうとするのは自然の要求であるのみならず、わが国の漢字の用法は、もと百済人から学んだものであるが、その百済の本国においても、やはり漢字で百済語、少なくとも百済の固有名詞を写していたのであるから、その方法もおのずからわが国に伝えられたに違いない。こういうようにして、国語を漢字で写す方法によって書かれた上代の皇室の系譜なり、あるいは種々の説話なりが、典籍となって世に存在していたのであろう。それがすなわち諸家のもち伝えていた『帝紀』と『本辞』(『旧辞』)である。

さて、『帝紀』の原本が朝廷で撰定せられたものであることは、その性質上おのずから推測せられる。皇室の系譜が朝廷でないところで知られるはずも、できるはずもないからである。のみならず、『旧辞』とても、諸家でめいめいに、また自由に、言い伝えや見聞を書き記したというようなものでは決してなく、ある時期において、ある権威を有するものの手によって述作せられたものに違いない。もちろん、次にいうように、あとになってそれが種々に、また幾度も変改せられ、したがって幾様かの異本ができてきて、それが諸家に伝えられていたのであるが、そのもとは一つであったろう。というのは、その『旧辞』によって撰録せられた『古事記』の種々の物語が、前に述べた如く顕宗天皇以前に限られ、そして同じような物語の見える時代は『日本書紀』においてもほぼ同様であるのと、いくらかの出入りはあり差異はあっても、そのもとは一つであったろうと考えられるほど、記紀に見える物語が互いに類似しているからである。

『日本書紀』を通覧すると、やはり顕宗天皇頃までは『古事記』と同様な、あるいは大同小異な、主として歴代の天皇及び皇族の言動、事蹟としての物語が多く載せてあるが、安閑天皇、宣化天皇の頃からはそういう物語がなくなっている。顕宗紀頃までの記事は、記録らしい形を有するものよりはむしろこういう物語が主になっていて、したがって歌謡の類も豊富であるが、安閑紀あたりからは全体がほぼ記録風の書き方になっている。ただ武烈天皇、継体天皇時代には、『古事記』に物語がなくなっているにかかわらず、『日本書紀』には恋愛譚や歌などがあるが、顕宗紀以前の部分における物語の性質が上に述べたようであるとすれば、そして安閑紀以後にそういうものがないとすれば、大体において、『日本書紀』に見える物語の出所が『古事記』のもとになった『旧辞』と密接の関係のあるものであったことが推測せられる。武烈紀、継体紀に『古事記』にない物語のあるのは、顕宗紀以前のものにおいて『古事記』のと幾分の出入りがあり差異があることとともに、『旧辞』に異本ができていたからである。

だから、こういう種々な物語は、ひとたびある時代において何人(なんぴと)かの手によって述作せられたものに違いないが、その物語の内容がすべて皇室に関すること、もしくは何らかの意味で国家の政治に関することであるとすれば、その述作者が朝廷であったことはおのずから知り得られよう。

そしてそれが『旧辞』または『本辞』の名で、絶えず人々によって変改が加えられつつのちに伝えられ、宮廷にもまた諸家にも、種々の異本となって存在したのであろう。『古事記』に記載せられている物語があれだけで終わっているのは、そのためと思われる。

その述作の時代はもとより明らかには知られないが、『古事記』に物語のあるのが顕宗天皇までであるのを見ると、そのときからあまり遠からぬのち、ただしそのときの記憶がかなり薄らぐほどの歳月を経たのち、たぶん欽明朝前後、すなわち六世紀の中頃においてひと通りはまとめられたのであろう。が、その物語の全体を通じて散見する歌謡に、『万葉集』（＊八世紀成立）中のものと大差のない、よほど発達した形のものの少なくないこと、とくにのちになっておのずから定まってきた短歌の形のものが所々に散見することなどから見ると、少しずつの変改がしばしば行なわれたことは別として、ある時期に、全体にわたって大いに潤色の加えられたことがあるかもしれぬ。が、このことについては、のちになって考える折りがあろう。

なお、『古事記』の皇室の系譜が推古天皇で終わっているのは、阿礼の取り扱った『帝紀』がそこまでであったからであろうから、これは『帝紀』が推古天皇のあとまもない頃に編纂せられたことを示すものかと思われるが、さらに臆測を進めるならば、これもまた『旧辞』と同様、欽明朝頃に一度まとめられていたのを、のちになってそのあとの部分を追補したのかと考えられる。それは、『旧辞』と『帝紀』との最初の編述がほぼ同じ時代であったろうと思われること、『古事記』の終わりのほうの系譜ばかり記してあるのはいかにも片手落ちの感があって、のちにつけ加えたものとして見るにふさわしいこと、その部分には、あるいは武烈の巻及び敏達（びだつ）の巻以下の如く前例になく治世の年数が挙げてあったり、安閑の巻及び同じく敏達の巻以下の如く年齢の記載が欠けていたり、仁賢、武烈、宣化、欽明のそれぞれの巻の如く年齢も陵の所在も書いてなかったり、種々の点において前のほうとは筆法が違い書き方に疎漏の点があるように見えることなどの故である。もっとも、治世の年数が見えるのは顕宗の巻からであり、清寧の巻にも年齢や陵の所在が抜け落ちているから、顕宗の巻で画然たる区別をすることはできないが、ほぼこのあたりが、『帝紀』と見なすべき方面においても、『古事記』の記事の変わり目である。

さて、『帝紀』と『旧辞』との最初の編纂が六世紀の中頃であったとしても、それに含まれている物語などのすべてがこのときにつくられたというのではない。そのうちには遥かに古い時代から語り伝えられている民間説話の類がそのままに、あるいはいくらかの形を変えて採り入れられ、編み込まれたものがあることは、のちにいう通りである。しかし、そういう民間説話が事実の言い伝えとか口碑とかいうものと性質を異にしていることは、上に説いたところで知られよう。もっとも、すでに述べた如く四世紀の中頃より前の古い事実の言い伝え、すなわちいわゆる口碑、もしくはそれの文字に写されたものが、『帝紀』と『旧辞』とのはじめて編纂せられた時代にまったくなかったとはいわれぬかもしれぬ。けれどもそれがそのままに『帝紀』と『旧辞』とに採用せられ記録せられたかどうかは疑問であり、よしそういうことがあったとしても、それがその後、幾度かの変改や潤色を経過している記紀にそのままあらわれているかどうかは、なおさら疑問である。だから、文字のなかった時代の歴史的事実のいくらかの言い伝えが文字の用いられるようになった時代に存在していたかどうか、またそれが記録せられて『帝紀』と『旧辞』との最初の編纂の頃まで伝えられていたかどうかという問題は、記紀にそれがあらわれているかどうかというのとは必ずしも同一ではない。そして記紀にそういう言い伝えが含まれているかどうかは、二書の記載そのものの研究によって判断するほかはない。文字の用いられるようになってからの言い伝えなどについてもまた、同様である。

第二には、諸家の有する『帝紀』『旧辞』が区々であるということであるが、これには前に言及したことのある『日本書紀』の欽明紀の分注に「帝王本紀、多有古字、撰集之人、屢経変易……」（＊帝王本紀は古い文字が多く難解である上に、撰集者がたびたび変わり、混乱を生じた）とあるような事情から来たものがあるでもあろう。この注は顔師古（＊唐の学者）の『漢書』叙例（＊顔師古による『漢書』の注釈）の一節をほとんどそのままにとったものであるが、それが当てはまるような事実があったらしく解せられる。が、単にこういうようにして生じた誤謬のみではなく、また自然に生じた訛伝があるとか、異聞が記録せられているとかいうのみでもなく、朝廷または諸家において故意に改作した場合も多かったであろう。またこの改作には、知識の発達とシナ思想の流行につれて、古事に新思想を加え、あるいは新解釈を施すというような意味でせられる場合もあったろう。

たとえば『古事記』には紀年が明らかになっていないが、分注として所々に天皇の崩御の年の干支と月日とが見える。これは『日本書紀』の記載とはほとんどまったく違っているのであるから、たぶん『日本書紀』において紀年の定められた前に、同じ企て、同じ試みが何人かの手によって行なわれた、その名残りではなかろうか。『日本書紀』によって紀年が一定せられたあとに、新たにこういうものが案出せられたとは考えがたいからである。もしそうとすれば、それは『帝紀』の最初の編述の際ではなく、それよりもあとのことであろう。というのは、後世に付加せられたものと見るべき終わりのほうの部分まで、それが見えるからである。『帝紀』の原形においてこういうものがなかったことは、それと同じ時代に書かれたと思われる『旧辞』において年代記的に物語を配列してないことからも、推測せられる。だからこれは、『帝紀』の時代のあまりに漠然たるを飽き足らなく思って、それを細かく擬定しようとしたところから生じた後人の所為らしい。こういうことはあるいは種々の人によって種々に試みられたかもしれず、また全体として紀年を定めるのでなくとも、ある物語において干支などによって話の順序をつけるような試みを行なったものもあったであろう。シナの史籍を見るようになれば、こういう企てはおのずから生じなければならぬからである。

たとえば『日本書紀』の垂仁紀二十五年（丙辰）の条に大神伊勢鎮座の記事があるが、その分注として引用してある「一書」には、それを丁巳の年（垂仁紀二十六年）としてあって一年の違いがある上に、話そのものにも小異がある。これは、あるいは『日本書紀』編纂の前に行なわれたそういう試みの一つが偶然、この分注において遺存しているのではなかろうか。ただ『日本書紀』が紀年を一定し、すべてを年代記的に配列したために、古く試みられたものはほとんど世の中から影を消してしまって、今日には伝わらないのであるが、『日本書紀』にもそういうものをそのままに、あるいはいくらか変改して採用した場合もあろう。

紀年のことには限らず、その他の事柄についてもまた同様である。神代史においてはこういう傾向が著しく見え、神々の名などにも、ひとたび神代の物語ができあがったあとに添加せられたと見るべきものがあり、それがまたさらに変化するというような場合もあって、記紀の直接の材料となったものには、原形を距（へだ）てることのすこぶる遠い、また互いに矛盾している分子が含まれ、幾度も手の入った形跡が明らかに知られる。『古事記』の神代の巻の最初にあらわれる三神などは、それが他の多くの神々よりは高い程度の知識の所産であることが推測せられる点、また神代史の全体の結構から遊離している点から見て、最初から神代史にあらわれていた神でないことがわかるが、それが独神・隠身（＊夫婦神でない神・身を隠している神）とせられているにかかわらず子があるようになっているのは、またその後の変化に違いないから、こういう変改の径路を示す好例証である。

が、改作はこういう事情からのみではなく、家々においてその家格を尊くしようとか、祖先を立派にしようとかいう動機から出た場合も少なくなかったろう。允恭天皇のときに氏姓の混乱を正されたという話があるのも、こういう事実の反映であって、あるいは領地などの物質的利益のためから、あるいは一種の名誉心から、種々の造作が家々の系図に加えられたのであろう。とくに身分の低い、系図のわからぬものが身を立て地位を得たような場合に、こういうことが行なわれたろうということは、後世の状態からも類推せられる。家系が重んぜられる世においては、系図を製作し、紙上の祖先を設けることは、昔も後世と変わらなかったに違いないからである。そしてこれは、諸家の祖先が神代の諸神及び歴代の皇族とせられている以上、諸家の系図の造作は、おのずから皇室の系図もしくはその事蹟または神代の物語において、種々の混乱を生ずることになるのである。あらゆる諸家を皇室もしくは思想の上において皇室と同様に見られている神代史の神々の後裔とすることは、家柄によって社会が秩序づけられるようになってくるにしたがって自然に生じた趣向でもあり、またそれが皇室を中心として国家を統一するに便利な方法でもあったけれども、それだけまた弊害も生じて、諸家はそれぞれ己が家を、なるべく皇室もしくは神々に近づけようとするようになり、したがってその家に都合のよいような祖先をこしらえて、それを皇室や神々に結びつけようとしたらしいのである。允恭紀に見える詔勅に「或帝皇之裔、或異之天降……」(＊天皇の子孫だとか、怪しいのになると天降りの子孫と称するものがいる)とあるのは、『日本書紀』の編者の筆になったものではあるが、諸家のこういう態度はずっと前からのことであったろう。

第三は、朝廷の権威をもって正説を定めるということであるが、実をいうと、よしそれができあがったにしても、こういう方法で果たして真の正説が定められたかどうか、すなわち歴史的事実を明らかにするように旧記の批判ができたものかどうかは、今日から保証の限りではない。あとになって完成したものではあるが、『日本書紀』においていわゆる壬申の乱がいかに取り扱われ、天武天皇即位の事情がいかに叙せられているかを知るものは、ずっと上代のことについても朝廷がそれを撰修する場合においては、何らかの意図がそれに加えられないということを確信しかねよう。また、かの『日本書紀』の紀年が故意に造作せられたものであるということは今さら説くまでもない学界の定説であって、それも特殊の目的があってのことと見なければならぬが、すでにそういう明白な事実がある以上、それと同じ考えが『日本書紀』の撰修より前の撰修者において、また紀年のほかの事柄について、決して起こらなかったとは断言しかねよう。

第四は、阿礼が『帝紀』『旧辞』を誦習したということであるが、この「誦習」とはどういう意義のことであろうか。上に述べた如く『帝紀』『旧辞』は書籍となっているものであるから、阿礼はその書籍を取り扱ったのであるが、阿礼はそれを批判し、討覈して、新たなる『帝紀』『旧辞』を撰録したのではない。それは、本文に「未行其事」とあるので明らかである。この行なわれなかったという「其事」は、従来世に存在する『帝紀』『旧辞』を討覈してその偽を削り実を定め正しいものを新しく撰録しようという事業を指しているのであって、上表の「然運移世異」云々の句はただちに「欲流後葉」（＊後世に伝えたいと思う）に接続するものである。「其事」が阿礼の誦習をいうのでないことは、この誦習は立派にできているので明らかである。安万侶はのちに、彼の誦んだところからこの『古事記』を撰録したのであるから、これには疑いがない。文章の上からいうと「其事」は「撰録帝紀、討覈旧辞、削偽定実、欲流後葉」か、さもなくば「勅語阿礼、令誦習帝皇日継及先代旧辞」か、二つのうちのどちらかを承けてそれを指すものでなければならぬ。しかるに後ろのほうでないことは、それがすでに行なわれたことであり、したがって「未行」と書かれるはずがないことから明白である。だから、それはどうしても前のほうのでなくてはならぬのである。そして、阿礼のしごとはできたが目的の事業は行なわれなかった、というのであるから、阿礼の誦習は正しい記録を新しく撰録するための準備であった、と見なければならぬ。また実際、「削偽定実」の大事業は、阿礼一人の手でできることではなかったろう。だから、もし臆見を加えるならば、かの川島皇子（＊天智天皇の子）らに命ぜられたのがこの事業であって、阿礼の誦習はその準備の一つであったのではなかろうか。川島皇子らがどれだけのことをしたのかわからないが、それはまとまらずに中止せられたらしいので、「未行其事」はすなわちそれを指したものかと考えられる。

さて、すでに文字に記された『帝紀』『旧辞』があり、そうしてそれから新しいものを撰録するのでないとすれば、阿礼のすべきことは、この古書そのものをどうかすることでなければならぬが、それに「誦習」の語が用いられているのを見ると、その誦めないところを誦み明らめる、というよりほかに考えようがない。実際『帝紀』『旧辞』は、概していうと、漢字で国語を写したものであったろうし、少なくとも固有名詞などはみなそうであったに違いなく、そしてそれは、まったく言語の性質が違うシナ語の表象である漢字をもって国語を写すという無理なことをしている上に、その写し方は一定していず、時代と記者とによって種々になっていたであろうから、時を経たあとになって他のものが見ると解しがたく、読みがたいところが多かったに違いない。国語で書かれているこの『古事記』を見てもそのことは類推せられ、われわれは古人が読み方を伝え、もしくは考えておいてくれたからこそ一応はそれを読み得られるが、しからざれば非常な努力で研究しなければわからないものである。そして阿礼の前に提出せられた『帝紀』『旧辞』が同じようにわかりにくかったことは、上に引いた上表の末尾のほうを見ても想像せられるのであって、「辞理叵見」（＊ことばの意味がわからない）というべきことが甚だ多かったろう。安万侶が写しがたいとしたことは、すなわちまた古書の解しがたい所以であって、『帝紀』『旧辞』は、ほぼこの『古事記』と大差のないような書きざまのものであったと考えられる。

このことは、次にいうように『古事記』の文章とその撰録の事情とからも推測せられるが、全体からいうとほぼ漢文をもって綴られている『日本書紀』において、その間に往々国語で書かれたところのあることからもそう考えられる。一、二の例を挙げると、神代紀に見られる「青山変枯」（＊青山を枯山になす）、「神退去矣」（＊神去りましぬ）、「黄泉之竈」（＊よもつへぐい、すなわちあの世の料理）、「吹棄気噴之狭霧」（＊吹きうつるいふきのさぎり、すなわち口から吹き出た細かい霧）、「毛麁毛柔」（＊毛のあらもの毛のにこもの、すなわち毛のまばらに生えている動物と密に生えている動物）、「稜威之道別道別」（＊いつのちわきにちわきて、すなわち威風堂々と雲の道をかき分けて）、「浮渚在平処」（＊うきじまりたいら、すなわち浮島の平らな処）、また神功紀に見える「太立宮柱」（＊宮柱太しき立て）、「常夜行之」（＊とこよ行く）というような漢文にすることのできない特殊の成語はもちろん、神代紀の「引而奉出」（＊引きいだして奉れり）や神武紀の「踏浪秀而往乎常世郷矣」（＊浪秀を踏みて常世郷に往でましぬ）というような純粋の漢文に改めてもさしてさしつかえのなさそうなことまで、こういう風に書かれている。これは、国語で書いてあったもとの資料（すなわち『旧辞』）を漢訳するにあたり、あるいは到底訳することのできない特殊の成語をもとのままに残し、あるいは適切な訳語が得られないために生硬(せいこう)な訳し方をしたからである、と解しなければなるまい。国語の原本がなくしてはじめから漢文で書いたのならば、こういう文章のあるはずがないのである。また「匍匐頭辺、匍匐脚辺、哭泣流涕焉」とか「吾夫君尊、何来之晩也」とか（以上神代紀）というように、一部分は漢文になっていながら、全体としては国語を写したものと見なされるところのあるのも、同じ理由から来ていよう。

なお、たとえば「顧眄之間」に「此云美屡摩沙可利爾」(＊此れをば、みるまさかりにと云う)といい「遂之」に「此云波羅賦」(＊此れをば、はらうと云う)と記し(以上神代紀)、「撫剣」に「此云都盧耆能多伽弥屠利辞魔屡」(＊此れをば、つるぎのたかみとりしばると云う)と書いてある(神武紀)ように、漢語についてそれにあたる国語を注記してあることが多いが、これも国語の原文があってそれを訳出したことを示すものである。「玉籤」を「此云多摩倶之」(＊此れをば、たまぐしと云う)といい、「端出之縄」について「此云斯梨倶梅儺波」(＊此れをば、しりくめなわと云う)とある(以上神代紀)ように、わが国特有の事物に強いて漢字をあてる場合には、はじめから漢文に書いても、その読み方を注記する必要があろうけれども、前に挙げたような、そういう特殊の意義をもたない漢語には、国語から翻訳しない以上、こんな注解の書かれるはずがない。『日本書紀』は、一般には、漢文でのみ書かれているように思われているらしいが、実は必ずしもそうではない。編者の意図ではすべてを漢文にしたかったであろうが、そうはできなかったところがあるのである。また世間では、はじめて漢字が用いられるようになったときには、書かれた文章は漢文であったと思われてもいるらしいが、これはまったくの誤りであって、漢字を用いたのは国語を写すためであり、文章はすべて国語で書かれたのである。

ところで、『帝紀』『旧辞』の書き方がこういうものであったとすれば、それはわかりがたく誦みがたいものであったことは、おのずから推測せられよう。なお『帝紀』『旧辞』にも、場合によっては漢文と見なすべき書き方のしてある部分があったかもしれず、また系譜などの大部分は文章というほどのものにはなっていなかったろうが、それにしても、固有名詞を誦み明らめるだけでも、かなり困難なしごとであったろう。前に引いた「帝紀本紀、多有古字」という「古字」は、この上表に書いてある「日下」とか「帯」とかいう字のように、古人がそう書いておいたけれども、何故であるかがわからなくなっていたものをいうらしく、そういう文字が多くては、人名や地名の誦めないものが多くあったろう。

『帝紀』『旧辞』はこういうものであったから、それを誦み明らめるには「為人聡明、度目誦口、払耳勒心」といわれた如く、頭がよくて博聞強記で、種々の比較研究などもできる人を要したのであろう。阿礼の事業は、あたかも仙覚（せんがく）が『万葉集』を読み、本居宣長が『古事記』を読んだと同じ性質のことであったに違いない。「誦習」とはすなわちこのことである。「誦」とはあるが、それは文字に写してあることを口に出して誦むからのことであり、そうして誦むには文字の意義がわからなくてはならぬから、誦むことは、畢竟（ひっきょう）、古書を見てその読み方を解することになる。「度目誦口」（書物を見ればそれを誦む）とある「誦口」にも意義を解することが含まれていると見なければならぬ。これは「払耳勒心」（＊耳にしたことは忘れなかった）に対する句であって、一は知識に富んで理解力のあることを見るほうにつけていい、一は記憶に長じていることを聞くほうにつけていい、「聡明」の二字を具体的に説明したのである。

「誦習」という語の出典を考えると、『史記』の儒林伝に「行常帯経、止息則誦習之」とあるのをそれと見ることができようが、これは「経を誦習する」というのである。『後漢書』の儒林伝にも書籍についてこの語が用いてある。「誦習」が、文字に書かれたものを誦み習い、したがってその意義を解する義であることは、明らかである。

なお、このことについては、前にも引いた『日本書紀』の欽明紀の分注に「後人習読、以意刊改」とある「習読」の二字をも参考するがよい。「誦」も「読」も同じであるから、「誦習」も「習読」も同義であろう。そしてこの「習読」は、文字を見てそれを読むことを指すのみならず、「以意刊改」することが伴い得るものとして用いられている。すなわち読者の解釈という意義が加えられている。「習読」云々の一句は上にいった『漢書』叙例のうちの語であるが、その意義はここにいう通りである。『続日本紀』文武紀大宝二年の条に「読習新令」とある「読習」も法文の意義を解釈することである。また『日本書紀』の敏達紀元年の条に「読解」及び「読釈」という熟語のあるのを見ても、読むことと解釈することとが別義ならざるを知ることができよう。「誦」の字を「暗誦」と解すべき理由はどこにもない。が、こういうようなことを考えるまでもなく、『続日本紀』天平宝字元年の詔勅に「宜令天下、家蔵孝経一本、精勤誦習」とある一例によっても、「誦習」の語の意義は明白である。

さて、安万侶は「辞理叵見、以注明」（＊ことばの意味のわかりにくいものには、注を加えてわかりやすくした）といい、実際、本文において読み方を注記しているが、ここにも阿礼の功績があらわれているのである（ついでにいう。ここの文を本居宣長は「以注明意、況易解更非注」と句読をつけているが、これは誤りである。ここは「辞理叵見」と「意況易解」と、また「以注明」と「更非注」とが、それぞれ対になっているので、宣長のように読んでは、それが壊れてしまうのみならず、「況」の字の意義が適切でない。「況」は「譬況（ひきょう）」という熟字にも用いられているから、「意況」も「意義」というほどのことであろう）。なお阿礼がこうして誦み明らめた『帝紀』と『旧辞』とは、諸家に伝えられている種々の異本全体のことか、または特殊の由来のある一本のみのことか、という問題が起こるが、それはおのずから次のことに関係してくる。

そこで第五には、安万侶のしごとであるが、それは、阿礼が読み方を研究し、解説しておいた古書、すなわち『帝紀』『旧辞』によって、この一篇の『古事記』を撰録したことである。「撰録」という語だが、ただ耳に聞いたことを筆記するとか、目に見た文を謄写するとかいう意義でないことは明らかである。現にこの上表の前のほうにも「撰録帝紀、討覈旧辞」（＊『帝紀』を撰んで記し、『旧辞』をよく検討する）とあって、この「撰録」がそんな単純なしごとでないことはいうまでもない。ここの「撰録」は、「討覈」と片身替わりに用いてあるので、全体の意義は『帝紀』『旧辞』を討覈、撰録するというのであるから、その撰録には、討覈が伴っている。安万侶の場合のにそれだけの意義があるかどうかは次にいうことにするが、単純な筆記などでないことは、これでも知られる。だから、①『古事記』の撰録は、阿礼の誦んだものが、ある一本ずつの帝皇日継及び先代旧辞であるとすれば、『帝紀』と『旧辞』と別々になっていたのを一篇の『古事記』にまとめ、またその読みがたく解しがたいところを書き改めたり注を施したりするようなこと、をいうのであろうし、②もしまた阿礼が諸家に伝わっている『帝紀』と『旧辞』との多くの異本を誦み明らめておいたのならば、それらの種々の異本を調べ、それらに見えている諸説を取捨撰択して、それによって新たに一つの成書をつくること、をいうのであろうし、この二つのうちのいずれかでなくてはならぬ。が、この撰録に費やされた月日が甚だ短くして、わずかに四カ月あまりであることから考えると、それは①のほうであったと推測せられる。これは、種々の異本を資料としてそれに弁別取捨を加え、それから一つの成書を述作するには多くの時日を要するというだけのことではなく、『帝紀』『旧辞』の訛伝を正すという大きな目的をもっている事業に関連したこととして、かつ、かりそめならぬ勅命によってそういうことをするのは、私に一家の言を立てるのとは違い、その影響の及ぶところが大きいから、そのためにはすべてにおいて慎重の態度をとらなければならず、したがって、短日月の間にそれをし遂げることは難しかったろう、と思われるからでもある。資料の多寡という点からばかりではなく、撰者の用意の上からもこう考えられる。もちろん、そういう述作だとすれば、述作そのことに多くの時日を要することも考えねばならぬ。あの時代にあのような文章であれだけのことを書き綴るだけでも、大いなるしごとである。多くの異本から材料をとってまとまったものを書きあげるには、自分の力で自分の文章にしなければならぬからである。

のみならず、勅命をもって一私人たる安万侶にここにいったような意義での述作、すなわち一種の「修史」ともいうべき事業をさせるというのも、解しがたいことである。天武天皇十年には川島皇子らに、和銅七年には紀清人（きのきよひと）らに命ぜられ、のちの場合にはいつしか舎人親王（＊天武天皇の子）を総裁とするようになったほどに重大な、また大規模な史局の開設を要する修史の事業ではなかったか。その間において安万侶一人にそういう述作をさせたところで、この事業にいかなる効果があったろうか。その上にそういう意義での述作であるとすれば、『古事記』の終わりのほうが系譜ばかりになっているが如きはあまりに不体裁であり、あまりに不整頓ではなかろうか。それからまた上表を見ても、その撰録の用意を述べているのが、まったく文字の書き方についてであり、その他には一言も及んでいないが、これは彼のしごとが、主として阿礼の施した訓詁（くんこ）（＊字句の解釈）によってそれを書き換えることであったことを示すものであろう。もしそれが多くの異本を資料とし、彼自身の識見によって『古事記』を述作したのであるならば、文字の書き方の用意についてこれほどの説明をしている彼は、その述作の方針や態度に関して、一層細かにそのことをいったはずではなかろうか。なお上表に「子細採摭」とあるのも、安万侶のしごとが多くの異本の説を弁別取捨することではなかったことを示すものである。「採摭」は、一つも残さず拾い取るということであって、弁別取捨の義はそれにはない。これらの点から見ても、安万侶の撰録の意義は、上に挙げた二つのうちの①のほうのであったと見なければなるまい。

要するに安万侶は、阿礼の誦習した一本ずつの『帝紀』と『旧辞』とによって、この『古事記』を撰録したのである。そしてその撰録の仕方は、これまで別々の書になっていた『帝紀』（系譜）と『旧辞』とのいずれをも、歴代についてその一々に分割し、そうして一代ごとにその分割した二つをつなぎ合わせる、ということであった。『帝紀』と『旧辞』との性質と『古事記』の形態とを対照してみれば、このことがおのずからわかる。『古事記』には歴代ごとに、そのはじめに皇子と、その母たる后妃と、その子孫としての諸家の家の名と、並びにどの皇子が御位を嗣がれたかということとをまとめて記してあるが、それはすなわち系譜を内容とする『帝紀』から写し取られた部分であり、次に種々の物語が記してあるが、それがすなわち『旧辞』を写し取った部分である。神代の部分とても、はじめのほうの神々の名の列挙してあるところや、日の神からウガヤフキアヘズの命までの歴代の名は、『帝紀』の巻首に載せてあったと推測せられるから、やはり同じことが行なわれたのであろう。またその『帝紀』における名の書き方や『旧辞』の文章についていうと、それは概ねもとの『帝紀』『旧辞』のままにしておいて、そのわかりかねたところ、阿礼の研究によってはじめて明らかになったところを、わかるように書き換え、あるいはそれに注解を加えることであったらしい。彼の苦心が文字の書き直し、すなわち文字の用い方の改訂にあったことは、上表に「是以、今或一句之中……」（＊一句の中に音と訓とを混用し、またすべて訓を用いて記すこともした）といってあるのでも明らかである。

この改訂はもし試みに一例を設けていうならば、次に示すようなことではなかったろうか。『日本書紀』の神代紀に「顕見蒼生」（＊うつしきあおひとくさ）とあって、これを「宇都志枳阿烏比等久佐」と読むように注記してあるが、『古事記』のもとになった『旧辞』でも、やはりこの神代紀の本文のような文字で書いてあって甚だ解しがたかったのを、阿礼が（あたかも『日本書紀』の注のような風に）その読み方を考えておいたので、それによって安万侶が「宇都志伎青人草」とわかりやすく書き換えた。つまり原文のままでは「已因訓述者、詞不逮心」であるが、『日本書紀』の注のような写し方をしては「全以音連者、事趣更長」であるから、「一句之中、交用音訓」の方法によって「宇都志伎青人草」と書いたのである（この文字についてこのことがあったというのではない。ただ安万侶のしごとはほぼこんなところにあったろうということを、試みに例を設けて説いてみたのみである）。

さて、これまで考えてきたことに理由があるとするならば、阿礼の誦習した『帝紀』と『旧辞』とはたぶん宮廷に伝わっていた一本であったろうと思われる。諸家には種々の異本があったが宮廷にも一本があったので、「削偽定実」の大事業を行なう準備として、天武天皇はまずそれを阿礼に誦み明らめさせられたのであろう。ただしこれについては一つ考えるべきことがある。これらの異本は『日本書紀』にその断片が残っていて、神代紀に「一書」として種々の異説が注記してあり、数は少ないけれども、神武紀以後にもときどき「一書」の説の引いてあるのがすなわちそれであるが、神代紀の注の多くの「一書」の中には、ほぼ『古事記』と同じものがあるので、それと『古事記』との関係が問題になるのである。この二つはよく似ているが、どの場合でもそれにいくらかずつの差異はあって、まったく同じではない。ただその類似がかなり親近であるところから、阿礼が誦んだ『旧辞』、すなわち『古事記』のもとになったものがすなわちこの「一書」であって、安万侶が他の異本を参酌してそれにある変改を加えたのが『古事記』となってあらわれたものではなかろうか、という疑いが生ずる。たとえば、『古事記』に似た「一書」のヨミの物語には『古事記』に見える桃の話や八つイカツチの話などはないのに、別の「一書」にそれが見えているから、安万侶はこの二つの異本のある部分をつなぎ合わせて『古事記』のような物語をつくりあげたのだと推測せられるかもしれない。もしそうだとすれば、安万侶のしごとに関する上記の考説は妥当でないことになる。しかし、この『古事記』に似た「一書」と『古事記』とを比べてみると、その内容において互いに出入りがあって、「一書」のほうが複雑であり発展した形を具えている場合、たとえばオホクニヌシの命とスクナヒコナの命との物語、いわゆる皇孫降臨の段のサルダヒコの話などの類がある。が、またその反対に、『古事記』のほうにのちの変改が加えられているらしいところもあり、タカマノハラで日の神とスサノヲの命との子を生まれる段などがそれである。だからその間の全体の関係を、この零細な「一書」の記事のみによって推測することは難しく、単にこの「一書」との比較によって、『古事記』が数種の異本を取捨撰択したと考えることはできない。そして『日本書紀』の注の多くの「一書」には、『古事記』の記載に何らの痕跡をとどめていない、それと直接の連絡のない説があるから、そういう異本どもが『古事記』の撰録の場合に参考せられたとは、見なしがたかろう。むしろ『古事記』と類似している「一書」のあることが、安万侶がいくつもの異本の説を取捨して『古事記』を撰録したのではないことを証するものといわれよう。その上に前に述べた如き理由があるから、『古事記』はやはり一つの『帝紀』と一つの『旧辞』とをまとめたものであって、それに類似した記載を有する『日本書紀』の注の「一書」とそれとの関係は、『古事記』撰録の際に生じたものではなく、もとの『旧辞』において存在していたもの、換言すれば、この二書は親近の関係をもっている二つの異本である、とするのが妥当であろう。

あるいはこの関係を反対に見て、『日本書紀』の編者が、『古事記』のもとになった『旧辞』の一本に変改を加え、それを「一書」として注記したのではなかろうかという考えがあるかもしれぬが、「一書」として挙げる場合にことさらに原本を変改する必要はないはずであるから、この考えは成り立つまい。漢文に翻訳するために生ずる語調の変化や幾分かシナ思想の着色を帯びてくることなどは別であるが、話そのものに故意の変改を施すべき理由はなさそうである。なお、のちにいうように、『古事記』における『帝紀』の部分と『旧辞』の部分との間に不調和な点がしばしば見えるが、これも、ある『帝紀』とある『旧辞』とがそのままに結びつけられたからであって、その間に取捨撰択が加えられなかったことを示すものではあるまいか。こう考えてくると、安万侶のしごとが上記の如きものであったことは、一層明らかになったであろう。

さすれば、『古事記』の撰録は、本来、元明天皇の「惜旧辞之誤忤、正先紀之謬錯」（＊『旧辞』に誤りがあるのを惜しみ、『帝紀』の乱れを正す）という御志、すなわち区々であり真偽雑揉している在来の諸説を討覈して一つの定説をつくろう、という御考えから出たことではあるが、安万侶のしごとでそれが成就したのではなく、これもやはり一つの準備事業にすぎなかったことになる。なお安万侶が直接に古書を取り扱ったことは、前に掲げた上表の「上古之時」から「随本不改」（＊本のままにして、改めなかった）までの数行によって毫末の疑いを容れない。また「已因訓述者、詞不逮心、全以音連者、事趣更長」（＊すべて漢字の訓を用いて記した場合には、漢字の意味とことばの意味とが一致しないことがあり、全部漢字の音を用いて記したのでは記述が大変長くなる）は明らかに古書のことであり、「日下」「帯」の文字（＊日下を「クサカ」と読み、帯を「タラシ」と読むなどは、本のままで音に改めなかった）についていう「本」も古書のことである。

ただここで一つ解しがたいのは、上表に「稗田阿礼所誦之勅語旧辞」とある「勅語旧辞」の一句である。文字のままに読めば「勅語」と『旧辞』との意であろうが、「勅語」は『旧辞』に対すべきことではない。そして『旧辞』は上に挙げた如く常に『帝紀』『先紀』『帝皇日継』に対して用いられているから、この「勅語」もやはり『帝紀』などの誤写ではなかろうか。一般に『帝紀』と『旧辞』とが常に相対して用いられる慣例であるかどうかは別問題として、この上表において二つが常に対称せられていることは見逃すべからざる事実であり、その上に、天武紀の川島皇子の修史事業を叙したところにさえ同じような書き方がしてあるのを見ると、上代の記録にこの二つがあって、それが相伴って当時の修史家の頭に浮かんできたものであることが明らかに推測せられ、とくに阿礼の誦んだのは「帝皇日継及先代旧辞」であって「勅語」ではなく、行文（こうぶん）（＊文章の書き進め方）の上から見ても、「稗田阿礼所誦之勅語旧辞」は「令誦習帝皇日継及先代旧辞」を承けて、それに応ずるものでなくてはならぬからである。

　なお『古事記』はいわゆる「帝皇日継」すなわち皇室の系譜にとくに意を用いてあって、末のほうへ行くとただ系譜のみになっているほどであるから、安万侶の取り扱った阿礼の解説には「帝皇日継」すなわち『帝紀』が重きをなしていたはずであり、したがってここにも『旧辞』とともにその名があらわれていなければなるまいと思う。上文にも「勅語阿礼」という一句があってこの「勅語」という熟字も、一般の慣例から見ると少しく異様であるが、それはともかくもとして、「勅語旧辞」の語はどうも意義をなさぬようである。もし強いて解釈すれば、『旧辞』の種々の異本のうちで「阿礼に誦めと勅命せられた『旧辞』」という意義とでも見るのであるが、甚だ穏やかでない。なぜなら安万侶が撰録し、阿礼の誦習しておいたものは『旧辞』のみではなかったからである。しかしこの「勅語」という文字の問題は別として、『古事記』に撰録せられたものが阿礼の誦んだ『帝紀』と『旧辞』との二種であったことは、その内容の上から明らかであるのみならず、上表全体の書き方から見ても疑いはない。もし『旧辞』だけで『帝紀』がとられなかったのならば、『帝紀』と『旧辞』とを幾度も繰り返して並べて述べてきたのは無意味のことだからである。

以上の上表の解釈で『古事記』の由来とその性質とはおのずから了解せられたことと思う。ただここで一言しておきたいのは、この考えは『古事記』の解釈の権威として世に重んぜられている本居宣長の説とは根本的に違っている、ということである。

宣長は、「旧来の書籍はみな漢文であったから阿礼はそれを国語に誦み直し、文字を離れて口に誦み浮かべたのであるが、もう一歩進んで考えると、それは天武天皇御自ら古記を討覈して正説を定められた上、国語をもってそれを阿礼に口授して誦み習わせ、暗誦させられたのであろう、そうして安万侶はそれを阿礼の口から聞いてそのままに筆録したのだ」と解釈している。詳細は『古事記伝』を見ればわかるからここには述べないでもよかろう。

本居宣長『古事記伝』

宣長は、歌や祝詞は国語を写してあるがその他のものはみな漢文であった、というが、すでに歌や祝詞を国語で書こうとしたことを承認するならば、何故にその他のことについてそれを拒否するのか、また彼は『旧辞』の「辞」の字に目をつけて、これは「ことば」に重きを置いてあることを示すものである、といっているようであるが、それならば『帝紀』は「ことば」によらなくてもよかったというのか。また「辞」の字をこう解釈すると、旧来の書物がみな漢文であったという彼の説とは矛盾しはすまいか。いうまでもなく『旧辞』は書物として昔から伝わっているものの称呼である。

それから彼は「未行其事」の「其事」を阿礼が暗誦していることばを文字に写すだけのことのように説いていて、「削偽定実」の業は天武天皇御自身がすでに行なわれて、その新定のことばを阿礼が暗誦していたのだと考えているが、「其事」が文章の上から見て「撰録帝紀、討覈旧辞、削偽定実」という事業を指すものでなければならぬことは前に述べた通りであるから、宣長の解釈するように、天武天皇がすでにこの「削偽定実」を行なわれたのならば、「未行其事」とはいわれないはずではないか。もっともそれがまだ文字に写されていないとすれば、「流後葉」（＊後世に伝える）ための方法は充分にとられていないともいわれようが、「其事」の主要な意義がそこにあるのでないことは文章の上に明らかである。またもし「其事」がただ阿礼の暗誦していることばを筆記するだけのことを指すのならば、こんな簡単なしごとがすなわち「削偽定実」の大事業にあたるわけになるので、そこに大きな矛盾が生ずる。

のみならず、宣長のように見るならば、元明天皇のおぼしめしとして「惜旧辞之誤忤、正先紀之謬錯」と書いてあるのは、どういうことか。天武天皇がすでに正説を定められたならば、元明天皇のおぼしめしとしてこんなことが書かれるはずはなかろうではないか。あるいはこの二句を宣長の考えによって強いて解釈すれば、正説はすでに定まっているが世間にはまだ出ていないため、誤った『帝紀』と『旧辞』との信ぜられるおそれがあるから、その正説を一般に知らせよう、という意義だといわれるかもしれぬが、それならば、その正説を記した『古事記』のできあがったあと、わずか二年で、しかも同じ元明天皇の和銅七年に、新たに国史撰修の事業が企てられたのは何故であるか、まったく了解ができない。もっと遡っていうと、天武天皇が御自身で正説を定められるほどならば、川島皇子らに命じて修史事業を起こさせられたということも、同じく不可解のことである。また上表の全体の書き方からいっても、天武天皇御自身がかかることをせられて、それが『古事記』となってあらわれたものならば、それは『古事記』の由来を叙しているこの上表に明記せられないはずがないではないか。阿礼のしごとは単にそれを暗誦したにすぎない従属的のものであるのに、その阿礼のことを特筆大書しながら、作者であられる天皇のなされたこと、すなわち主たるしごとが明記せられず、(仮に宣長の意見にしたがえば)「勅語」の二字によってわずかに暗示せられているということは、いかにもつじつまの合わぬ話ではないか。「勅」という語は君主が臣下に対してある意志を伝える場合に用いられるので、帝王の製作がそう称せられるのではないことも、考えねばならぬ。

なおまた、文字がすでに盛んに用いられ、純粋の国語を漢字で書いた文章が一般に行なわれている世の中に、何を苦しんで長い間阿礼に暗誦させておく必要があるか。いつ死ぬかも知れない人の、しかもたった一人の阿礼の記憶に、畏くも天武天皇御自ら削定せられた貴重この上もなき、また唯一無二の『帝紀』『旧辞』を何故に委託しておいたであろうか。暗誦していることばを文字に写すくらいは容易なことであるのに、何故にそれを行なわなかったか。阿礼とてもそのくらいのことはしそうなものではなかったろうか。

宣長の説ではこれらの点が甚だ曖昧である。彼は、わが国のことは国語でいいあらわさねばならぬことを知り、漢文風の文飾の多い『日本書紀』に比べて『古事記』を尊重したのであり、それは真に彼の卓見であるが、あまりに『古事記』を偉いものに考えすぎたため、おのずからあのような解釈をするようになったのであろう。

さて、安万侶が『古事記』を撰んだのは、直接には元明天皇の勅命、間接には天武天皇の御遺志を奉じたのではあるが、それでかの「削偽定実」の大事業が成就したのかというと、そうではないらしい。諸家の異本にはまだ手が触れられていなかったからである。だからこれは、あたかも阿礼の誦習と同じく、準備事業の一つであったろう。したがってそれによって、川島皇子らを主として大規模の史局を開かれたという主旨が達せられ、諸家をしてことごとくそれを奉じさせるほどの権威がつけられたとは考えがたい。事実『古事記』は、よし勅旨を奉じてのこととはいえ、畢竟一私人の撰録であり、その上に、家々に伝えている古記が区々であったほどに、それには家々の直接の利害関係が絡まっているものでもあるから、『古事記』の一家言には服従しかねる家もあったろう（ずっとのちのことではあるが、齋部廣成（いんべひろなり）が『古語拾遺』を著したことをも参考するがよい）。だから時の政府は、天武天皇の御遺志を遂げ、元明天皇の聖旨を貫徹するために、広く諸家の有する『帝紀』『旧辞』を討覈して権威のあるものを撰定する必要があるとした。その上に『古事記』は、ただ帝皇日継と先代旧辞とをつなぎ合わせたものであって、その記載は神代及び上代の事柄に限られていて、『旧辞』の内容は天皇及び皇族の、とくにその大半は私生活としての物語であるし、首尾貫通した、また広く天下の形勢や政治上の事件を記録した国史というべきものではない（いうまでもないことであるが『古事記』の「古」は安万侶の時代からの「古」であって、今日からの「古」ではない。『古事記』に書いてあることとは、『帝紀』としては安万侶朝のことまでである)。

のときから約百年前の推古朝までのことであり、『旧辞』としては少なくとも二百余年前の顕宗朝のことまでである)。

だから一方では、多くの古記、種々の異本を考覈して、その中から弁別取捨をし、あるいは阿礼の誦んだものには存在しない材料をもとって、『古事記』の欠けたところを補い、一方では、近い世の記録をも材料として、立派な体裁を具えた国史をつくろう、という考えは自然に生じなければならぬ。とくに鋭意シナの文物を学び、シナの官府の事業を模倣しようとしていた当時の朝廷では、その意味においても、シナ風の正史らしいものをつくろうという企図が、必ず起こらねばならぬ。あるいはずっと前から、そういう希望はあったであろう。川島皇子らを主とした史局の事業は、あるいはそこまで行くつもりであったかもしれぬ。

しかし、それにはそれで種々の困難があって、これまでは容易に実現せられなかったらしい。そういう事業においてまず逢着すべき皇室の系譜や神代と上代の物語やの討覈、撰定だけでも、上に述べたような事情から考えるとすこぶる困難なことであって、川島皇子らの着手したことがいつとなく中止の姿になったように見えるのも、あるいはこのあたりから起こったことかもしれぬ。またどれほどまでシナ風の正史を学ぼうか、というような撰修の方針についても、種々の議論があったろうし、時によって朝廷内の思潮にいくらかずつの変化もあったであろうから、それらも一層この修史の事業を困難にしたのであろう。これはもとより臆測にすぎないが、こういう事情はあり得べきことと考えられる。

が、一方では必要上、他方では政府の体面上、いつまでも捨てておくわけにはゆかぬので、『古事記』の献上せられた和銅五年から二年後に、国史撰修の業がはじまったのであろう。『続日本紀』の和銅七年二月の条に「詔従六位上紀朝臣清人、三宅臣藤麻呂令撰国史」（＊紀清人と三宅藤麻呂に詔して国史を撰修させた）とあるのがすなわちそれである。『古事記』の撰録はその準備の一つではあったが、またあるいはそれを促した一事情ともなったであろう。『古事記』の序文に元明天皇のおぼしめしとして記してある「惜旧辞之誤忤、正先紀之謬錯」から出た修史事業はこれにおいて実現の端緒が開かれたのであって、それはあたかも「撰録帝紀、討覈旧辞、削偽定実」を目的とする天武天皇の企図が川島皇子らの事業となってあらわれたと、同じ関係である。

この紀清人らの事業はどうなったか明らかでないが、『続日本紀』を見ると、それから六年後の元正紀養老四年五月の条に「先是、一品舎人親王、奉勅修日本紀、至是功成、奏上紀三十巻、系図一巻」（＊舎人親王は勅命により日本書紀を撰修し、このたび紀三十巻と系図一巻を完成させた）とあるから、それは、編集員などにもいくらかの変化はあり、撰修の方針にも何らかの動揺があったかもしれぬが、大体は引き続いて行なわれ、いつからか舎人親王を（おそらくは名誉上の）総裁に仰ぐことになり、そうして養老四年に至って、それができあがったらしい。だからこの撰修は直接には紀清人らのしごとを継承したのではあるが、その稿本は川島皇子らの史局でつくったものがもとになっていたのでもあろう。そうこうしてできあがったものがすなわち今日われわれの前にある『日本書紀』である（ただし系図一巻は伝わっていない）。

ところが、この『日本書紀』を見ると、同じ上代や神代の部においても、『古事記』とはいろいろの点で趣きが違っている。その主要なる点を挙げてみると、①『古事記』の文章は漢字を用いてはあるが漢文ではなく国語をそのままに写したものであるのに、『日本書紀』のはその間に漢文になっていないところが少なからずありはするが、大体は純粋の漢文になっていて、シナの成語が多く用いてあるのみならず、シナの典籍の字句をとってきて、それをほとんどそのままに当てはめたところさえも多い。神代紀の巻頭に淮南子（えなんじ）などの文をそっくりもってきてあることは、世によく知られているが、こういうことは至るところにある。仁徳紀と武烈紀とに、堯舜と桀紂（けっちゅう）との事蹟として記されているシナのいろいろの書物の字句を写し取ってそれらを並べてあるのも、あるいは雄略天皇の勅語というものがほとんど隋の高祖の遺詔そのままであるようなのも、その例である。②『古事記』にもシナ思想の痕跡がかなり著しく見えているが、『日本書紀』はすべてが甚だしくシナ化せられ、至るところシナ思想をもって潤色せられている。③『古事記』には明らかに定めていない紀年及び月日干支が『日本書紀』には神武天皇以後、精密に記されている。したがって神武天皇以後はすべてが年代記風、編年的記録風になっていて、『古事記』に漠然と記されている系譜や物語がそれぞれ暦年に配置せられ編み込まれている。④『古事記』は『帝紀』『旧辞』のある一本のみにしたがったのであるが、『日本書紀』は諸本を討覈し取捨して新しく一つの成文をつくり、参考として旧来の諸説をも注記してある（とくに神代の物語においてそうである）。⑤上代についても、『古事記』にはない昔の物語や記事が『日本書紀』にはある。⑥同じ事柄でも記紀の間に種々の差異があり、歴代天皇の年齢などもみな違っている。⑦『古事記』には見えない政治上の事件などが記されている（以上は一見すればわかることでもあり、また先人がすでに説いていることでもあるから、今さらくだくだしくいうにも及ぶまい。実例は本文を研究してゆくうちにおのずから明らかになるであろう)。

さて、『日本書紀』がこれらの点において『古事記』と異なるのは、『古事記』の準拠となった『帝紀』『旧辞』には存在しない記載をも含んでいる種々の異本を採用した故もあるに違いなく、④⑤⑥の如きは大部分そのためであろうと思う。けれどもまた『旧辞』とは違った別の資料からとったものもあり、⑤にはそれがあるし、『日本書紀』の編者の考案に出たことも少なくないので、①②③の多くは、この部類に属すべきものであり、⑤⑥⑦の中にもまたそれが少なからずある。もっとも①についていうと、近い世の資料にははじめから漢文で書かれていたものもあったらしく、そういうものについては、『日本書紀』の編者はただそれをそのままに、あるいはいくらかの潤色を加えてとればよいのであるが、しからざるものは、『旧辞』の内容をなしていた神代や上代の物語とともに『日本書紀』の編者の手によって漢文とせられたであろう。しかし、漢文でなくともシナ思想を採り入れることはでき、それは『古事記』を見てもわかることであるから、②についても、その思想には、資料となった『旧辞』においてすでに存在していた場合があるかもしれぬ。また紀年についても、『日本書紀』より前に、そういう試みの行なわれたらしい形跡のあることは前に述べた通りであるが、『日本書紀』の紀年はたぶん『日本書紀』の編者の手になったものであろう(ここに『日本書紀』の編者、といったのは、必ずしも舎人親王を総裁としてからの史局という狭い意義ではなく、それに連続している前からの政府の修史当局者を含めていうのである)。

このうちで④⑤⑥は、古伝の種々の変形を知る上において極めて重要のことであって、それらの異説を比較研究することによってわれわれは古伝の発達の径路を推考し、したがって、上代の朝廷における知識人の思想の変遷を跡づけることができる。よく比較してみると、『古事記』の説よりもかえって原形に近いと思われるものが『日本書紀』のうちに認められることもある。だから『古事記』が漢文でないからとて、すべてが『日本書紀』の説よりも古いとか正しいとか、または毫もシナ思想を交えない固有の説話であるとか、速断することはできない。のみならず、こういう異説を多く知ることによって、その間から事実の真相を発見する鍵鑰を掴み出せないにも限らない。『古事記』だけではそれができないから、これは『日本書紀』のわれわれに与える大いなる賜である。しかしこれは、従来一般に行なわれている如く成書となった『古事記』と『日本書紀』とを単純に比較するというのではなく、それに含まれている一々の物語について、二書によって伝えられている種々の異説、言い換えれば『帝紀』と『旧辞』との種々の異本として当時に存在していたものの所説を、対照研究することとである。

以上は神代や上代の物語についての話であるが、それよりのちのことについては、『日本書紀』がなくては何もわからないことはもちろんである。それから①②③は、それによって真実が覆われているから、あからさまに上代の思想を伝えるものとしては、『日本書紀』は『古事記』より劣っているが、シナ思想の着色などは、今日の知識をもって観察すればすぐに剥ぎ去ることができるものであり、それを剥ぎ去れば、上代の思想は瑩然として光を放つ。また紀年の造作なども今人を欺くには足らないものである。だから、知識の発達しない時代においては『日本書紀』のこういう点が人を誤らせたことはあるが、今日においては、もはやそういうおそれはなく、かえってこういう着色をしたり造作をしたりしたことが、当時の思想の一つのあらわれとして、われわれに思想史上の好材料を供給してくれるのである。

さらに一言しておく。『古事記』と『日本書紀』とを同列に置いて対照比較することは近代になってからの普通の習慣で、「記紀」という連称法もそこから生じたのであり、この書でもまた便宜上それを襲用したが、厳密にいうと、これは妥当の態度ではない。上に述べたところからいうと、『古事記』は資料の一つ（すなわち『帝紀』と『旧辞』とのある一本ずつをそのままにとってつなぎ合わせたもの）であり、『日本書紀』はそれと同一の価値のある他の資料（すなわち『帝紀』と『旧辞』との種々の異本）をも併せ取り、特殊の思想と意図とをもってそれを撰択取捨し、あるいはそれに変改潤色を加え、さらに『帝紀』と『旧辞』以外の資料からとったもの、編者自身の製作したものを加え、そうしてそれらを按排構成したものであるから、全体として見ると、この二書は本来異なった目的の下に編纂せられた、性質の違ったものである。ただ『日本書紀』の、『古事記』と同じ時代の、また同じ事柄を記してある部分についていうと、その資料となったものは、いかなる違いがその間にあるにしても、畢竟一つの『帝紀』と『旧辞』とから出た種々の説にすぎないのであるから、その内容が同性質のものであり、したがってこの点においての対照比較が可能であり必要であることは、もちろんである。言い換えると、書物の性質とか書き方とか組み立てとかを考える場合のほかは、成書となっている『古事記』と『日本書紀』とを全体として対照するよりも、『古事記』の一々の記載と、それと同性質を有する『日本書紀』とそれに注記してある「一書」との種々の記載とを比較するほうに意味があるのである。

『日本書紀』の本文には、文章が漢訳せられている上に、前に述べたような造作が加えられているため、資料となった『帝紀』と『旧辞』との姿がもとの形においてはあらわれていないが、それでも充分に『古事記』と比較対照することを得るものである。とくにその注に「一書」の説として、『帝紀』と『旧辞』との諸種の異本の記載を、文章だけはある程度に漢文風のものとしたところがありながら、そのまま採録してある部分は、『古事記』の内容と同性質、同価値を有するものである。ただ『古事記』の特殊の価値は、『帝紀』と『旧辞』とのそれぞれ一本が比較的純な形で、すなわち阿礼の誦んだ原本の面影が(一つの『古事記』にまとめられたということのほかには)ひどく改められずにあらわれているところに存する。天武天皇の企図も元明天皇のおぼしめしも、こういう『古事記』の編纂を終局の目的とせられたのではなくして、川島皇子や紀清人らに命ぜられた修史の大事業にそれがあるのであり、そしてそれが最後に『日本書紀』の形によって大成せられたのではあるが、その事業の準備の一つとして行なわれた阿礼の誦習と安万侶の撰録とによってできた『古事記』が、全(まった)き形において今日に遺っているのは、この点から見て大いなる幸福である。

しかしここに一つの問題がある。それは『古事記』が、『日本書紀』の編纂においてどれだけ利用せられたか、あるいはむしろ利用せられたか否か、ということである。『日本書紀』には局部的に『古事記』の記載とほぼ同じところがあるが、それが『古事記』によって書かれたものかどうかは、『帝紀』『旧辞』の異本のすべてが伝わっていない以上、わからぬといわねばならぬ。たとえば神代紀のスサノヲの命がタカマノハラに上っていったときの話、そのあとでウケヒ(*

占い）して子を生んだ話などは『古事記』の話とほぼ同じであるが、それはあるいは『古事記』とは関係のない異本の『旧辞』によったものであるかもしれず、あるいは『古事記』ではなくして『古事記』のもとになった『旧辞』の説をとったものかもしれぬ。また注記してある多くの「一書」のうちに『古事記』らしいものの見えないことも、この問題について考えられねばならぬ。これらの点から見ると、『日本書紀』の編述において『古事記』がどう取り扱われたかは明らかでなく、考えようによっては、『古事記』によらねば書くことのできなかったようなところが『日本書紀』には認められないとも言い得られよう。けれどもまた『古事記』と同じところは『古事記』からとられたのかもしれないので、そうでないということもできぬ。結局いずれとも決められない、というよりほかはないことになる。

勅命によって撰録せられた『古事記』についてこのことが明らかにわからぬのは、解しがたいようでもあるが、もともと修史事業の一つの準備にすぎなかった『古事記』の編纂であるから、それに大いなる権威のなかったのも怪しむに足らぬ、とも考えられる。あるいはまた阿礼が誦習したところによって安万侶が記録したという『帝紀』『旧辞』の読み方が『日本書紀』の編者に多く利用せられたのではないか、とも臆測せられるが、もしそうならば、そこに『古事記』編纂の効果があったことになろう（『古事記』には巻首に堂々たる上表が載せてあって、それが序文のはたらきをしているため、それによってこの書に特別の意味があるように考えるものもあろうが、これは安万侶が自分のしごとの由来を述べたのであるから、それ自身が大いなる事業であるかの如く書きなされたにすぎない。のみならずその文辞には、当時の文人の通有である、あるいは漢文風の書き方に伴いがちの誇張した筆つきと、皇室に対する儀礼的のことばが著しく目につく。こういう態度は『続日本紀』や『万葉集』などにも所々に見えていることである。またこの上表に、唐の長孫無忌の上表から写し取られた部分のあることは周知の事実であるが、こういう仕方は『日本書紀』の至るところで行なわれている）。

なお、これについて付言すべきことは、天武天皇が国粋主義とでもいうべき思想をもっておられたという臆測と、『古事記』の国語で書いてあることとを結びつけて、そこに特殊の意味があるように考え、漢文で書かれた『日本書紀』と国語の『古事記』とはこの点で対立すべきものだ、とする説のあるらしいことである。『古事記』が国語で書いてあるということは古来伝えられている『帝紀』と『旧辞』との文章をそのまま継承したからだ、という上記の考説が誤っていないとすれば、そして阿礼の誦習、安万侶の撰録は天皇の企てられた修史事業そのことではなくして、その一準備にすぎなかったとすれば、別に深い意味がそこにあるはずはない（本居宣長の『古事記』を推重した理由は、それが国語で書かれているためではあるが、もとは漢文の記録のみであったのを新たに国語で書いたという臆測によってとくに強められている。しかし彼のこの臆測に何らの根拠がないことは、前に述べた通りである）。

それから天武天皇を国粋主義者とすることにも、どれだけの確かな理由があるか、甚だおぼつかない。律令制定の御志はある。祥瑞（しょうずい）は喜ばれ、年号はつくられる。シナ風の位階制度もますます潤色せられる。仏教は信仰せられる。その皇子には詩をつくる方もある。天皇がシナ文化の学習に反対せられたらしい形跡はどこにも見られない。八色（やくさ）のカバネ（＊姓）を定められたことも、カバネを家柄の階級を示すものとした点において位階の制定と同じ精神がはたらいているので、その淵源はシナ思想にある。天智天皇がシナ文化の採用に非常に熱心であられたということから、その御子(*大友皇子)と位を争われた天武天皇をこの点においての反対主義者と考えるに至っては、まったく無意味の話である。御兄弟の御位争いが古今に例の多いことは、いうまでもないことではないか。だから、何の方面から見ても上記の臆説にさしたる理由があるとは思われぬ。紀清人の修史も川島皇子のそれも、『日本書紀』となって大成せられた事業のうちのそれぞれの過程をなすものであろうから、それに用いられた文体もたぶん漢文であったろうと推測せられるが、もしそうとすれば(こういう論者のような考えから見ると)同じ天武朝の企図に矛盾した方針があることを語るものであり、したがって天武天皇の御考えと『古事記』の文章との間に特殊の関係があるように観察する見解が、壊れるはずである(宣長もこの過ちを犯している)。

なお一歩進めていうならば、この修史事業は必ずしも天皇の御考えのみから出たことではなく、その時代の官府としてぜひとも計画しなければならなかったことであるから、安万侶の上表にもっぱら天皇のおぼしめしであるように書いてあるのは、かかる場合の慣例である文筆の上の儀礼が含まれているに違いない。それはこの上表の書き方そのものからも明らかに推測せられる。政府の事業が一々ことごとく宸衷(しんちゅう)(*天皇の御心)から出たものとせられないのは明白のことであるから、これもまたその一例と見るべきものであろう。さすれば上記の臆説にはますます理由がなくなる。

本来こういうような考え方は宣長の思想から一筋の糸を引いているのであろうが、彼は当時世間を風靡していた儒者のシナ崇拝に対する反抗心から、一種の自国尊崇心を展開してきた上に、一切のことは天皇の御心から出るべきものであると考える特殊の思想を抱いていたので、『古事記』をもその眼で見たのであった。だから彼は彼自身の信念を古人と古代とに反映させて、そこに一つの幻影をつくり、それを錯(あやま)り認めて歴史的事実だと思ったのである。彼が上代の書物はみな漢文であったというのも、天武天皇がとくに国語を重んぜられたというのも、また『古事記』は天皇の御ことばをそのまま伝えたものだというのも、一つはこういう信念から出た考えである。天武朝の頃の事実としては、宣長が考えていたほどに国語が閑却せられていたのではないとともに、また宣長自身のもっていたようなシナ文化の学習に対する反抗心があったわけではない。一般に書かれもし、用いられもした文章が国語を漢字で写したものであったということは上に述べた通りであるが、詔勅の如きもまたいわゆる宣命体(せんみょうたい)の書き方によって書かれ、それが朗読せられたことは、明らかである。祝詞にもまたこの頃に書かれたものがあろうし、歌が盛んにつくられ、柿本人麻呂などが出るようになっていたことは、いうまでもない。しかしそれとともに、何人が局にあたっても、シナ文物の学習はぜひともしなければならなかったのである。『古事記』の由来を考えるについても、よくその時勢の真相を看破して、国学者のつくり出した幻影に惑わされないことが必要である。宣長が『古事記』を尊重したのは卓見であり、その『古事記伝』が大いなる業績であり不朽の名著であることももちろんであるが、彼の『古事記』に対する上記の考えは僻説(へきせつ)であって、そういう考え方では上表の解釈すらできないのである。宣長のように見なくとも『古事記』の価値は充分にあり、また宣長のこの考えは誤っていても、それがために『古事記伝』の価値が損せられるわけでは決してない。

さらにいっておくが、記紀を単純に比較して一般的の優劣論をしたり、またその所説のいずれが正しいとか正しくないとかいったりするのは、まったく無意味なことである。しばしば説いた如く『古事記』にも『日本書紀』にもそれぞれ特色があって、それがそれぞれ異なった意味においてわれわれに役立つのである。『日本書紀』は官撰のものであるからそれにしたがわねばならぬとか、『古事記』は国語で書いてあるから、または天武天皇の特別のおぼしめしから出たものであるから正説としなければならぬとかいう徳川時代の学者たちの考えは、今日の学術的眼孔から見れば何の価値もないものである。

さて、ここに述べた『古事記』と『日本書紀』との比較は、実は本文の研究を進めるにしたがっておのずからわかってゆくもの、もしくは本文の研究を済ましたのちに明らかになるものであるが、上表を読んだだけでも、これだけのことは知られる。

そして、この大体の観察と一々の本文の研究の結果とが符合するかどうかは、のちに至って知られるであろう。

五　記紀の記載の時代による差異

前節は記紀の由来とその大体の性質とを述べたのであるが、いよいよ本文に入るに先立って、今少し二書に採録せられたいわゆる『帝紀』『旧辞』を観察しておこうと思う。そしてそれはおのずから、この書の研究の範囲と方法とを定めることにもなるのである。

まず『旧辞』として考えるべきものを見ると、『古事記』のほうでは神武天皇以後において、仲哀天皇（及び神功皇后）以前と応神天皇以後とがすこぶるその趣きを異にしている。仲哀天皇より前の物語は、神武天皇東遷はもちろん、ヤマトタケルの命のクマソや東方の経略綏撫（すいぶ）、また神功皇后の新羅遠征などが国家の大事件として語られていることはいうまでもなく、その他の物語でも、それを語る態度は天皇や皇族の行動を叙するのであって、興味の中心もまたそこにあるが、その事柄は多かれ少なかれ政治に関係がある。

ところが応神天皇以後のは、あるいは恋愛譚、あるいは皇族間の種々の人事関係、あるいは遊猟の物語などであって、天皇や皇族の言動として語られている点においては政治に係わるところはあるけれども、物語そのものに政治的意義はない。政治的もしくは公的意義のある記載は百済照古王の貢献（応神の巻）、池溝の開鑿（かいさく）（仁徳の巻）、蔵官（くらのつかさ）の任命（履中の巻）、新羅王の貢献、氏姓の検定（允恭の巻）、呉人（くれひと）の来朝（雄略の巻）など、わずかに五、六項にすぎず、そしてそれは物語とはなっていない簡単な記事であって、幾多の興味ある物語の傍らに調子外れに挿入せられているのであり、またそれは、租税制度の設定が崇神の巻に見え、池を掘り屯家を定めたということが垂仁の巻や仲哀の巻にあるのと同じである。『日本書紀』のほうでも物語においてはほぼ同様であるが、ただ『日本書紀』には全体を通じて政治的、公的意義を有する記載（それが歴史的事実であるかどうかは別問題であるが）をその間の所々に配置してあり、またすべてが年代記風、記録風になっているから、注意しないで見ると、この区別がぼかされて目に映ずる。

次には、これらの物語の語りぶりが、やはり同じ頃を境としてほぼ区別せられることである。『古事記』の仲哀の巻までのは概して説話的色彩が強く、全体の調子が事実を語るという風ではなく、また事実らしからぬ不合理のことが多く加味せられている。ヤタガラスやツチグモのことはもちろんであるが、ミワの神またはホムチワケの命の物語などは全体が説話的であり、ヤマトタケルの命や神功皇后の遠征の物語にもそれに類似したことが多い。けれども、応神の巻からあとのには、そういうことがない。それらの多くの話が歴史的事実であるかないかは別問題として、話そのものに不合理な分子や説話的色彩は少ない。『日本書紀』においてもほぼ同様である。なお、叛逆者を「ツチグモ」というような名で呼ぶことも、宗教的思想の発現たる「あらぶる神」を和平するというようなことのあるのも、応神の巻からあとには見えないことである。

それから『古事記』において『帝紀』として考えるべきものを見ると、第一に、歴代の天皇の名の書き方が、やはり応神の巻頃から変わっている。カミ・ヤマト・イハレヒコの命（神武天皇）、カミ・ヌナカハミミの命（綏靖天皇）の如く「カミ」という尊称を冠し、またシキツヒコ・タマデミの命（安寧天皇）の如く「ミミ」または「ミ」という（神代史の神々に例のある）尊称のついているもの、オホヤマト・ヒコ・スキトモの命（懿徳天皇）、オホヤマト・タラシヒコ・クニ・オシビトの命（孝安天皇）の如く「オホヤマト」の語を冠したもの、オホ・タラシヒコ・オシロワケの天皇（景行天皇）、ワカ・タラシヒコの天皇（成務天皇）、タラシ・ナカツ・ヒコの天皇（仲哀天皇）のごとく「タラシヒコ」という天皇の称号がそのまま名となっているもの、オホ・ヤマトネコ・ヒコ・フトニの命（孝霊天皇）、オホ・ヤマトネコ・ヒコ・クニ・クルの命（孝元天皇）、ワカ・ヤマトネコ・ヒコ・オホヒヒの命（開化天皇）の如く「ヤマトネコ」という天皇の地位の称号がそのまま名の一部となっているもの、上に挙げたシキツヒコ・タマデミの命の如く地名を冠してあってもそれに尊称が連ねてあるものなど、仲哀天皇までのは、すべてが堂々としていて、美称、尊称がいくつも重ねてあるので、それは天皇としての称呼であって実の名ではないことがおのずから知られる。「タラシヒコ」とか「ヤマトネコ」とかいう称号が名、もしくは名の一部になっているものにおいては、とくにそれが明らかである。そしてこういう名は、アメニギシ・クニニギシ・アマツヒタカ・ヒコ・ホノニニギの命、アマツヒタカ・ヒコ・ホホデミの命などというのと、大差のないものである。

しかるに、ホムダワケの命（応神天皇）、オホサザキの命（仁徳天皇）、イザホワケの命（履中天皇）になると、そういう称呼の記載はなく、実の名、すなわち皇子としての名がそのまま天皇としての称呼になっていて、それがヲホドの命（継体天皇）まで続いている。ただしヒロ・クニ・オシ・タケ・カナヒの命（安閑天皇）、タケ・ヲヒロ・クニ・オシ・タテの命（宣化天皇）、アメ・クニ・オシ・ハルキ・ヒロニハの天皇（欽明天皇）からあとには、かえって天皇としての特殊の称呼が記されているが、これは、一つは国家組織の漸次整頓するに伴って、また一つはだんだん輸入せられるシナ思想に刺激せられて朝廷の尊厳が加わってきたことを示すもののようである。

ただ、オホハツセ・ワカ・タケの命（雄略天皇）、シラカ・オホ・ヤマトネコの命またはシラカ・タケ・ヒロ・クニ・オシ・ワカ・ヤマトネコの天皇（清寧天皇）には実の名の下に美称、尊称が加えてあり、ハツセベノワカサザキの命またはハツセベの天皇（崇峻天皇）には天皇としての称呼が記されていないから、そういう称呼の記載の有る無しが安閑天皇と継体天皇とで明らかに区画せられているとはいいがたいが、歴代を通覧すると、ほぼその境目が知られる（雄略、清寧、崇峻の三朝が何故に上記のようになっているかは別に考える機会があろう）。こういうように安閑天皇からのちの歴代には天皇としての称呼が記されているとともに、その天皇の実の名、すなわち皇子としての名も知られている（ただ欽明天皇と敏達天皇との実の名は伝わっていない）。

ところが仲哀天皇までの歴代には、天皇としての称呼のみが記されていて、実の名はわからないから、そこに安閑天皇からあととの違いがある。けれども称呼のあることと、その称呼の組立てとは、両方ともに同じである。アメ・トヨ・タカラ・タラシヒメ天皇（皇極天皇）、ヤマトネコ・タカ・ミヅ・キヨ・タラシヒメ天皇（元正天皇）、またオホ・ヤマトネコ・アメノヒロヌヒメの命（持統天皇）、ヤマトネコ・トヨ・オホヂ天皇（文武天皇）、ヤマトネコ・アマツミシロ・トヨ・クニ・ナリヒメ天皇（元明天皇）などにおいて、「タラシヒメ（ヒコ）」、「ヤマトネコ」という天皇またはその地位の称号が用いられていることも、また仲哀天皇までの歴代のうちにそれのあるのと、違いはない。天皇ではないがオキナガ・タラシヒメの命（神功皇后）という名のあることも、考えらるべきである。

これらはかなりあとの時代のを例として挙げたのであるが、こういうような天皇としての称呼の記載のあるのが安閑天皇にはじまっているとすれば、これは仲哀天皇までの系譜の記述せられた時代を知る上において、一つの重要なる暗示を与えるものであろう。少なくともそこに記されている天皇（及び神功皇后）の称号は、欽明朝頃にはじめて定められたものであることが推測せられる（ついでにいう。『古事記』には神武の巻以後、皇子は一般に「命」と書いてあるが、開化天皇の巻に「王」としてある場合が一つあり、垂仁天皇の巻からは漸次その例が多くなり、仁徳天皇の巻以後は、天皇もしくは皇后でなければ「命」とせず、その他はすべて「王」と書くことになっている。これには何か意味があるかどうか、臆測は加えられないでもないが、それはのちに至っておのずから暗示せられるであろう。『日本書紀』のほうでは、垂仁紀以前は皇子を「尊」または「命」と書き、景行紀以後は、ヤマトタケルの「尊」などは例外として、一般には「皇子」と書いてあるようであるが、この区別は、それがもし『日本書紀』の編者のしわざであるとすれば、深く考えるには及ばぬことかもしれぬ。また『古事記』には景行、成務、仲哀の三朝と、ずっとあとの欽明、崇峻の二朝との巻に限って、その天皇を「某の命」とせずに「天皇」と書いてあるが、これには別に意味はなかろう。むしろ伝写の際に生じた誤りかと考えられる。系譜のところにはいずれも「命」としてある）。

次に皇族また臣下の名も、古いところは趣きが違う。たとえばニギハヤビ、ウマシマデ、オホキビツヒコ、ワカヒコ、タケキビツヒコ、タケハニヤスヒコ、トヨキイリヒコ、クシミカタなどの如く「ニギ」「ウマシ」「オホ」「ワカ」「タケ」「トヨ」「クシ」など神代の神々と同じような美称を冠したもの（とくに「ニギハヤビ」などはミカハヤビ、ヒハヤビと同じような名である）、ヒコサメマ、ヒコイナコシワケの如く「ヒコ」という語を冠してあるもの、クハシヒメ、ウツシコヲの如く名そのものが美称もしくは尊称であるもの、サホヒコ、サホヒメ、ハニヤスヒコ、ハニヤスヒメの如く地名に「ヒコ」または「ヒメ」という語を加えてそのまま名として用いられているもの、またこのサホヒコ、サホヒメやヤサカイリヒコ、ヤサカイリヒメなどの如く兄弟、姉妹、親子が「ヒコ」「ヒメ」という「性」を示す語によって区別せられるのみで同じ名であり、あるいはそれがオホヒコ、スクナヒコ、オホマタ、コマタの如く対称的、連称的になっているものなどが甚だ多く、大体からいうと、神代史の神々の名と同じ方法によってできている。

が、こういうことは、応神天皇以後の巻々になると、あまり見えない。そして応神天皇の頃からあとにしばしばあらわれ、一般に上代の慣例であったらしく思われる動物などの名をとったもの、たとえばネトリ、メドリ、ハヤブサ、ツク、シビ、ワニのようなのは、仲哀天皇以前にはほとんど見えていない。地名を冠して呼ぶことはあとにもあるが、それはウヂのワキイラツコ、スミノエのナカツミコ、ヤタのワキイラツメというように、その人の住所を示すためであることが明らかであって、地名そのものが名になっているのではなく、またそれには甚だしく広い地名は冠せられていない。もちろん、これらのことは、仲哀天皇の巻と応神天皇の巻とではっきりした区別がつけられるとはいいがたいが、ほぼこのあたりが変わり目になっている。いくらかの混雑は後人の手が加わったために生じたものであろう。そしてこれらのことは『日本書紀』においてもほぼ同様である。

さて、上記の事実は、その理由がどこにあるにせよ、記紀の記載が、概していうと、ほぼ仲哀天皇と応神天皇との間あたりにおいて一界線を有することを示すものである（『古事記』に見える歴代天皇の年齢について、応神天皇の百三十歳、雄略天皇の百二十四歳などという記事もあって、それは景行天皇、成務天皇、またはそれより前の歴代のと同様に見られるものであるが、こういう他の記載と連絡のない、遊離性を帯びている記事は、深く顧慮するを要しないものである）。そして、応神天皇の朝に文字が伝えられ、したがって記録の術も幼稚ながらそろそろ行なわれはじめたと想像せらるべき理由があるとすれば、この事実もまた故なきことではなかろう。

なお今一つこれに関連して述べておくべきことは、年代のほぼ推知し得られるのは応神天皇以後である、ということである。歴代の紀年についてはすでに諸家の説があるが、それらの考え方には必ずしも肯いがたき点があり、また細節に至ってはそれらの説の確実なるを保証しがたいところがあるにかかわらず、応神天皇の朝が四世紀の後半にあるということは、シナ及び百済の史籍の上から考察すると、何人も承認している如く、動かすべからざる事実であろう。

しかし、仲哀天皇以前の歴代については、まったくその時代を知ることができないというよりほかはなかろうと思う。『日本書紀』の紀年の価値は今さらいうまでもなく、記紀に列挙してある上代の天皇の年齢も、二書の記載がまったく一致していないことから見て、はじめから考察の外に置くべきものであることはもちろんであろう。それから仲哀天皇、成務天皇及び崇神天皇の崩御の年として『古事記』の分注に記してある干支や月日も、シナの紀年の法及び暦の知識のなかった時代のこととしては、信じがたいものである。三世紀においては、三百年近くもシナと交通していたツクシ人ですら暦の知識をもっていなかったことが、『魏志』に明記せられていて、それを疑うべき理由はない。だからこの点においても、記紀の記載そのものからいうのではないが、応神天皇以後と仲哀天皇以前とは趣きを異にしている。

こういう事情であるから、この研究においては、その第一のしごととして、まず仲哀天皇までの部分をその対象としようと思う。そうしてその最後の仲哀天皇（及び神功皇后）に関する物語は、系譜などの上においてはほぼ確実らしく思われる応神天皇以後の記載と密接の交渉があるのと、新羅征討という外国関係のことがその主題となっていてシナや百済の史籍から得た知識で批判を助けることができる便宜があるから、それから手をつけ、次第に逆行して神武天皇の物語にまで進もうと思う。

第一章　新羅に関する物語

一　物語の批判

そこで最初に問題となるのは神功皇后の新羅に関する物語であるが、これについてまず一言しておくべきは、『古事記』にはそれが仲哀の巻に載せてあるのに、『日本書紀』では神功紀が別に立ててあるため、そこに記されていることである。神功紀を立てることにいかなる意味があったかは別問題として、新羅征討は仲哀天皇のときからの引き続きとして、また応神天皇生誕前における皇后の事業として語られているのであるから、実際の上からは『古事記』のようにするのがより便宜である。ただシナ式王位継承論からいうと、仲哀天皇崩御後の物語になっているために、応神天皇にかけてそれを記すのが正当かもしれず、この天皇に「胎中天皇」という称呼のあるのも（継体紀六年及び二十三年の条参照）、畢竟同じ思想から来ているらしい。少なくとも歴代についていう以上、それは応神朝の話とすべきであろう。が、『古事記』にはもちろん、『日本書紀』

とてもこの物語は応神の巻には記してないので、それは『旧辞』の述作者がシナ式名分論に拘泥(こうでい)しなかったためであり、『古事記』はそれをそのままにとり、『日本書紀』の編者もまた、一方ではそれを踏襲しつつ、他方では別の理由から神功紀を立てて、そこにこれを移したのである（胎中天皇というような観念と神功紀を立てる考えとは一致していないから、この二つは別の時期に別人の思想として生じたものであり、後者は『日本書紀』の編者の創案であろう。それはあるいは『史記』の呂后(りょこう)本紀などを学んだのかもしれぬ）。

　しかし、こういうことは今の問題には関係がないから、ここでは物語そのものの性質から見て、『旧辞』の原形、またそれを承け継いだ『古事記』の如く、神功皇后の物語を仲哀天皇に関係させて取り扱うのである。だが、歴史的事実としての時代を考えるような場合には、前に述べた如き理由によって、応神朝を目標とするほかはないから、下文にもその考えで筆をとるであろう。

　神功皇后の新羅征討の物語は、『古事記』でも『日本書紀』でも大体は一致している。この物語の主なる要素は、『古事記』によると、①新羅征討の起源がクマソ征伐の計画せられている際であったこと、それが神の教えであること、②新羅が金銀珍宝の国とせられ、征討の動機をそこに置いてあること、③新羅の国のあるということが人に知られていなかったこと（仲哀天皇は高いところに登って西のほうを見ても海ばかりで国はないから、神の教えは信じがたいと仰せられた、とある）、④皇后の親征（明らかには書いてないが、新羅の都城まで進軍せられたように見える。というのは「その御杖を新羅の国主の門に突き立て給ひき」とあるからである）、新羅王が降伏して長く朝貢を怠らないと誓ったこと、その国を「御馬飼(みまかい)」と定められたということ、⑤新羅と同時に百済も帰服したこと、などであり、なお、⑥宗教的精神が全体の物語を貫通していて、神の託宣、神の祭りで終始している。スミノエの神の荒魂を新羅の国の国守る神として祀り鎮めたという話さえもある。それから、⑦物語の語りぶりにおいて、海の魚が船を背負って渡ったとか、波が新羅の国の半分まで押しあがったとかいうように、説話的色彩が強いことはいうまでもない。石を裳の腰に挟んで出産期を延ばさせられた、というような話も付加せられているが、これはむしろ⑥に関連して考えるべきものであろう。

『日本書紀』のほうでは前に挙げた①の意味が一層強くせられていて、新羅が服属すればクマソも自然に平定する、という神の託宣になっていて、したがってそれを信ぜられなかった仲哀天皇は、強いてクマソを征伐せられたことになっている。言い換えると、根本問題は新羅よりもむしろクマソにあるようになっている。それから、天皇崩御後、新羅遠征の前に、皇后も軍を遣わしてクマソを討たせ、また自らノトリタ（＊秋月野鳥）の村のクマワシを平らげ、ヤマト（＊山門）の県のツチグモであるタブラツヒメを誅伐せられ、そうして一旦カシヒ（＊福岡市香椎）の宮に還られたことになっている。次に③についても、外征の軍を出すことに決めてから、また人を海上に出して西のほうに国があるかどうかを見せさせられた、という記事がある。それから④の親征の場合において、新羅王の降伏は、皇后がまだ船におられて上陸もせられない前のこととしてあるが、その後、上陸して都城へ進まれたらしく見える（降伏の記事には「阿利那礼河」云々の誓詞が載っている）。また新羅王の門に立てられたのは杖でなくして矛である。なお新羅王「波沙寐錦」の名が出ている上に、その臣の微叱己知波珍干岐が人質となって来たとある。⑤に関しては、百済、高麗（＊『古事記』では高句麗）の二国王が自らわが軍の営外（＊日本軍の陣地近くまで）に来て降伏した、としてある。なお分注として引いてある「一書」の説には、新羅王の名を「宇流助富利智干」とし、また別の「一書」には、新羅王を捕虜にして海辺で斬殺したので、その妻が新羅の宰（＊大臣）として留まっていた邦人を殺した、という復讐譚があり、それがために「天皇」が震怒あらせられて、新羅の討滅を企てられ、軍船が海を覆って進んだので、新羅人がかの王の妻を殺して謝罪した、という話がつけ加えてある。その他は大体において『古事記』と大きな違いはないが、一体に漢文流の文飾が多く、シナの史籍の成語をそのままとっているところのあることはいうまでもあるまい。

そこでまず①について考えてみるが、『古事記』では、新羅征討の問題がクマソ征伐の計画の際に起こったというのみで、『日本書紀』のようにクマソの平定そのことと関係があるようには明記せられていない。ところが『日本書紀』でも、新羅が降付したあとになって、もしくはその結果としてクマソの帰服したような話はまるでないから、最初の問題の結末がついていない。根本の問題が解決せられずに消えてしまっている。のみならずかえって皇后が外征の前にわざわざクマソ征討軍を遣わされたようになっているのは、一層おかしい。新羅が降伏すればクマソも自然に平らぐという神の託宣とこの話とは齟齬している。神の託宣を奉じて外征の役を起こされるならば、その前にクマソ征討軍を出されるのは、その託宣に背くものである。なお③について、海外に国があるという明白な神の託宣があるにかかわらず、またそれを奉じて外征のことを決せられたにかかわらず、海の外に国があるかどうかを見せさせられたというのも、これと同様に奇怪な話である。神の託宣が基礎になっているこの物語、とくに、それを信ぜられなかったために仲哀天皇が崩ぜられたという話のあるこの物語としては、皇后のこれらの態度は、その根本の思想に矛盾することである。だから、この二カ条は後人のつけ加えたもので、物語の原形にはなかったのであろう。『古事記』はこれらの点において筋が通っているが、ただクマソ征討がうやむやに消えてしまっていることは『日本書紀』と同じであるので、この点になお疑問がある。歴史的事実の記載としては、これは甚だ怪しむべきことではないか。ただ『日本書紀』よりは『古事記』のほうが物語の原形に近いことだけは明らかであろう。

なお『日本書紀』の説において、皇后（このときはカシヒの宮におられたらしい）が征討させられたとしてあるクマソは、「遣吉備臣祖鴨別、令撃熊襲国、未経浹辰、而自服焉」（＊吉備の臣の祖先であるカモノワケをクマソに派遣し討たせたところ、いくらも経たぬうちに自然に服従した）とあって、たやすく降伏したようでもあり、またミカサ（福岡県御笠郡）、ヤス（同夜須郡）、ヤマト（同山門郡）の地方を親征せられたという記事がその次にあるため、このクマソは普通にクマソとして知られている今の日向、大隅方面のものではなく、筑前、筑後地方のものだろうという説もあるが、文面の上からそう見なければならぬ理由は少しもなく、ミカサ、ヤス、ヤマトの地方の親征に対し、これにはとくにキビの臣を派遣せられたように書いてある点から見ても、やはり遠方のこととして、この物語の記者は考えていたに違いない。のみならず、記紀の全体を通じて、クマソが二つの地方にあったように解せられる記事は一つもない。だから、これは取るに足らぬ説である。「未経浹辰」云々は、文字のために文字を弄した漢文流の文飾か、あるいはもとの物語にない話を挿入したために生じた思想の混雑かである。さて、このクマソの話が後人の添加したものであるとすれば、ミカサ、ヤス、ヤマトの親征もまた、物語の原形にはなかったものらしく察せられる。何をおいても外征しなければならぬ、というのが神教を基礎とした物語の精神だからである。

次には、②の新羅が宝の国であるという話である。『古事記』には、神託の条に「金銀をはじめ目の輝く種々の珍宝、その国にさはある」とあり、『日本書紀』には「宝国」とも「眼炎之金銀彩色、多在其国」ともあり、また降伏の条には、『日本書紀』に「齎金銀彩色及綾羅縑絹、載于八十艘船、令従官軍」（＊金、銀、絹織物などの貢物を多くの船に載せて日本に献じた）と見える。ところが、外国は大抵の場合に「金銀の国」「宝の国」として『日本書紀』には記されているので、新羅に限ってのことでもなく、またこの物語のみのことでもない。たとえば神代紀に注記してある「一書」には「韓郷之島、是有金銀」とあり、顕宗紀元年の条には「金銀蕃国」とあり、継体紀六年の条には「海表金銀之国、高麗百済新羅任那」と見えている。さらに神功紀五十一年の条に「百済国……玩好珍物、先所未有」とあり、継体紀七年の条に「伴跛国……献珍宝」とあるのも、ここに付記してよかろう。欽明紀二十三年の条に、オホトモノサデヒコが高句麗王宮に攻め込んだときのことを記して「尽得珍宝貨賂」といっているのは、特殊の事変の場合ではあるが、着眼点の「珍宝」にあることを注意するがよい。一体、海外を「金銀珍宝の国」とするのは楽浪、帯方に交通してシナの工芸品を輸入していたツクシ人以来の考えではあろうが、ヤマトの朝廷の外国観がそれから直接に継承せられたものかどうかは疑わしい。楽浪、帯方の覆滅とそれに伴う半島の変動とは、ツクシ船の帯方方面に対する渡航を一時断絶させたろうと思われ、そうして百済とヤマト朝廷との交渉は（帯方とツクシ人との長い間の交通が歴史的由来をなし、実際またそういうことの記憶によって誘発せられたでもあろうが）、まったく新たに起こされたものである。

さて、その百済は、帯方の故地を領有して、その地のシナ人を臣民とし、またある点までその文化を継承したろうと想像せられるから、ヤマト人の目に映じた百済は、早くから珍宝の国であったかもしれないが、新羅がはじめからそれと同様に見なされていたかどうかは、問題である。が、新羅の状態は時代によって違うから、これは新羅のはじめてわが国に交渉を生じたのはいつであるか、という問題から解決してかからねばならぬ。しかし、これは便宜上、のちに考えることにする。

それから③の問題であるが、海外に国のあることが知られなかったという話は、もちろん事実でない。外征の役を起こすにあたって、その相手の国の有る無しがわかっていないというようなことのあるべきはずがない。また総論に述べた如く、ツクシ人は少なくとも前一世紀の末から四世紀のはじめまで三百余年の間、楽浪もしくは帯方と交通し、加羅方面の事情にも通じていたのであって、それはすでにツクシの北部が国家組織の中に編み込まれた以上、ヤマトの朝廷にも知られていたはずである。だからこれはいうまでもなく、つくった話である。それから、高いところへ登って見ても海ばかりだとか、雲のようなものが見えるからあれが国だろうとかいうのは、景行紀に、天皇がサハ（＊佐波）から南のほうに煙の立つのを見られ、賊がいるのだろうというので臣下をトヨ（＊豊）国の方面に派遣せられた、というのと同様、事物を具体的に叙述するを要する説話としての構想である。『常陸風土記』の行方郡のところにも同じことが見えている（神代史には、スサノヲの命がヒの河に箸の流れてくるのを見て、上流に人が住んでいるだろうと仰せられたという話があり、『新撰姓氏録』第五巻佐伯直の条にも似たようなことが見える。雲や煙の立つのを見て国があり人の住むところがあることを知る、というのと同じ着想である）。

なお『日本書紀』のほうでいうと、この話はその記載、その全体の結構と一致しないようにも見える。垂仁天皇の朝にすでに加羅と交渉があったようになっているのであるから、韓半島の知識はそのときからあったこととしなければならず、また神代紀の注記の「一書」には、スサノヲの命が加羅に往復せられた、という話もあって、それとこれとは明らかに矛盾しているからである。が、これはのちにいうように、垂仁紀や神代紀のこれらの説話が後代につくり足されたからのことであって、仲哀天皇、神功皇后の物語は、それとは関係なしに、それより前から存在したのである。『古事記』のこの物語において、ウハツツノヲ、ナカツツノヲ、ソコツツノヲの三神が、このときはじめて名をあらわされたように記されながら、『古事記』及び『日本書紀』の注の「一書」のイサナキの神（＊アマテラスの父、イサナミの夫）のみそぎの段にすでにそれが見えているのも、たぶんこれと同様の関係であろう（この三神の名のことは『古事記』の分注に説いてあるので、後人の添加ではないかという疑いもあるが、この書の分注の一般の例から推して、そう見ることは難しかろう。『日本書紀』の神功紀の本文及びその分注にしてある一説にも、託宣した神のうちにこの三神があることになっていて、本文のほうにはそれがヒムカのタチバナの小門あろう)。

の水底にいるように書いてあるが、これは上記のみそぎの段の話ができたあとに書かれたものであろう)。

次には④の皇后の親征であるが、第一に注意すべきは、この話に地理がまったく語られていないことである。どこまで船で行って、どこから上陸せられたか、それから何の道をどう進軍せられたか、それが話の上に少しもあらわれていない。歴史的事実の言い伝えられたものとしては、これは甚だ奇怪なことである。ただ記紀の文面から漠然と想像をすると、国都付近まで船で押し寄せられたようにも見えるが、もしそうだとすると、新羅の都城は今の慶州であったから、その東海岸、たとえば今の浦項などの方面か迎日湾かに船を寄せられたというのであろう。蔚山湾ではあまりに遠いが、そういう解釈もあるいはできるかもしれぬ。

ところが東海岸は一帯の長汀で、大軍を上陸させるような船着場はなく、またそこから都城へ行くには山を越さねばならぬ。実際の遠征軍ならば、そんなところに船をつけるはずがない。次に迎日湾も風波の荒いところで、これまた上陸地点にはならぬ。その上、島かげや小さい半島の間を縫ってゆく昔の楽浪、帯方通いの穏やかな航路とは違って、韓半島の東南角を迂回して新羅の東方へ出るのは、かなり困難な航路であり、そして、前にはすぐ敵を控えて後ろには何の足溜まりもない、こんな進軍路はできるだけ避けねばならぬことはいうまでもない。蔚山湾は上陸地としてはあるいは可能かもしれぬ。が、これについては次に考えるべきことがある。

それはほかでもない。歴史的事実の明らかにわかる時代の新羅に対する進軍路、もしくはわが軍と新羅との衝突地が、いつでも今の梁山方面であったことである。慶州の東海岸や迎日湾はもちろん、蔚山湾から兵を進めたことすらない。もちろんこれは、加羅に根拠ができていたときの話であるが、全体、新羅遠征というようなことがもし行なわれたとすれば、それは半島に何の根拠もなく、あるいは何の因縁もなくして企てられたはずはないのである。そして加羅は地理上、わが国と最も近いところであるのみならず、三百余年も楽浪、帯方通いのツクシ船の停泊地としてわが国民とは密接の交渉があった土地であり、また歴史的事実の明白に知られる時代となってからの新羅との衝突はみな加羅に置かれた「任那日本府」の勢力の維持のためであったから、もしこの物語のような新羅遠征が歴史的事件として見るべきものであるならば、加羅はそれに何らかの関係があったはずである（しかるにこの物語に「加羅」の名のまったくあらわれないのは甚だ奇怪なことである）。要するに、この物語の進軍路が前に想像したようなものであるならば、それは事実としてあるべからざることである。

それからこの物語によると、わが軍は新羅の都城まで押し寄せたように見えるが、これについては、歴史的事実の明らかにわかる時代においては、わが軍が幾度も新羅と戦いながら都城まで進んでいったことがあるらしい形跡は一度もない、ということを考えねばならぬ。高句麗の広開土王の碑文の新羅の形勢を叙しているところに「倭人其満国境、潰破城池」（＊日本が大軍を差し向け、城と壕を破壊した）とあるから、かなり優勢なわが軍が新羅の国内に攻め込んでいたらしい事例はあるが、この場合とても国都まで入っていたかどうかは、この文面ではわからぬ。ただ『三国史記』（巻四十五昔于老（せきうろう）伝）に、かつて倭国の使臣葛那古（かつなこ）が来聘したとき、于老が倭王について無礼の言を放ったので、倭将于道朱君（うどうしゅくん）というものが兵を率いて来り討ち、于老を焚殺（ふんさつ）した、その後、倭国の大臣が来聘したとき、故于老の妻がそれを欺いて焚殺し、前年の怨みを報じた、倭人大いに怒ってまた来って金城を攻めた、という話がある。この話は、前に述べた『日本書紀』に引いてある「一書」の説とよく似ていて、ただそれには「新羅王」とあるのが、これには舒弗邯（じょふつかん）（新羅の爵位の最高位）たる「于老」となっている点が違う。まったく史料を異にしているらしくも見える二書の記載がこれほどに類似している上に、『三国史記』の「于道朱君」も「葛那古」も日本人の名として聞こえるようであるから、この話には何らかの事実の基礎があるらしくも推測せられる。そうしてそれに倭人が金城を攻めたという話があるとすれば、少なくともある場合に、日本軍が都城もしくはその付近まで進んだことはあったかと思われぬでもない。また次に述べるように、新羅が一時わが国に屈服したことは事実らしいから、この点から見ても、ある場合に都城付近まで日本軍に攻め込まれたことがなかったとはいわれぬ。

さすれば、歴史的事実の明らかにわかる時代にそういうことのなかったのは、のちにいうように半島の形勢の変化から、わが国の勢力の衰えたためかもしれぬ。しかし、もとより確実にそうと推断するほどの徴証はなく、『三国史記』の昔于老伝の記事もその内容があまりに説話的色彩の濃厚なものであることを思うと、果たして古くからの所伝であるかどうか疑わしく、それに類似している『日本書紀』の「一書」の説の如きはやはり、昔からわが国に伝わっていた話ではなく、遥か後世に新羅人から聞いたことを記したものらしいから、それをわが国の古い史料から出たものとして考えるわけにはゆかぬ。が、よし都城まで進軍したことがあるにせよ、それは加羅を根拠として梁山から陸路東北に向かったのであろう（『三国史記』にはしばしばわが軍が金城に入ったように書いてあるが、これは信じがたい)。

またこの物語において、新羅を「御馬飼」と定められたというのは、その国を卑しんだ名であって、雄略紀八年の条に、高麗軍が新羅に駐屯して新羅人を典馬(うまかい)とした、とあるのが日本人の思想で構造したものであるのと同様、これもまた事実として考えるべきことではない。馬飼い、牛飼いが貧者のしごととして考えられていたことは『古事記』の安康の巻の末にも見えている。それから『古事記』に、杖を国主の門に突き立てられた、とあるのも、もとより説話にすぎず、『日本書紀』がそれを矛に改めた上、「其矛今猶樹于新羅王之門也」(*神功皇后の矛は今なお新羅王宮の門の前に立つ)と付言しているのは、説話としての発展した形であって、一層事実らしくない。新羅からいえば、恥辱の記念をいつまでも王城の前に残しておくはずはないのである。のちにいうように、新羅は決してわが国に心服していたのではないから、なおさらのことである(この杖または矛を突き刺すということは、『古事記』の神代の巻に、アメノトリフネとタケミカヅチとの二神が出雲のイナサの小浜に降り、剣を波の穂に刺し立ててオホクニヌシの神に服従を迫った、というのと同じ構想である)。なお、ここの話において『日本書紀』がシナ思想で潤色を加えていることはすでに述べた通りであるが、日本には「聖皇」があると聞くからその軍には帰服しなければならぬと新羅王がいった、というのもその一例であって、垂仁紀の二年と三年との条の分注に見える「一書」のツヌガアラシトとアメノヒボコとの物語にも同じことがある。

次には、新羅王が降伏して永久に朝貢するという誓いをしたということであるが、新羅がわが国に威圧せられたことが事実であるとすれば、何らかの形式においてその服従の意思を表示したであろうから、貢物を奉るというようなこともあったであろう。しかし、この物語が遠征の動機とせられている珍宝の話と照応するものであるならば、その意味は前に提出しておいた珍宝問題の解釈せられてからでなくてはわかりかねる。また『日本書紀』には新羅入貢の記事がこれからあとにもときどきあらわれていて、任那府滅亡ののちも同様であり、『古事記』の允恭の巻にも、朝貢使「金波鎮漢紀武」の名さえ見えているが、それらが、のちに述べるように、一々事実を記したものではないことをも、考えねばならぬ。

また『日本書紀』には、新羅王の誓詞に「阿利那礼河」の名が出ている。阿利那礼の「那礼」は、一時百済の都であった熊津（今の忠清道公州）の土言として雄略紀に見える久麻那利の「那利」と同じで、河水の義であるらしい（熊津城は『三国史記』百済本紀の威徳王元年の条には「熊川城」とも書いてある。また東城王十三年の条には、熊川の水が溢れて王都の二百余家を漂没したとある。この熊川は今の錦江である。継体紀にも「熊川」の名があって、昔から「クマナレ」と読まれているが、これは今の慶尚南道の熊川らしい）。さすれば、阿利那礼は阿利河であろうが、それはどの河を指したものであろうか。広開土王碑には今の京城付近の漢江のことを「阿利水」と書いてあるが、もし『日本書紀』の阿利那礼がやはり漢江だとすると、この地方が新羅の領土に入ったのは真興王のとき、わが国では欽明天皇の代であるから、（仮に物語を事実として見れば）それよりも遥か前に、新羅王がこんな外国の河水の名をいうはずはない。しかし誓詞に上るほどであるとすれば、大河でなくてはなるまい。とくに、日が西から出、河の石が昇って星辰となる、というのと並んで、河の水が逆に流れる、といっているのであるから、よほど大きい河と見なければならぬ。そうすると、新羅の領土でそういう河は、洛東江（＊半島南部の大河、朝鮮海峡に注ぐ）よりほかにない（「阿利」という語の意義は著者にはわからぬが、こう考えるほかはない）。が、そうすると日本人が洛東江を知っていたとしなければならぬ。新羅王が日本人に対して誓うのであるから、日本人も新羅人も熟知している河でなくてはならぬからである。もう一歩進んでいうならば、この河を目前に見ての誓いである、と解すべきものであろう。さすればこの誓詞に「阿利那礼」の名を挙げたことは、東海（＊日本海）からただちに都城に攻め込んだということの物語の中心思想に背くものである。だからこれは、物語としても後人の添加であって、原形にはなかったものであろう。そしてこういう後人の添加が事実の記録と見られないことは、もちろんである。

あるいはまた、「阿利水」は漢江のことであるが、日本人はただそれを漠然と半島の大河の名として聞知していたので、それをこの話に用いたのかもしれぬ（広開土王碑によれば日本人は漢江で高句麗軍と戦っているが、この話の加えられたときには、そんなに古い頃から伝えられていた知識があったのではなかろう。のちにいうように、こういう修飾は『日本書紀』の編者のしわざとして考えられるからである）。もしそうならば、「つくり物語」なることは一層明らかである（阿利那礼を鴨緑江と解する考えがあるらしいが、『日本書紀』の編者がこの河の知識をもっていたかどうか、甚だ疑わしい。よしもっていたにしても、もとの高句麗の領土のうちにあるこの河の名を新羅に関する物語に適用したとは思われぬ）。

また新羅王「波沙寐錦」は、王としては『三国史記』などに見えない名である。「波沙寐」は、新羅の爵位の第四級「波珍」の転訛で、「錦」は上記の干岐の「岐」、または干岐を別の字で写した「漢紀武」の「紀武」にあたる尊称ではなかろうか。もしそうとすれば、これは後人の付会であって、本来、王の名として聞こえていたものではない。この名は神功皇后の物語にはじめからあったのではないらしく、それは『古事記』にまったく見えていないことからも推測せられるが、『日本書紀』においても主要な物語には単に「新羅王」とのみあってこの名がなく、その王が降伏し、遠征が終わったあとになってからはじめてそれがあらわれてくるのを見ると、この名及びこの名によって語られている人質の派遣と朝貢との話はのちに加えられたものであることが、文章の上から明らかに知られるようである。なお注記してある「一書」には王の名を「宇流助富利智干」としてあるが、これもまた後人のしわざであって、いずれも物語の事実らしく見せようとするために補われたものであり、どちらも確実なる史的根拠のないものに違いない。まったく別の名になっている二つの記載のあることからも、それは知られよう。

また、征討の地理的記載すらもない物語においては、国王の名もないのが当然ではあるまいか。ただし波沙寐錦が人質としてわが国に残したという微叱許知（みしこち）は、『三国史記』の実聖尼師今（じっせいにしきん）の条に、人質となって倭に行った、とある未斯欣（みしきん）らしく、また朴堤上（ぼくていじょう）伝に、朴堤上が倭に赴き詭計を用いて未斯欣を伴い来り、海中の山島から本国に逃れさせたが、この詭計が発覚して堤上は倭人に焚殺せられた、という話の見えるのも、神功紀五年の条に、新羅の使者として来朝した汗礼斯伐（うれしほつ）、毛麻利叱智（もまりしち）、富羅母智（ほらもち）らが人質となっていた微叱許知を伴い帰って対馬から本国に逃れさせたので、三人の使者を焚殺した、とあるのと相応ずるものである。が、これも前に述べた于老の話と同様、『日本書紀』の記載は、遥かのちに新羅人から聞いたことを記したものであるらしく、古くからわが国に伝えられていた記録から出たものではあるまい。だからそれによしいくらかの事実の基礎があるにしても、それは本来、神功皇后親征の物語に結びつけらるべきものではない。

次には⑤の、百済が同時に帰服したという話であるが、百済が近肖古王のときから（一面東晋に朝貢しつつ一面）わが国に依頼し（あるいはわが国を利用し）ていたことは、あとに述べるように事実である。ただし、それが新羅の降伏と同時であったとは考えがたい。いくらかの隔たりがその間になければならぬ。神功紀四十六年の条に、百済がはじめてわが国に使いを出そうとして卓淳国（＊現在のテグ市付近にあった国）に来たが、海路遠く交通困難と聞いて一時引き返すことにした、という記事がある。このことの実否は別問題として、この記事は、百済がそれよりも前に新羅征討の際に帰服したというのとは矛盾している。これもまた、神功皇后の新羅征服物語と百済帰服の説話とが、別の時期に別人の手によってつくられたため、詳しくいうと百済帰服物語があとからつくり加えられたためであって、『日本書紀』は不用意にそれを並べ記したのである。

また高句麗も同時に帰服した如く書いている『日本書紀』の説は、いうまでもなく事実ではない。高句麗は、わが国が百済を保護しはじめたのち、広開土王が三九八年頃に濊（＊半島北部に住む北方系種族）を服属させるまでは、新羅と接触せず、また百済と高句麗とは互いに敵国であったから、こういうことのあったはずがない。実際、高句麗がわが国と敵対の地位に立っていたことは、のちにいう通りである。高句麗、百済の二国王が自ら営外に来て帰服したというに至ってはもちろん、具体的な叙述を要する物語としての語り方にすぎない。だからこれらの『日本書紀』の記載は、『古事記』に見えるような話をもととして、さらにそれを潤色したものといわねばならぬ。

なお⑥についても、前に述べたように、海外に国のあることが知られなかった、ということが事実でない以上、それを基礎にした神の託宣の物語が事実を語ったものでないことは明らかである。神の託宣によって事を行なうというのも、神が人に憑って託宣するというのも、上代の宗教思想のあらわれとしては事実であって、こういう話もそれによってつくられたのではあるが、この話は事実あったことではないといわねばならぬ。

それからこのとき託宣した神は『古事記』ではアマテラス大神とスミノエの三神とになっている。『日本書紀』の本文にはその他に名の記してない神とコトシロの神とがあるが、凱旋後の祭神の話がもしこの場合のに照応するものであるならば、名の書いてないのはワカヒルメの命、コトシロはコトシロヌシとすべきであろう。また分注の「一書」にはこの二神がないから、もしそのハヤサノボリの命をアマテラス大神と解し得るならば、この説は『古事記』と同じであるが、そう見てよいかどうかは明らかでない。その上に加えてあることばの意義に解しがたいところがあるのみならず、「ハヤサノボリ」という名の意義もわかりかねるからである。しかし、それはともかくもとして、アマテラス大神が名指されているのは皇祖神だからであるらしく、スミノエの三神が名乗られているのは、海路遠征軍を出される話であるがために海の神が挙げられたのであろう。

ところが、ワカヒルメとコトシロヌシとは何故にここにあらわれたか明らかでない。そして凱旋後の祭神の話に見える御心広田国、活田長峡国、御心長田国が単に美名を並べたものであって、いずれも指すところのないところであるらしいことを思い合わせると、『日本書紀』に神の名の多くなっていることには深い意味がないようである。こういうことが漸次説き加えられてきたのを見ても、この記事も説話であることが知られよう。

またスミノエの神を国守る神として新羅に鎮め祀られた、というのも事実としてあり得べきではない。欽明紀十六年の条に、雄略天皇のとき、百済の衰亡を救うために国を建てた神を屈請した（＊請い招いた）、という話があり、それはわが国の神を百済の王都の熊津において祀ったということらしいから、これもそれになぞらえて見るべきものであろう。この百済の話は、高句麗にその首府の漢城をとられて都を熊津に遷したときのこととすべきものらしく、雄略紀に「熊津を汶洲王に賜ふ」と書いてあるのもこの場合のことであって、二つとも同じ思想から出た記事であろうが、熊津は本来、百済の領土であって、雄略紀のは事実でないから、欽明紀のもまた疑うべきものである。だから神を祀ったという話は、百済のも新羅のもともに国家の経営について神の加護を求める日本人の上代思想が物語としてあらわれたものとして解釈しなければなるまい。

なお類似した例を挙げると、顕宗紀三年の条に、日の神と月の神とを祀るに対馬人と壱岐人とをもってした、という記事があるが、これは、対韓航路の停泊地として、韓地経略上、二島が重んぜられたことを示すものであるとともに、それを神に関係させて考えた上代人の思想をあらわしているものである。神代史において、ムナカタの君の祀る神が、アメノヤスノカハラの誓約のときに生まれたタキリヒメ、イチキシマヒメ、タキツヒメの三神であるとしてあるのも、おそらくは韓地経略が重要視せられ、したがって海外に往復することが頻繁であった時代の思想であろう（ムナカタの神と外国航路との関係は、応神紀四十一年の条にも見えている）。なお神を祀ることはこれらの場合のみの話ではなく、神武天皇の物語にも崇神天皇の物語にも、また景行天皇の物語にもあることで、いわばすべての上代の物語に共通な思想であるが、海外経略という特殊の大事件だけに、この物語においてはそれが一層濃厚にあらわれているのであろう。景行天皇以前のこととせられているこれらの種々の物語が歴史的事実として解すべきものであるかどうかは、以下の章において論究してゆこうと思うから、それによって、新羅の物語の性質もおのずから類推せられ、上記の解釈の当否もまた判断せられよう。

神の託宣に関連してなお考えるべきことは、仲哀天皇の崩御の話と、それに伴うものである応神天皇がいわゆる「胎中天皇」であられたという話とである。『古事記』では、仲哀天皇が託宣を信ぜられなかったために神秘的なありさまで崩ぜられたようになっているし、『日本書紀』でも神功紀には「皇后傷天皇不従神教而早崩」（＊神功皇后は、仲哀天皇が神意にしたがわずして早くに崩御したことを悼んだ）と明記してあり、仲哀紀の「忽有痛身、而明日崩」（＊天皇は突然、痛みを訴えて翌日崩御した）も、この意義に解すべきものであろうが、託宣の話が事実でないとすれば、この崩御のありさまもまた同様に考えねばならぬ。ただ、ツクシで崩ぜられたことが事実であるかどうかは、それとは別の問題として考えられるようでもあるが、『古事記』によると、ツクシでの天皇の物語はただこの託宣に関することのみであるから、それが事実でないとすれば、天皇がツクシに行かれたということがそもそも事実でないことになり、したがってそこでの崩御ということもまた、同じように考えねばなるまい。

『日本書紀』にはアナト（＊穴門）やツクシでのいろいろの話が記してあるが、それらはいずれも歴史的事実として見るべきものではなく、またそれが『古事記』にまったく見えていないことである点から見ても、たぶん、年代記としての形を具えさせるために、『日本書紀』の編者によって構造せられたものであろう。また石を腰に挟んで産期を延ばさせられたという話は、民間に行なわれていた呪術としての風習が、ここにとられたものであろうか。しかしそれによって実際、長い間、産期が遅れたというのが、歴史的事実であるかどうかは、もちろんいうに及ばぬことである。

なお⑦については、それが事実でないことは、ことさらに説くまでもあるまい。

こう考えてくると、この物語における『日本書紀』の記載には、後人の添加したところがすこぶる多いということ、『古事記』のは『日本書紀』のよりは物語の原形に近いものであるが、それとても歴史的事実を語ってはいないということが知られる。それならば、そこにどれだけかの事実の痕跡があるかというと、それについては物語を離れてまったく別の方面から考えてみなければならぬ。

さて、わが軍が新羅を威圧したことの事実を記した最も古い史料は高句麗の広開土王の碑文であるが、それには「百残新羅旧是属民、由来朝貢、而倭以辛卯年来渡海、破百残□□□羅、以為臣民」（＊わが国は百済、新羅を古くから属民にし、彼らもわが国に朝貢していた。しかるに三九一年、日本が海を渡ってきて、百済を破り、新羅を攻略して臣民にしてしまった）、また「己亥……新羅遣使白王云、倭人満其国境、潰城池、以奴客為民」とあって、これによると、四世紀の最終の約十年間にわが軍が大いに新羅を威圧していたことが知られるが、これは必ずしもこのときにはじまったわけではあるまい。新羅がわが軍の圧迫に耐えかねて高句麗に援助を求めたとすれば、それは、それより前のかなり長い間わが国と衝突していたからだ、と思わなくてはならぬからである。

次に考えねばならぬのは、百済がわが国に帰向したのは、わが国の勢力が百済に知られたために違いなく、そしてそれはわが軍が新羅と戦ってそれを破ったからであろう、ということである。もっとも百済のわが国に依頼するようになったのは、わが国が加羅を保護しているというような事実があって、それを知ったためではなかろうか、という疑問もあろう。

前にも述べた如く、新羅に兵を出すには、その根拠地として加羅が味方になっていなくてはならぬことも考え合わされるべきだが、仮にわが国が加羅の保護をはじめたのは新羅に対する交戦よりは前であったと見るにしても、その間に大きな隔たりはなかったろう。加羅の保護を全くするには、新羅の勢力を挫かなくてはならぬからである。そうしてわが国の威力の半島に知られたのは、「戦勝」というような人の耳目を聳動（しょうどう）する事件があったからだ、と考えるのが妥当である。だからいずれにしても新羅に対する出兵は百済の帰

広開土王碑文

服よりは前から行なわれていたらしい。ところが百済がわが国の保護を得ようとしたのが近肖古王（三七五年没）のときであることは、別に述べるように、百済の史料によってほぼ知られるから、その時期は遅くとも三七五年の前でなくてはならず、もう一歩進んでいうならば、それは神功紀四十六年の条に見える甲子の年、すなわち三六四年であったかもしれぬ。

　百済はこの頃はまだ勢いが盛んであって、その首府も漢城にあり、しばしば進撃的態度で北隣の高句麗と戦っていたほどであるが、その高句麗が実は大敵であって、それに対しては大いに戒心を要するのであり、また東には新羅が控えていて、それとも衝突すべき形勢であったから、新たに新羅を破り加羅を保護して韓地の一角に勢力を樹てたわが国に対して交を通じ、何らかの援助を得ようとしたのであろう。『晋書』によると、それ（＊百済の日本への帰服）より八年後（三七二年）には東晋にも朝貢をはじめているが、百済の地位はこれでも推測せられる。

　こう考えてくると、わが軍のはじめて新羅を威圧したのは三六四年、もしくはそれより少しく前のことであったらしい。が、甲子の干支についてはいくらかの疑問もあるから、それはしばらくおくとしても、近肖古王の没年である三七五年より前であったということだけは推測せられよう。いずれにしても、四世紀の前半にヤマトの朝廷がツクシの北半を統一したとすれば、ほぼ三七〇年の前後にこういうことが行なわれたとするのは当時の大勢とよく一致する。

　さて、その交戦の状態などはもとよりわからないが、百済の心を動かしたほどに、わが国の威力がそれによって半島に示されたとすれば、それは明らかな戦勝であり、またそれが一時的のことではなくして、何らかの方法によってわが国の権威がそこに打ち立てられるようになる基礎を置いたものであろう、と考えられる。それからのちも新羅の反抗は絶えずあったであろうし、したがってまた戦争もしばしば引き起こされたであろうが、前にも引いた広開土王の碑文によって推測すると、四世紀の終末までほぼ三十年ほどの間は、新羅に対するわが国の威圧がともかくも行なわれていたであろう。

ところが、高句麗が今の江原道地方の住民を征服してその領土が新羅と接触するようになってから、この形勢に大動揺を生じた。新羅におけるわが国の勢力は、直接には広開土王の碑文に見える庚子(かのえね)の年(四〇〇年)の戦役(高句麗軍が新羅を助けてわが軍を討ち退け、加羅まで追撃したこと)によって大いに衰え、間接には甲辰(きのえたつ)の年(四〇四年)の漢江方面における戦役(わが軍が百済の北辺たる漢江の下流域から進んで高句麗を攻撃し、かえって大いに高句麗軍に破られたこと)によってさらに弱められたに違いない。これからのちは、わが国は大いに新羅を圧することができなくなったのである。広開土王の碑文に記されていることにもいくらかの誇張はあるであろうが、他の方面に関する記載から類推しても、大勢を知るに支障があるほどのことではないと考えられる。

以上が零細なる史料から推測し得た新羅征服の歴史的事実である。そこでこれを神功皇后の親征物語に対照すると、対韓経略の初期においてわが国が一時新羅を圧服したことは、物語に含まれている事実の面影である。そうしてその時期が実際に応神朝の頃であったことも、百済の近肖古王の時代から推定して、ほぼ承認せられよう。近肖古王(照古王)が応神天皇と同時代であるという『古事記』の記載は、それだけでは歴史的事実として受け取ることが難しいが、『宋書』

倭国伝には仁徳天皇もしくは履中天皇に擬すべき倭王讃（＊いわゆる倭の五王の一人）に対する除授（＊官位を授けること）が永初二年（四二一年）に行なわれたように記してあるから、応神朝（のたぶん初期）が三七五年に死んだ近肖古王の時代にあたるということは、応神、仁徳の二朝の治世が甚だしく短いものでない以上、大体において誤りはないように見える。『古事記』、したがってそのもとになった『旧辞』にこう記してあることが、いかなる材料によったものであるかは明らかでないが、前にも一言した如く、近肖古王貢献のことは物語をなしていない簡単な記事であって、『旧辞』の全体の性質とは調和しないものであるから、それは『旧辞』の原形においては存在しなかったのであろう。さすれば、これはあとになって、近肖古王の代にはじめてわが国に交通したということを百済の記録からでもとって、それによって構想した話を書き加えたのではあるまいか。『古事記』に見える貢献の話そのものが事実らしくないのであるから、近肖古王のこともわが国に古くから伝えられた確実な史料によったものとは考えがたく、したがってその出所は百済の史籍、もしくは百済人の所伝にあるとすべきであろう。ただそれが応神朝のこととせられたのは、わが国の勢力のはじめて韓地に及んだのがこの朝であったという伝説がわが国にあったので、それとこれとが結合して考えられたのではあるまいか。さすれば、『古事記』に見える上記の時代の比定がほぼ事実に合っているとしても、それは史料の上から直接に来たことではなかろう（『日本書紀』には神功紀にすでに百済の貴須、枕流、辰斯らの諸王のことが見えているが、これは応神紀の前に神功紀を立て、また紀年を前のほうに引き延ばしたために生じた混雑であろう）。が、ともかくも近肖古王の代が応神朝にあたるとすれば、新羅に対する軍事的威圧がやはり応神朝の頃にはじまったというのも、前に述べたような理由によって推測すると、事実に背かないことのようである。

さて、以上述べた如く、この物語についていくらかは歴史的事実の面影が見られるとして、それはいかにしてこの物語となってあらわれたのであろうかというに、『古事記』の物語に事実と認むべきことがなくして全体の調子が説話的であること、進軍路の記載が極めて空漠であること、新羅問題の根元ともいうべき加羅のことがまったく物語に見えていないこと、事実としては最初の戦役のあとも絶えず交戦があったらしいのに、それが応神朝以後の物語に少しもあらわれていないことなどを考えると、これは事実の記録または伝説、口碑から出たものではなく、よほどあとになって、おそらくは新羅征討の真の事情が忘れられた頃に、物語として構想せられたものらしい。進軍路の曖昧なこともこの故であって、海からすぐに都城に進まれたように見えるのは、ただ海外の国の征伐という抽象的概念からつくられた話だからであろう。カシヒの宮でのこととすれば北のほうでなければならぬ新羅が、『古事記』では西方の国とせられ、また西方を見ても国がないといわれていて、『日本書紀』でも「西征」の文字が用いてあり、マツラ（＊松浦）の県においての話ですら西のほうに財の国を求めるということになっているが、これも、ヤマトにいて考えた話だからに違いない。ヤマトから新羅に行くには、西方のツクシを経由するからである（『日本書紀』の新羅王の言に「東有神国、謂日本」とあるのも、同じ思想で書かれている）。新羅遠征がクマソ征討と連結して語られているのもまた、二つながら西方の事件として考えられていたため、不用意にそれをつなぎ合わせたからであって、それがために話そのものが無意味になっている。『古事記』の物語でクマソ問題が結末がつかずに雲散霧消しているのもこの故であり、『日本書紀』のほうでクマソ征討譚をつくり、かえってもとの話と矛盾を生じたのも、また無意味な話に意味をあらせようとしたためのことである。百済が新羅と同時に帰服したことになっているのもこれと同様、二国がいずれも海外の国であるところから、それを結合して語ったまでのことらしい。

次に、新羅を宝の国としてあるのも、また服従の表示として朝貢を奉るという話がありそれに重きが置かれているのも、新羅の文化が発達して朝貢品がよくなった時代の思想であろう。そして新羅に文化の発達しかけたのは大体、智証と法興の二王の治世（六世紀の初期、ほぼわが継体天皇の代にあたる）頃からのことであろうから、この話の形づくられた時代もほぼ推測ができる。なお大体から考えても、わが保護国であり、あるいは属領である加羅もしくは百済の経略に関する物語がなくして、かえって敵国としてわが国に対立している新羅についてこういう物語があるのは、一つは人の記憶に新たなる時代において実際新羅と交戦した事実があるからであろうが、それは継体朝前後において最も激しかったのであり、また一つは新羅の制御が困難となって、それに力を費やすことが最も多く、対韓問題といえば主として対新羅問題である、と考えられるほどにそれが厄介でもあり重要事でもあった時代に構想せられたものとも思われるが、こういう形勢は、雄略天皇（五世紀の終わりに近い頃、新羅の慈悲王の時代）以後において最も著しくなったことである。ただし『古事記』では「高句麗」の名が少しもこの物語にあらわれていないが、それはあるいは、この物語が高句麗のまだわが国に交通しなかった時代に形づくられたことを示すものであるかもしれぬ（高句麗のわが国に交通しはじめたのは、のちにいうように欽明天皇の末年である）。またこの新羅の征討を応神朝頃のこととし、応神天皇に結合して語ったのは、前にも一言した如く、韓地の経略が応神朝にはじまったというだけの伝説が存在していたので、それに基づいて構想したものであろう。あるいは何らかの記録にその出所があるのかとも思われるけれども、物語の内容が古くから伝わったものでないことは明らかであろう。

こう考えてくると、この物語の大筋をなしている皇后の親征ということも問題になる。上に試みた研究の結果によれば、皇后の行動として語られているこの物語の種々の説話はいずれも事実として認めがたいものであって、最初の神の託宣に関すること、征討の経過、有名な石の物語、また前には述べなかったがタマシマ（＊玉島）の里の年魚（あゆ）の物語などが、みなそれである。また『日本書紀』にのみ見えるクマソその他の征討、髪を分けられたこと、海上に出て国の有無を見させられたことなども事実でないことは、同様である（『日本書紀』では年魚の話がマツラの地名の由来を説明する物語となっているが、これはミカサ、ヤス、ウミなどの話とともに記紀や風土記の常例となっている説話であって、事実ではない）。

それから、歴史的事実の明白に知られる時代になって、一度も韓地に対する天皇の親征ということがなかった、という事実も参考にしなければならぬ。雄略紀九年の条によると、そのとき天皇には新羅遠征の意思があられたが、神の戒めによって実行せられなかったという。またのちの斉明天皇も、百済に対する救援軍を派遣するにあたって、ツクシまで本営を進められたのみである。だからいずれのときかの歴史的事実としてこういうことがあったとは認めがたかろう。

さて、皇后の新羅親征が事実でないとすると、仲哀天皇のツクシへ行かれたことが事実でないことは、この点からもまた知られ、応神天皇の生誕に関するいろいろの物語もまた、事実ではないことになる。両方とも、皇后の新羅親征の説話から離しては考えられないものだからである。『古事記』の系譜を記してあるところを読むと、仲哀天皇の皇子の名を列記してあるその書き方が、この書の一般の例とまったく同じであって、応神天皇の生誕に特殊の事情があったような様子は少しも見えないことによっても、それは知られよう。これは『帝紀』がそうなっていたからのことと推測せられる。

ただ、「オホトモワケ」という名（＊応神天皇の名、大鞆和気）の説明にちなんで「是以知坐腹中国也」（ハラノウチニイマシテ、クニシラシキ）ということが付記してあるが、これは、生まれたとき鞆（とも）の如き肉が腕にあった（＊「大鞆和気」命名の由来、「鞆」は古代弓具の一種で「武勇」の代名詞）というのとは関係のないことである（鞆は武器であるとするにしても、それが国を治らす天皇の地位を象徴するものとは見がたい）から、『帝紀』の原形では「故大鞆和気命治天下也」のように記してあったのを、『旧辞』における託宣や皇后親征の物語によって、あとからこう書き改められたものと考えるべきであろう。オホトモワケの「トモ」の語が、この名のつくられたときに「鞆」の義として考えられていたかどうかも問題であり、それはあるいは「伴」の字をあてるべきものであるかもしれぬ。それを「鞆」の義として「鞆の如き肉があった」としたのは、同じ音によって付会せられた名の説明説話として解せらるべきものであろう。説明説話が同じ音の他の語によってせられている例は甚だ多い。

要するに、皇后の親征が事実でないとすれば、応神天皇がツクシで、また仲哀天皇の崩後に生まれられたことも、事実でないことになるのである。産期を延ばすために石を腰に巻かれた話が『古事記』では新羅でのことになっているのに、『日本書紀』では新羅に行かれない前のツクシでのこととせられているのも、それが説話だからのことである（年魚の話が『古事記』では新羅から帰られたあとのことになっているのに、『日本書紀』では親征前のことにしてあるのも同じような例であるが、ただこの場合では、『日本書紀』の変改は、年魚釣りに占験（せんげん）の意味をもたせたためであるらしい。石の話の場合では、『日本書紀』の説は、親征の重要性を加えるとともに、呪術の効果を強める用をなしている）。応神天皇の生誕の説話については、こう考えられるが、『日本書紀』の編者の机上の製作である月日の記載によって天皇の懐胎の時期を推測するような考え方の、無意味であることは、いうまでもなかろう。

ただ、何故に応神天皇の生誕についてこういう異様の説話がつくられたかは問題であるが、それは皇后の親征の物語とこの天皇の生誕とを結びつけようとしたからではあるまいか。韓地の経略が応神朝にはじまったということが『旧辞』のまとめられたときに知られていたとすれば、こういう推測もまたなし得られるのである。新羅親征のときに皇后の胎中におられ、しかもその胎中より天皇であられたというのは、韓地の経略がこの天皇には本質的のしごとであったとすることになるのである。

また神功皇后について一般的に考えると、この物語の含まれている『帝紀』『旧辞』がはじめて文字に写されたときには、すでにわが国に関するシナ人の著書が伝わっていたはずであり、したがって倭の女王卑弥呼に関する『魏志』の記事が知られていたであろうと思われる。さて『古事記』を見ると、たとえば「大倭豊秋津島（おおやまととよあきつしま）」という如くわが国を「倭」の字で写してあるが、これは古くからの因襲であったろう。「倭」は本来、シナ人がわがツクシ地方の住民を呼ぶために用いた文字であって、晋のはじめまでその意義で使われていたのであるが、百済人もその領土に加えた帯方郡のシナ人からこの倭人に関する知識を受け継いで、やはりそれを襲用し、そうして当時ヤマトの朝廷の下にほぼ統一せられているわが国民全体の称呼としたものらしい。昔ツクシ人に接した記憶をもっているものが新しいヤマト朝廷の代表者に接しても、同じ言語を用い、同じ容貌、風姿を有することを知っては、同じくそれを「倭」と呼ぶに何らの疑いを抱かなかったであろう。

実をいうと、ツクシ地方の少なくとも北部がヤマトの朝廷を戴く国家組織に入ったことは、晋のはじめ頃、すなわちツクシの邪馬台国が晋に交通していた時代と、百済がわが国に交渉を生じた時代との中間に行なわれたのであるが、そういう事情は、百済人もシナ人もよく知らなかったのであろうから、昔の倭を当時の倭そのままのものとして彼らは考えていたに違いない。したがって、百済人によって漢字の知識を伝えられたヤマト人は、文字を用いた最初から「倭」の字をわが国の名として用いたのであろう。

ところで、倭人の事蹟としてシナの典籍の上に最も著しく記されているのは、倭の女王国として知られている昔の邪馬台の女王の卑弥呼のことであるが、ヤマトの朝廷にはその事実がまったく知られていなかったのであろうから、シナ人の著書によってそれがはじめて新しく彼らの知識に入ったところで、その女王国によって代表せられているが如き観のある「倭」の字が今の国号として用いられることを、別に不思議とは思わなかったろう。『魏志』のヤマト（邪馬台）と彼らの生活しているヤマトとが同名であるということも、またこの文字の使用に対して何らの疑惑を起こさせなかった一理由であって、彼らはこの「倭」の称呼が本来ツクシを指したものであることを、正しく解し得なかったのであろう。あからさまにいうと、彼らは卑弥呼を、彼らの住んでいるヤマト（＊大和）を統治していた昔の女王だと思っていたのであろう。しかもその女王は海外との交渉が深かったのである。なお、この物語の形をなしてからずっとあとのことではあるが、『日本書紀』の紀年において、神功皇后の在位がちょうど魏の時代にあたり、とくに晋の起居注（＊皇帝の起居や言行を記録した文書）に倭女王貢献の記事のある泰始二年（二六六年）の三年後に皇后が崩ぜられたことになっているのは、『日本書紀』の編者が神功皇后を卑弥呼に擬したことを示すものであろう。卑弥呼は女王として記されているが、ヤマトの朝廷では昔から女帝がなかったから、皇后をもってそれに擬したのも怪しむに足らぬ。神功皇后の親征が史実であるかどうかは、この点をも顧慮して考えるべきである。

なお一言すべきは、この物語に関係のあるタケウチノスクネのことである。これはウマシウチノスクネと対称せられているが、「タケ」も「ウマシ」も同じような美称である。こういう美称が冠せられていて、とくに兄弟においてそれが対称的になっていること、「ウチ」が地名だとすればこの二人の名に固有名詞と認むべき個人的特称が含まれず、美称を除けば二人とも同名になること、兄弟の争いが例の多い話であることなどを考えると、それが実在の人物であるかどうか、甚だ疑わしい。新羅征討の物語には直接の関係がないが、この人が長寿であったという話も後人の造作らしい。『日本書紀』には景行紀からこの人の名があらわれているが、『古事記』にはそれが見えず、この新羅征討譚においてはじめて出てくる。もっとも『古事記』でも、孝元の巻の系譜によると景行の巻あたりからあらわれてもよさそうではあるが、『古事記』にとられた『帝紀』は、『旧辞』のほうよりもあとの潤色を経たものであるから（後章参照）、これは『日本書紀』のような長寿の思想の生じたあとにつくり加えられたことであろう。やはり『古事記』の仁徳の巻に見える歌にも「たまきはる、うちのあそ、なこそは、世のなか人」（＊わが臣下であるタケウチノスクネよ、汝こそは永遠の長命者である）という句があるが、この歌は後世の作であることが、歌そのものによって知られる。

以上は主として『古事記』の物語により、またそれと『日本書紀』のとを対照して考えたのであるが、『日本書紀』のは、一面にシナ思想を加え、一面に物語を誇張してつくられたものである。シナ思想によって書かれた辞句の二、三をここに補記するならば、親征にあたって三軍に下された令というもの、新羅王の「東有神国……亦有聖王……豈可挙兵以距乎」（＊東に神国ありと聞く、日本という。また聖王あり、天皇という。あえて兵を挙げて防戦すべきであろうか）という語、「封重宝府庫、収図籍文書」（＊ついに新羅に攻め入り、その宝庫を封じ、戸籍や公文書を押収した）という記事などがその例であるが、『古事記』では神秘的な崩御になっている仲哀天皇が、『日本書紀』の注に引いてある一説では「中賊矢而崩也」（＊仲哀天皇は賊の矢に当たって崩じた）となっているのも、シナ式合理主義の影響であって、もとの話は『古事記』のようなものであったろう。

また上記の令に続けて和魂荒魂が皇后とその軍とを保護したという神の教えを記し、新羅王の降伏のことばを「従今以後、長与乾坤、伏為飼部」（＊これからは日本の味方となり、私は馬飼となって仕えましょう）とした類は、シナ思想と日本のとの混和せられたものであるが、仲哀紀のイトの県主の玉と鏡と剣とについていった語というのも、シナ風の考え方で日本の事物に説明を加えたものであり、神功紀のはじめの神がかりの話に七日七夜ということのあるのも、日本人の風習にシナ思想を採り入れたものである。

また、誇張せられた例を示すならば、「阿利那礼」の名の挙げてあるのもそれであって、これは、かなり後世に、新羅方面の大河として邦人に熟知せられている称呼を借りて、前から存在したこの物語に結びつけたものらしい。また高句麗の服従したという話もそれであるが、これは高句麗がわが国と交通するようになってから添加せられたのであろうから、それはいかに早くとも欽明天皇以後の造作に違いなく、それはたぶん、『日本書紀』の編者のしわざであろう。

しからばこの物語は何のためにつくられたかというに、それは韓地経略の起源を説くためであったと見るほかはない。ただ、加羅や百済の服属の由来を説いた話がなく、新羅に対する征討譚のみがあるのは奇異のようでもある。しかしこれは、のちのクマソやエミシやに対する物語の例によっても知られる如く、武力を用いる話でなくては上代人には興味がないのに、加羅も百済もわが保護国であり、わが国と親しい国であり、軍を出してそれを討ったことがないから、そういう話をつくる因縁がなく、そして事実上敵国であって絶えず兵を交えている新羅には、それが最も適切であったからであろう。そうしてそれにはまた、このように抗敵している新羅は本来わが国に従属すべきものである、という主張が託せられているのであろう。

新羅が征討によって降伏したことになっているこの物語において、百済が自ら進んで帰属したように説いてあるのは、意味のあることである。しかし、加羅と百済とに対する物語のないのは物足りない感じがあるので、『日本書紀』の垂仁紀に加羅の、神功紀に百済の服属の話があるのは、その欠陥を補うために後人によってつくり足されたのであろう。そうしてそれらの話においても二国を友邦とし、新羅を敵国視する伝統的感情が明らかにあらわれているのを見るがよい。

二　加羅に関する物語

前節に述べたところは神功皇后の新羅征討として記紀に記されている物語の批判であって、この批判が正しいとすれば、わが国が応神朝の頃に兵力をもって新羅を圧服したということは歴史的事実であるけれども、物語そのものは架空の構想から成り立っているのである。だから、当時の軍事的行動がいかにして起こされたかというようなことは、まったくわからないが、ただ総論の二に述べたような韓地の形勢からの推測として、また前にいった如く、新羅に対して兵を出したと考える以上は、ぜひとも予想しなければならぬ地理上兵略上の事情として、その前にわが国の勢力が加羅（任那）に樹立せられたに違いない、と考えられる。新羅に対する武力的威圧というようなことが、理由なくまた意味なくして行なわれたのではなかろうが、新羅の発展が直接にわが国の勢力と衝突したというようなことは、地理の上からも想像せられないことであり、またそれほどに国際関係が緊張していたとも思われないのと、歴史的事実の明白な時代における対新羅政策は、みな任那府の勢力の維持のためであったのと、この二つのことを併せ考えると、どうしても衝突の原因が加羅になければならぬ。したがって、その間の形勢は、新羅は辰韓を統一してさらに弁韓地方にその勢力を伸ばそうとしてきたのに、弁韓諸国には、その中心となりもしくはその首領となって弁韓を統一し、そうしてそれによって新羅に対抗するだけの力のあるものが、なかったので、新羅の圧迫に堪えないような地位に陥ったため、新しくツクシ地方を統一してその勢いの加羅地方にも知れわたったわが国、昔から関係の深いツクシ人の服属したヤマトの朝廷に後援を求め、わが国は何らかの機縁からそれに応じて加羅を保護したのではないかと推測せられる。ツクシと加羅との交通は楽浪、帯方が滅びてからも、やはり引き続いて行なわれていたであろうから、わが国の事情は加羅人にも知られていたであろう。なお古くからの交通状態によって臆測を加えれば、加羅にはツクシ人の在留者があって、それがわが国の対韓政策に何らかの機縁をつくったかもしれぬ。臆測はいかようにも加えられるから、それは論外としても、ツクシ人と加羅との関係が密接なものであったことだけは、確実であろう。全体、ヤマトの朝廷が半島に政治的経略の手を伸ばしたのは、すこぶる突飛な話であり、国民の実生活またその文化の程度から見れば不相応なことでもあって、幾何（いくばく）もなくしてそれが抜き差しのならぬ窮境に陥ったのも、無理のない成り行きであったろうから、最初にそういう行きがかりを生じた事情にも、甚だ解しがたい点がある。あるいはその動機の一つに文化的意義があったので、ヤマトの朝廷が昔の帯方通いをしたツクシ人のあとを追うたのではないかとも思われるが、はじめから百済方面に交通を試みた形跡もないから、それもおぼつかない。新羅に至っては、その文化の程度がわが国よりも低かったであろうから、これは問題にはならぬ。さればとて、近代のいわゆる帝国主義的精神の発現と見るには、種々の困難がある。当時のわが国にそういう精神の発生するような事情は、何もなかったからである。が、それはともかくとして、半島のほうからいうと、前記の如き形勢がわが国の行動を誘致したことは、ほぼ疑いがあるまい。加羅ばかりでなくその付近の諸国、すなわち弁韓の大部分が、任那府の隷属となったことも、またこの臆測を助ける。そうして、新羅が辰韓を統一したのは四世紀の前半であろうから、この形勢は同世紀の中頃からあとにおいて生じたものと考えられるが、この推測は最初の新羅征討の時期が三七〇年頃ではなかったろうか、といった前述の臆測と符合するのである。

ところが、『日本書紀』には神功紀の四十九年に「平定……多羅、卓淳、加羅七国」という記事があって、加羅は新羅征討のあとになってわが国に隷属したように書いてある。しかしこれは歴史的事実の記載と見なしがたいのみならず、『旧辞』などによって伝えられたことでもないから、それについての研究は別にするとして、それとは別に、加羅について、崇神紀及び垂仁紀に、その国人の蘇那曷叱知（そなかしち）というものが来朝した、という話があるから、それをここで一応吟味しておかねばならぬ。

さて記紀の系譜において、崇神天皇・垂仁天皇の二朝は仲哀天皇の朝から五代目及び四代目の前となっているから、仮にそういう二朝のあったことを頭に入れておいて、しばらくそれを実際の年代に当てはめて考えてみると、新羅征討がはじめて行なわれたときよりもほぼ百年あまり前の頃、すなわち三世紀の中頃、とせらるべきものであろう。ところが、この頃はツクシの邪馬台が勢力をもっていたとき、少なくともツクシがまだわが国家組織に入らなかったときである。ツクシ船が加羅を経由して帯方郡と往来していた時代である。加羅の知っている「倭」はツクシの諸国であった時代である。こういう時代に加羅人が特殊の使命を帯びてヤマト（大和）に来たとは思われぬ。それから話の内容であるが、朝廷から赤絹一百疋を賜わったというのも、それを新羅人が道（＊途中）で奪い取ったというのも、事実とは考えられぬ。この頃のヤマトの文化状態として、絹が豊富であったとは信じがたい。『魏志』によれば、三世紀の頃にはツクシ人が蚕桑の業を知っていたのであるから、ヤマト地方でも絹がつくられていたかもしれぬが、よしそうとしても、五、六世紀の頃になってはじめて蚕桑の業が大いに興るまでは、極めて微々たるものであり、その頃になってすら一般には和栲荒栲の衣を着ていたというではないか。それから、当時の新羅は慶州地方の一小集落にすぎないので、加羅とは土地も隔たっているから、この下賜品を奪うということもありそうでない。だからこれは、加羅服属の起源を説き、それとともに、新羅と加羅とが互いに敵国であった歴史的事実に基づいて、その争闘の由来を示すためにつくった話であろう。

　なお『日本書紀』の分注として引いてある「一書」には、加羅国の王子のツヌガアラシトという額に角の生えたものが、越のツヌガ（＊敦賀）に来た、それははじめアナト（馬関海峡）に来たのであるが、そこのものに障えられて内海に入ることができなかったから、遠く日本海を東に迂回してツヌガに来たのである、垂仁天皇は先帝崇神天皇の御名ミマキを加羅の国号にせよと仰せられた、という物語がある。ツヌガアラシトという名も角の生えた人というのも、ツヌガの地名を説明するための話であって、その実、いずれもこの地名からつくられたものであることは、いうまでもなかろう。アラシトはすなわち阿利叱智で、のちにいうように百済人の地位を示す称号らしい（ツヌガの地名については『古事記』の仲哀天皇の巻の末のほうに別の説話がある。こういうことが種々に試みられたのである）。馬関海峡から内海へ入られなかったとて、遠くツヌガに来た、というのも事実とは思われぬ。その間にいくらも上陸地点はある（アナトで阻まれて内海に入られなかったということは、次にいうアメノヒボコがナニハでとめられて上陸ができなかった、というのと同じ思想であって、世人周知の公道から離れた方面にある物語の場所とこの公道とを、結びつける必要から生じたものである）。さてこのツヌガアラシトの話は使節の名が変わってはいるが、もとは『日本書紀』の本文にある蘇那曷叱知の物語と同じものであったろう。ただ蘇那曷叱知としてあるほうでは、ツヌガに来たことにはなっていない。航路も来着地点も記してないが普通の例によってツクシを経由したようにせられていたのであろう。来朝の記事を受けて「任那者去筑紫二千余里、北阻海、以在鶏林之西南」と書いてあるのでも、それは知られる。さすればツヌガアラシトの話は、その道筋の極めて不自然なことから考えても、蘇那曷叱知の話を改作したものであることが、推測せられる。それからミマナの名称の由来も、やはり例の地名説明の説話であろう。ミマナは任那の字で写されているが、それは広開土王の碑にも見えているから、韓地で用いはじめた文字であり、したがってこの名も、本来、かの地にあったものに違いない。「任」は韓地においても「m」の音を写す文字として用いられていたので、それがそのままわが国にも伝えられたのである。任那の名は今日に伝わっている漢韓の典籍にはあまり使ってなく、ただ『宋書』倭国伝に倭王が自ら称したという称号のうちにそれが見え、また『三国史記』（巻四十六）の強首伝に出ているのが目につくのみであるが、実際世に行なわれていたものであることは、広開土王の碑を見ても疑いがない。この名の由来、またそれと加羅との関係は明らかでないが、広開土王の碑にも『三国史記』にも、「任那加羅」または「任那加良」と書いてあるのを見ると、加羅よりは広い地方名らしく思われる。ただ問題は、この地名説話が、そのつくられたよりいくらかの前から加羅の服属がミマキ天皇の御代のこととしてあったために、それを利用して考案せられたのか、またはその反対に、この説話をつくる便宜のためにその服属をミマキ天皇の御代としたのか、という点にある。加羅の服属を崇神朝としたことに特殊の理由があるようには考えられないから、あとのほうの考えが正しいように思われるが、それにしては蘇那曷叱知の話にこの地名の説明がなく、かえってそれを改作したものらしいツヌガアラシトの物語にそれの出ているのが、少しく解しがたい。ただ『日本書紀』編纂の際に、本文には偶然それが遺脱したのだと見ればさしつかえがないようであるから、今はしばらく、こう推測しておくべきであろう。

しからばこれらの話はいつつくられたかというに、絹を賜わったということから考えると、少なくともわが国に絹の生産が豊富になってからのちの作らしく思われる。それからツヌガの話は、この方面が外人来着の地となってからの製作に違いないが、それは欽明朝における高句麗人来朝以後のことである。加羅人や百済人はもとより新羅人とても、この方面から往来するということは、地理上不自然な話であって、また歴史的事実の明らかに知られる時代において、事実上そんな例は一度もない。神功皇后がツヌガに行宮を置かれたという話も、また同じことであって、外国と交渉のあるこの津を、外国を征服せられたという物語のある皇后に結びつけたのであろう。新羅に対する航路とこの津とは何の因縁もない（『延喜式』神名帳によると、越前国敦賀郡に白城神社や信露貴彦神社があるので、それが音の上から見て新羅人と何か関係があるのではなかろうか、したがって、新羅人が古く海を渡ってこの方面に来往したことがあるのではなかろうか、というような考えが起るかもしれないが、第一の推測がすでに甚だ不確実である。新羅は『古事記』の允恭の巻には新良、『新撰姓氏録』には新良貴、『出雲風土記』には志羅紀と書いてあるが、それを白城のようにいわゆる訓を借りた例、また「ラ」を「ロ」とした例は、わが国では一つもない。またよし仮にそういう推測が可能であるとしても、新羅人がわが国の所々に住むようになったことは、後代においていくらも起こり得た事情であるから、この地方と新羅の本国との直接の交渉をこの点から想像すべき根拠は、この記載のどこにもない）。さてこの話は『古事記』のほうには見えないから、その準拠となった『旧辞』にはなかったのであろう。そうしてそれが、記紀に共通な新羅征討物語において、海外に国があるかないかわからぬという話のあるのと、矛盾していることを思うと、これは、かの物語よりも遥かのちにつくられたものであることが推測せられる。なお継体紀二十三年の条に任那王の言として「夫海表諸蕃、自胎中天皇置内官家、不棄本土……」（＊われわれの領地に応神天皇が官府を置かれてからも、旧国王に統治させられたのは、まことに道理にかなったことです……早く新羅を討ってください）と見えていて、それによれば任那も応神朝に内属したことになってい、六年の条のアラカヒの妻の言（＊百済への任那譲渡を諫止）も同様に解釈せられるが、蘇那曷叱知などの話の精神はそれとも調和しないことを、考えねばならぬ。この話の表面には、任那がこのとき服属したということは説いてないが、任那が属国であるという思想がその基礎になっていることは、推知せられる。ツヌガアラシトの話ではそれを大加羅の王子とし、またシナ思想に基づいて、日本に聖皇があるから往いてそれに帰する、ということにしてあるのでも、そこに政治的意義のあることが知られる。

なお『新撰姓氏録』（巻二）吉田連の条には、崇神朝にシホノリツヒコ（＊塩乗津彦）というものが任那に遣わされたことが記されているが、この名は海外渡航ということを擬人してつくったものであるから、もちろん、実在の人として見るべきではない。またその派遣を崇神朝としてあることが『日本書紀』の記載の主旨とも矛盾している。要するに後世になってつくられた話にすぎない。

三　新羅に関するその他の物語

なおここに考えておくべきことは、神功皇后の征討物語よりも前のこととして記紀に記されている新羅の話である。その一つは、『古事記』では応神の巻に昔のこととして記され、『日本書紀』には垂仁紀三年の条に見え、『播磨風土記』には神代のことになっている新羅の王子アメノヒボコの来朝物語である。これについては、第一に、新羅の王子が来朝するというようなことが、三世紀もしくはその前においては、事実としてあり得べからざる話である、ということを知らねばならぬ。それはしばしば述べたような韓地の形勢と、ヤマトの朝廷の勢力の及んでいる範囲とから、すぐに考えられることである（『播磨風土記』の揖保郡の条には、ヒボコを韓国から来たとしてあるが、この「韓国」は半島の汎称として用いてあるらしいから、これはもと新羅人として語られていたのをこう言い換えたものであろう。また『釈日本紀』に引いてある『筑前風土記』の怡土郡の条には、ヒボコを高麗の意呂山に天降ったものとしてあるが、高句麗人としてはなおさらこんな昔にわが国に来るべきはずがない。この『筑前風土記』の説は、遥か後世につくられたものであろう）。第二には、アメノヒボコが新羅人の名らしくないことである。歴史的事実として明白な時代の記紀の記事はもとより、その他の説話においても、新羅人は決してこんな日本語の名称をもって記されてはいない。

　第三には、彼が持ってきたといういわゆる神宝（＊天皇への献上品）に、新羅のものらしい特色がないことである。『古事記』に記されているその神宝の玉と鏡とは、上代の日本人が宝として最も尊重したものであり、また浪ふるひれ、浪きるひれ、風ふるひれ、風きるひれは、神代の巻のホホデミの命の説話に見える潮みつ玉、潮ひる玉、と同じ思想の産物であり、その言い表わし方も、奥つ鏡、辺つ鏡のそれとともに、上代の文献に例の極めて多い二つずつの連称法である（ひれについても、神代の巻のオホクニヌシの神の説話に、蛇のひれ、蜈蚣・蜂のひれということがある）。だから、これらはいずれも異国的のものではない。『日本書紀』には玉と鏡とのほかに刀や桙やまた熊神籬というものがあるが、神籬というのは、その名から見ても、明らかに日本人の思想からつくり出されたものである（熊神籬は稲でつくった神籬ではあるまいか。稲をクマといったことについては、世にすでにその説があるが、神代紀のウケモチの神の殺された話にアメノクマビトという名が出ていて、そのクマも稲を指しているらしい。ヒモロギは神の宿るところと定められた木であり、名称もそれによってつくられたのであるが、稲でつくる場合もあったのであろう。同じく植物であるから、木を用いるのと同じ理由で稲も用いられ、またそれは生命の本源たる食物として最も主要なものである米をならせる植物である点に特殊の意味があったと、解せられる。米そのものが神と考えられていたことも、参考せられよう）。もっとも、ある時代において出石（いずし）（＊ヒボコの来朝地）に神宝とせられたものがあったことは事実でもあろうし、またそれが何らかの点において特色をもっていたかもしれぬ。けれども『古事記』と『日本書紀』とがまったく違ったものを数え挙げているのを見ると、それが実在の神宝を指しているかどうか甚だ疑わしい。実在のものを指したのならば、こんなにひどく違って伝えられるということはないはずだからである。両方を比べてみて目につくのは、『日本書紀』にもその注に記してある「一書」にも、イヅシ小刀とイヅシ桙とがあって、それにイヅシの語が冠してあるのを見ると、これが神宝の主要なものであるらしく考えられるが、『古事記』にはそれがないということである。説話としてこの二つの記載のどれがもとのものかと考えるに、『古事記』に数を八つとしてあるに対し、『日本書紀』の本文に七つとなっているのは、シナ思想のゆきわたったあとに生じた変化らしく、この点からいえば『日本書紀』のほうが新しい形のようであるが、数と品物とは別々に見られようから、刀や桙のあるほうが必ずしも新しい説であるとはいわれぬ。『日本書紀』の注のほうには数が八つになっていて、本文のとは羽太玉（はふとのたま）が反対の観念の葉細珠（はほそのたま）になっているほかに、胆狭浅（いささ）

太刀というものが加わっているが、刀や桙のあるのは本文の記載と同じである（葉細珠は羽太玉と連称せらるべきものであるから、これは片われずつが二つの伝えにあらわれているのである）。また同じ垂仁紀の八十八年の条の話では、数は七つであるが、刀はあっても桙が見えない。こういろいろになっているから、これだけの比較では、どの話がもとのであるか判断しかねる。したがってこれらの説話が実在の神宝とどういう関係にあるかも、またわかりかねる。ただ刀と桙とにイヅシの語の冠してあるのは、注意すべきことであって、実在の神宝においてかまたは説話においてか、イヅシと刀または桙とが特殊の関係をもつものとせられていたには違いない。ところが、神宝をもってきたものがヒボコとして語られていることと、このイヅシ桙との間には、何らかの関係があるのではあるまいか。矛（桙）の名にヒボコというのがあり、それに「日矛」の字をあてることは、神代紀の岩戸がくれの物語の注の「一書」にも例があって、その意義は檜矛であり、矛の柄が檜であることから出た名と解せられる（神代紀のこの注の「一書」の日矛のことは、あとからの挿入のようであるが、上代の文字の用い方を知る例にはなる）。檜矛というような言い方は、『古事記』の景行の巻のヤマトタケルの命の東方巡歴の話にある「ひいらぎの八ひろ矛」というのと同じであるが、なお梓弓とか槻弓（つきゆみ）とかいう名のあることとも、参考せられよう。さすればイヅシ桙は檜桙であって、それが人の名とせられてアメノヒボコとなり、このヒボコがイヅシの神宝をもってきたように語られたのではあるまいか。神宝がいろいろあるとせられながら、また刀にもイヅシの語が冠せられながら、桙（矛）のみがこう取り扱われたのは、説話作者の思いつきのためであろう。神宝として記紀に記載せられているものは、確実にある時代の現在の神宝を指しているとは考えにくいが、説話の上ではこうなっているのであり、そうしてこう見る場合には『古事記』の説話に桙の見えないのはのちの変形と考うべきである。が、いずれにしても神宝は日本のものであって、新羅人がもってきたものとすべき徴証はどこにもない。だから、新羅人としてのヒボコがもってきたというのは、イヅシの神宝の起源説話と見るべきである。何ものかを神聖にし尊くするために、その起源や由来を古代または外国に置くことは、普通の慣例であることをも、考えねばならぬ。ついでにいう。垂仁紀八十八年の条の末尾に、ヒボコの来朝のことが書いてあるのは、三年の本文と重複していて、奇異な書き方である。別の書から写し取られた注記が本文に紛れ込んだのではあるまいか。

しからばヒボコが何故に新羅人とせられたかというと、それにはヒボコの来朝した由来として『古事記』に載せてある物語を考えねばならぬので、第四にいうべきことはこれである。この物語は、ヒボコが赤玉から化生した女を妻としていたが、その妻がわが国に逃げてきたのでそのあとを追うてきた、というのである。ところがこれと同じ話は、『日本書紀』に引用してある「一書」では、前に述べたツヌガアラシトのこととなっていて、ただ赤玉が白石と変わっているのみである。こういう同じ話がまったく違った甲乙二人のことになっているのは、甲のことが乙のことに転訛して伝えられたとするよりは、本来、話そのものは甲にも乙にも関係のないものであったのを、あるいは甲に結合せられあるいは乙に付会せられた、と考えるほうが合理的である。興味は話そのものにあって甲のこととしても乙のこととしてもさしつかえのないものだからである（同じような例はほかにもあるので、民族説話らしい三輪山物語が、『古事記』ではイクタマヨリヒメに、『日本書紀』ではヤマトトトヒモモソヒメに結びつけられ、『古事記』ではヤマトタケルの命が伊勢で詠まれたとしてある歌が、『日本書紀』では景行天皇のヒムカでの御製となってい、一夜云々という話が神代史にも雄略紀にも見えている類が、それである）。ところが、この話は韓地伝来のものらしい。というのは、『古事記』のヒボコの話では、玉はある女の生んだもので、その女の昼寝をしているときに、日光にほと（＊陰部）を照らされて妊(はら)んだのだ、ということであるが、これは有名な高句麗の祖先の伝説から転じたものと解せられるからである。

　さてこの話の変化してきた径路をたずねてゆくと、第一は王充（後漢の人）の『論衡』に見え、『魏志』の扶余伝に引いてある『魏略』にもそのままに採ってある扶余王の祖先の話であって、それには、橐離国(たくりこく)の国王の侍婢が雉子(きじ)ほどな大きさの気が天から下りてきたのに感じて妊み、子を生んだとある。ところが扶余から出た高句麗王の祖先の物語は、それと少し変わっている。それは『魏書』の高句麗伝の記事であって、扶余王が河伯（＊水神）の女(むすめ)を宮中に閉じ込めておいたら、その女が日に照らされて妊み、一卵を生んだ、その卵殻を破って出た男の子がすなわち高句麗王の祖先だというのである。広開土王の碑では、卵の話と母が河伯の女であることとはそれと同じであるが、日光に照らされたことはなくして、父を天帝としてある。『三国史記』の高句麗紀では、話がよほど複雑になっているが、それは新羅の史家によって潤色せられたものらしく、ずっと後世のものである。さてこれらの話の記されている書物の時代の順序から考えると、『魏書』の高句麗の話は『論衡』または『魏略』に見える扶余の話から変化したものであって、物語の発達の径路は、雉子の如き気によって妊んだのが卵を生むことになり、天から気の下りてきたのが日光に照らされることになったものとすべきようである。雉子の如き気といい、気が天から下りるというのは、話が抽象化せられているので、それよりも卵を生むといい、日光に照らされたというほうが具体的であって、未開人の心理には適切であるから、これが昔から扶余民族の間に語られていた話であって、『論衡』などのはシナ思想によって変改せられたものかとも考えられるが、母が河伯の女であるというのは鴨緑江の流域に国をなしていた高句麗において加えられたことであるらしく、また一方に父を天帝とした話もあるとすれば、『論衡』などの話が高句麗人に採られて二様に発展し、一つは日光の物語となり、一つは天帝を父とすることになり、卵だけが両方に共通の話となった、と見るほうが妥当であろう。しかしそれはいずれにしても、ヒボコに結合せられた前記の話で、卵が玉になってい、生まれた子が男でなくて女であるだけは、高句麗の伝説と違うが、それはこういう話の変化としては普通のことであり、また日光に照らされたことはまったく同じである（照らされたところを「ほと」としたのは日本に来てからの変化であろう。イサナミの命がカグツチを生まれたときの話、神武の巻のセヤタタラヒメの話、崇神紀のヤマトトトヒモモソヒメの命の話、などのこの語のあるのを参考するがよい）。だから高句麗の話とヒボコの物語との間には必ず関係がなくてはならぬ。さすれば、どういう道筋でこの高句麗の話がわが国に伝わったかというに、『続日本紀』（巻四十）の延暦九年七月の条の百済王仁貞（にんじょう）らが祖先のことを奏上している表文中に、この話が書いてあるのを見ると、それが百済王の祖先の物語として伝えられていたことが想像せられるから、百済を経てわが国に来たものであろう。この表文には卵のことは出ていないが「日神降霊」とある以上は、その話が知られていたに違いない

（ただしこの表文の系図などは信用しがたい）。だから何のときにかその話がヒボコに結びつけられたのであろうが、それは、イヅシ桙といわれた檜桙の「檜」が「日」と同じ音であるために、したがってそれをもってきた人の名としてのヒボコの「ヒ」が「日」の義に解し得られるために、日の光によって玉を生んだという、韓地伝来の物語を付会するに都合がよかったからのことらしい。そうしてそれが新羅人とせられたのは、上に考えた如く、韓地のうちでも新羅が最も多く人の注意をひいた国だからであろう（なお後文参照）。『日本書紀』に見えるツヌガアラシトの話には石（＊白石）の由来が説いてなく、したがって高句麗の物語との間には何の連絡もないが、それはおそらくはヒボコの話から転じてきたのであって、ただ肝心の感生（＊非性交懐妊）説話が脱ちているのであろう。前に説いた如く、ツヌガアラシトの話そのものが後世の作らしいからである。ただしヒボコの話でもツヌガアラシトのでも、その玉もしくは石が牛の代償とせられているところに、別の意味があり、あとのほうではその石が「郡内祭神」となっている。この牛の話の意味が何であるかは、よくわからぬが、それが韓地伝来の物語であることは、ほぼ推知せられる。わが国の牛は韓から伝えられたもので、その名も韓語の転じたものであることを思うと、韓と牛とは連想しやすかったろうと思われる。『続日本紀』（巻三十八）延暦四年六月の条に見える阿智王（阿知使主）の話にも、神牛の教えによって帯方に移住したということがあるから、参考するがよい。ついでにいうが、『三国史記』の新羅紀には、やはり上代のこととして、その国主（始祖赫居世及び脱解尼師今）が卵から生まれた話がある。これもたぶん扶余の伝説から来たのであろうが、日光の話はそれにはない。しかし駕洛国記（『三国遺事』所載）に見える加羅の祖先の話にも卵のことがあって、それが日の如く円かったとせられ、また天から紫縄が下りてきてその所在を示したといわれているのを見ると、そこに日光の物語から転じてきた痕跡が認められるが、この加羅の物語全体が新羅の話を本にしてつくられたもののようであるから、新羅の話にも、もとはそれがあったのであろう。なおアメノヒボコについての話とこの加羅の話とは、形を成した時代も遥かに違い、伝来の径路も同じではないようであるが、いずれも高句麗の物語から出て、一は日光がそのままであって卵が玉に変化し、他は卵がもとの姿で残り、日光が卵の形容や天から下った紫縄に変わっているのが興味をひく。ヒボコの話には直接の関係はないようであるが、ついでであるから言い添えておく。

なお、ヒボコの妻またはツヌガアラシトの得た女はナニハのヒメコソ神社に祀ってあるという。この神社は『肥前風土記』によると肥前基肄（きい）郡（＊鳥栖市）にもあるが、それにはヒボコの話はない。ツヌガアラシトのこととしてある『日本書紀』の「一書」によれば豊後国姫島にもこの神社があるが、これは風土記にも神名帳にも見えぬ。要するに諸所にあるものであって、本来ヒボコなどの話とは関係のないものであろうが、ナニハのはそれが「ヒメ」といわれているのと、韓地に対する航路の発着点たる地にあるのとのため、物語に結合せられたのであろう。豊前のヒメコソ神社は、その名の同じであるところから、あとになってこの話に結びつけられたものらしい。後章にいうように、神社は、もと人を祀ったものではないが、あとになるといろいろの家や氏族に結びつけられる場合が生じた。また『古事記』に、ヒボコがナニハで障えられたためタヂマにまわって上陸したとあるのも、地理上、怪しい話である。『日本書紀』に注記せられている「一書」

には、ハリマに上陸してそれからウヂ河を溯り、アフミ、ワカサ、などを経てタヂマに落ち着いたとしてある。タヂマに上陸させ、またはそこに落ち着かせたのは、イヅシの神宝の起源説話にヒボコの名を用いるために、その来朝の物語をつくったからのことであるが、こういうように国々を経めぐるということは、『古事記』の垂仁の巻に、ヤマノベノオホタカというものが鵠を追い歩いて、ハリマ、イナバ、タニハ、タヂマ、チカツアフミ、ミヌ、ヲハリ、シナヌ、コシの諸国を経めぐったとあり、『日本書紀』には、景行天皇がツクシの各地を巡幸せられたように記してあり、また記紀のいずれにも、ヤマトタケルの命が東方の諸国を巡歴せられたという話のあるのと同様、ヤマトにいるものが知識の上において地方を想い浮かべるところから生じた思想の所産である。とくにこのヒボコの通った路は、『古事記』の仲哀の巻の末のほうに、タケウチノスクネが太子を奉じ、アフミ、ワカサを経てコシの道の口のツヌガに行って宮をつくった、とあるのと同じような道筋である。そうしてこの『日本書紀』の注記の「一書」の道筋も、また垂仁の巻のも、地理上甚だ無理なものであるが、これは強いて多くの国を通過させようとしたがために起こった混乱であろう。なおヒボコのは、ヤマノベノオホタカの話や、『日本書紀』のヤマトタケルの東巡の物語とともに、国郡制定以後の考えでつくられ、もしくは改作せられたのではないかと思うが、それについては後章に述べることにしよう。それから同じ書に、近江の陶人がヒボコの従者の子孫だとあるのは、帰化人か何かがそこにいたのをヒボコの物語に結合したまでのことであろう。系図の製作は昔からほしいままに行なわれたものである。これについてもまたのちに述べる機会があろう。

要するに、ヒボコの物語には一つも事実として考えらるべきことがないので、それはどこまでもつくられた物語である。どうしてこういうものがつくられたかということは、上に考えたところでほぼ知られようが、それにはあるいは、新羅人がしばしばわが国と往復し、そのうちには帰化してわが国に留まるものがあるようになったことによって（＊物語の創作は）助けられた、という事情もあるかもしれぬ（＊『隋書』倭国伝の条に、「新羅と百済は倭を敬い、常に使者を往来させている」とある）。さらに一歩を進めて考えると、新羅がわが国に従属すべきものでありわが国が新羅の宗主であるという考えすらも、この物語に含まれているようである。『古事記』の話では、ヒボコの妻はわが国を「吾祖之国」といっているし、『日本書紀』に引いてある「一書」には、ヒボコが日本に聖皇があるからというので帰化したとしてある。このあとのほうのはツヌガアラシトの話のと同様のシナ式政治思想、シナ式対夷狄（いてき）観、の適用であるが、それによっても作者の意図は覗われる。いずれの話においてもヒボコを新羅の王子としてあるのも、あるいはこのことと関係があるかもしれぬ。また別の物語との関係を考えると、前に述べたように、神功皇后の新羅征討物語に、海に出てみても国がないという話のあることからいっても、これは加羅人来朝の物語と同様、新羅征討物語のできたよりも遥かのちにつくられたものであることが、明らかであろう。余事ではあるが、高麗朝につくられた『三国遺事』（巻一）に、東海の浜に住んでいた延烏郎（えんうろう）というものが、岩（または魚）に乗って日本に行き、王となったのを、その妻細烏女（さいうじょ）があとを慕って同じく岩に乗って夫のところへ行った、二人は日月の精であったので、これがために新羅は暗黒になった、新羅人が驚いて二人を迎えに行ったが、細烏女の織った綃（あやぎぬ）で天を祭ればよいといわれたので、そのようにしたら、日月が旧の如く現われた、その天を祭ったところが迎日県だ、という物語がある。迎日県の地名説話で、日というところから日本にも付会したのであろう。迎日県の名が高麗朝にはじまっていることから考えると、この物語のつくられた時代もほぼ知られる。ヒボコの話と少しく似ているところがあるが、全体から見てシナ思想から出たものらしく、もちろん、ヒボコの物語とは何の因縁もない。

次にいうべき新羅の物語は、スサノヲの命が新羅に往復せられたという、『日本書紀』の神代の巻に注記してある二つの「一書」の説である。これは『古事記』にはもちろん、『日本書紀』の本文にも、また多くの「一書」にも見えていないことであるから、単にこの点から見ても、それが一般には承認せられていない物語であって、したがってあとになって添加せられたものであることが推測せられる。そうして樹木の話といい埴舟(はにふね)のことといい、すべてが説話であることは明白である。その詳しい批判は別に述べることとするが、ただ通俗には、この説話が上代においてイヅモと新羅との間に日本海を横断する航路による交通があったことを暗示するものであるように、考えられているらしいから、その非なることをここに一言しておこう。こういう交通は、前に述べたような三世紀までの新羅の形勢においては、できないことであったが、それのみならず、事実の明らかに知られる時代において、わが民族と韓地との交通は常にツクシ方面を本拠とし、もしくはそこを経由したのであって、ツクシ人はもちろん、瀬戸内海方面から出かけるにも、後世の如く馬関海峡からの直航にすらよらず、古くからの航路により、また航海術の幼稚な時代の常として停泊地をなるべく多くする必要もあるため、マツラから船出してイキ、ツシマを経由したこと、そうしてこれについては、『魏志』の記載と応神天皇以後の国史上の記載とが一致していること、並びにイヅモと韓地との直接の交渉がほとんど史上に見えないことからも、またこの通俗の考えを肯定することはできない。もしわが国が四世紀の後半に対韓経略を開始した前において、イヅモと新羅との直接交通があったならば、何故にそれが忽然として止み、そうしてそれがずっとのちまでも、否ほとんど今日までも、復興せられずにいたのであろうか、まったく説明ができなかろう。また記紀に見えるところからいっても、ツヌガアラシトの話にもヒボコの物語にも彼らが日本海を横断して来たようにはつくってなく、いずれも馬関海峡の方面から沿岸航路によってツヌガまたはタヂマに来たことにしてある（とくにヒボコのは一旦ナニハへ来たことになっており、『日本書紀』のほうではそこから陸路をとったことにしてある）のは、この物語の作者が加羅人や新羅人の日本海横断を想像し得なかったからであろう。スサノヲの命の新羅物語は航路までは考えず、ただ概念的にイヅモと新羅とを結びつけたにすぎないのであるが、もし作者がもっと具体的の物語にしようとしたならば、やはりツヌガアラシトの話のような航路をとらせたことと思われる。イタケルの命が樹種を播植（はしょく）するにあたってツクシからはじめたとあるのでも、それが推知せられる。高句麗人がコシの方面に来た（＊五七〇年）のは、日本海横断の道によったものらしく、当時の人もそれを聞き知っていたであろうが、しかしそれは非常な事件として人の耳を驚かしたに違いなく、コシ地方が外人の来着地として特別に注意せられたのも、その故であろう。そうしてそれは縁の薄い遠方の、こういう航路をとらなければ交通することのできない、高句麗人の特殊の仕方として考えられたので、平常往復している新羅や加羅に対する航路としては、到底日本海横断などを考えることができなかったのである（事実また高句麗人の、並びにそれを継承した渤海人の、この航路をとったのは、当時における国際関係に余儀なくせられたためであって、この二国のほかには、こんな交通路は最近におけるロシア及び北鮮との交渉が開かれるまでは、まったく絶えていたのである）。また新羅についていうと、その国民は本来航海には慣れないものであったことをも考えるがよい。『延喜式』神名帳の出雲国の部に韓国伊太弖神社というのがいくつもあるので、それもこの地と韓国との間に古い関係のあることを暗示する材料のように思われるかもしれないが、この名の神社が『出雲風土記』に一つも見えていないという一事でも、それが、風土記のつくられた天平時代以後において、新しく祭られたものであること、したがって上代の状態とは関係のないものであることが、推測せられる。なおこの神は、伊太氏和気（伊豆加茂郡）、伊多太（山城愛宕郡）、伊達（丹波桑田郡、紀伊名草郡）、印達（播磨揖保郡）、射楯（同餝磨郡）、などの文字でその名の記されている諸所の神社と対照し、なお『播磨風土記』（餝磨郡因達里の条）の伊太代の神の記事を参考すべきものであり、韓国の称呼についても、韓神（宮内省）、辛国神社（河内志紀郡）、辛国息長大姫大目命神社（豊前田川郡）、などと互いに参照して考うべきものであろう。いずれにしても、それによってイヅモと韓地との直接の交渉を推すべきものではない。

最後に、記紀には見えないことであるが、『新撰姓氏録』第五巻新良貴氏の条に、新羅国王の祖先は神武天皇の御兄弟のイナヒの命だ、としてある話がある。記紀のいずれにも出ていないで、ずっとあとに編纂せられた『新撰姓氏録』にあるということが、すでにこの話の古くから伝えられたものでないことを暗示している。たぶん、神武紀にこの命が海に身を投ぜられたということがあるので、それを海外に行かれたことにとりなし、そうしてそこから発展した物語であって、新良貴氏というものが、その祖先を皇族に託して家格を尊くしようという動機から出たことであり、記紀の編纂せられたのち、奈良朝頃につくられた話であろう（イナヒの命のことは、『古事記』には妣（はは）の国に行かれたとあり、『日本書紀』には母が海神だからというので海に入られたとあるから、その意味は分明である。すなわち海中に入られたというのであって、海外の国に行かれたという話ではない）。なお本居宣長は『古事記伝』（巻三十四）において、『三国史記』の新羅紀に脱解尼師今が倭国の東北一千里である多婆那（たばな）国に生まれたものとしてある記事を引いて、こういうことのありそうなことをいっているが、『三国史記』のこれらの記事が歴史的事実の記録でないことについては、本書の付録において述べるであろう。

　以上は記紀の新羅に関する物語の一々についての見解であるが、一般的に考えても、四世紀のはじめよりも前の時代において、いわゆる倭人が韓地と交通したのは、主としてシナの工芸品を輸入するためであったから、半島のうちで楽浪、帯方から最も遠く、したがって文化の程度の最も低かった新羅方面に、その頃の倭人が出かけていったとは思われない。後世の状態から推測すると、ツシマ人などにおいては、もっと日常生活に大切な物資を得る必要があったかもしれぬが、それにしても土地の豊饒な弁韓または馬韓方面に船を向けたに違いない。ずっとあとのいわゆる倭寇などでも、東海方面に向かったことは西南海の沿岸地方に比べると甚だ稀であることを、考えるがよい。またもし遠い上代において韓地と交通したことが、記紀の物語に現われているとするならば、事実の極めて明白な楽浪、帯方通いのこと、並びにその航路に当たっていて何ほどかの交渉が必ずあったはずの弁韓、馬韓方面に関する話が、何よりもまずなくてはならぬのに、それがまるで見えず、そうして文化の上からも、政治上の形勢からも、地理上の状態からも、また後世の事例からも、交通のあったことの甚だ疑わしい新羅の話のみがあるということは、とりもなおさずこの新羅の話が事実の言い伝えでないことを示すものである。世にはこのことについて、遺物や遺跡の上からの臆測説もあるようであるが、著者の知る限りにおいては、今日のところ、ぜひともそういう結論に到達しなければならぬような根拠が確立しているらしくは思われぬ。よし遺跡や遺物などにおいて新羅とわが国（もしくはわが国の某地方）とに類似もしくは同一のものがあるとしたところが、それが相互間の直接交通の結果でなくては決して起こり得ないことであるということ、並びにそういう遺跡遺物がわが国（またはわが国の某地方）と新羅とのほかには決して存在しないものであり、その上にそれが前に述べた時代のものであるということの明証せられない以上は、それをもととしてこういう臆測は加えられないはずである。

以上の研究で神功皇后新羅征討物語の性質、また上代の新羅に関する種々の物語の史料としての価値は、ほぼ判明したことと信ずる。ところが、この新羅征討の由来がクマソの征伐にあるように語られているとすれば、そのクマソとは何であろうか。そこで次の問題に転ずる。

第二章　クマソ征討の物語

一　ヤマトタケルの命に関する物語

クマソに関する説話で最もよく人に知られているものは、いうまでもなく、ヤマトタケルの命がクマソタケルを誅せられたという物語である。この話は記紀の記載がほぼ同様であって、①ヤマトタケルの命が女装して宴席に紛れ込み、そこでクマソタケルを殺されたということ、②クマソタケルが命の武勇を讃美して、「ヤマトタケル」という称号を奉ったということ、この二つは両方とも一致している。ただ、『古事記』にはクマソタケルを兄弟二人としてあるのに『日本書紀』では一人とし、『古事記』には「クマソのタケル」の名が記してないのに『日本書紀』には「トリイシカヤ」という名が出ている上に、またそれを「カハカミノタケル」ともいうとしてある。それから、命の着られた女の着物はヤマトヒメの命から貰われたものである、という『古事記』の話が『日本書紀』には見えない代わりに、弓の上手なものを連れて行かれた、という『日本書紀』の物語は『古事記』にはない。しかしこれらの小異は、物語の中心思想には大した影響のないことである。ただ、『古事記』ではヤマトタケルの命の行動がクマソ征討の全体であるのに、『日本書紀』ではその前に景行天皇親征の物語があって、それが詳しく記されているから、ヤマトタケルの命の事業は比較的軽いものになっているので、ここに記紀の間に存する一大差異が見える。

さて、この話について記紀のどれが原形であるかと考えてみるに、第一に、叛逆者を二人とすることは、たとえば神武天皇東遷の話に見えるエウカシ・オトウカシやエシキ・オトシキなどの如く、古い物語の通例であって、『日本書紀』でも景行天皇親征のときのソの国の族長をアツカヤ・セカヤとし、その娘にイチフカヤ・イチカヤの二人があるようにしてある。同じときのクマの族長はエクマ・オトクマであり、アソにはアソツヒコ・アソツヒメがある。またヤマトタケルの命に降伏したエミシの族長はシマツカミ・クニツカミとして『日本書紀』に記してある。その他『常陸風土記』のヤサカシ・ヤツクシ、キツヒコ・キツヒメや『肥前風土記』のウチサル・ウナサル、オホミミ・タルミミなど、風土記にも例は多い。あるいは兄弟とし、あるいは男女とし、またあるいは二人の間の関係が明らかに記してないけれども兄弟男女を連称すると同じような語調で連称せられるようにできているなどという差異はあるが、「二人」としてあることは同じである。そしてこれはタカミムスビ・カミムスビ、イサナキ・イサナミ、アハナギ・アハナミ、カミナホビ・オホナホビ、オホマガツヒ・ヤソマガツヒ、イクタマ・サキタマ、イハサク・ネサクなどの例でも知られる如く、神々の名において常に見るところであり、またのちの物語でも、外国人を呼ぶ場合にすらクレハ・クレシ、スルキ・ヌルキ、エヒメ・オトヒメ、アヤハトリ・クレハトリの類があって、上代の日本人のものの言い方の趣味から来ていることらしい。

もっとも、叛逆者がいつでも二人に限られているのではないので、神武天皇の物語のナガスネヒコのように一人である場合もあるが、二人連称せられていることが多く、そしてその由来が上代人の趣味にあるとすれば、クマソタケルの場合においても『古事記』のほうが原形であろうと推測せられる。ただし『古事記』でも、ここでは「クマソタケル兄弟二人」とあるのみで、二人の別々の名は出ていないが、「オトタケル」という称呼があるから、それは「エタケル」と連称せられたのであろうか。なお、『日本書紀』にクマソの族長をトリイシカヤとしてあるのは、景行天皇親征の物語のアツカヤ・セカヤ、その二女のイチフカヤ・イチカヤと連絡がありそうであって、とくにトリイシカヤの「イシカヤ」は「イチカヤ」と同語らしい。「カヤ」という語の意義はともかくもとして、これだけの事実は注意を要する（アツカヤ・セカヤの「アツ」と「セ」とはもちろん対照の意義を含んでいる）。

それから第二に、こういう族長の名は、神武紀に見えるトミヒコとか、エウカシ・オトウカシ、エシキ・オトシキ、ウサツヒコ・ウサツヒメとかいう例の如く「トミ」「ウカシ」「シキ」「ウサ」などの地名をそのままにとってあるのが古い物語の通例であって、特殊な固有名詞のあるのは一歩進んだ形であろうと思われるから、この点においても、単に「クマソタケル」という名になっている『古事記』のほうが原形らしい。『日本書紀』でも、景行天皇親征の物語にはこの例が多い。

第三に、女装せられたその衣裳がヤマトヒメの命から与えられたものであるというのは、女装の由来を説明するのであるが、弓の達人を連れて行かれたというのは、物語の中心観念になっている「女装して敵に近づき剣で刺し殺す」というのとは、何の関係もない。否むしろ矛盾した話であるから、これはあとからつけ加えた贅物（ぜいぶつ）であることがわかる。だから、ここでも『古事記』のほうが古い形である（ただしヤマトヒメ云々の話はなくてもよいことである。とくにヤマトヒメの命はイセにいたというのであるから、ヤマトタケルの命がそれに会われたというのは、東征の場合には自然であるが、西伐の話には不自然である。だからこれはたぶん、東方征討の場合に、同じ命から剣と火打ち袋とを与えられた、という話から思いついて、あとから付加せられたことらしい）。

さて、この物語の女装云々はもとより説話である。ヤマトの朝廷から遠路わざわざ皇子（＊命）を派遣せられるという物語の精神から見ても、クマソは大いなる勢力を西方にもっていたものとして、物語の記者は考えていたに違いない。そういう大勢力が、こういう児戯に類するしわざで打ち破られるものではあるまい。『日本書紀』にはヤマトタケルの命の風采を「幼有雄略之気、及壮容貌魁偉、身長一丈、力能扛鼎焉」（＊幼き頃より雄々しき気をもち、成人後は容貌魁偉、身長は約二メートル、鼎をもちあげるほどの力をもつ）と書いてあるが、こういう皇子の女装姿を『日本書紀』の編者はどう想像したであろうか。もっともこれは、女装の物語のすでに存在しているときに、シナ風の勇士の形容語を無意味につけ加えたのみのことで、女装の物語そのものを考える用には立たぬものであるが、あまりおかしいから付記しておく。『日本書紀』のシナ風の文飾は大抵こんなものである。

概していうと、こういう英雄の説話は、その基礎にはよし多人数の力によって行なわれた大きい歴史的事件があるにしても、その事件をそのままに一人の行為として語るのではなく、事件に基づきながら、それから離れて何らかの構想を一人の英雄の行動に託してつくるのが普通である。だから、こういう話ができたのである。それから、クマソタケルが「ヤマトタケル」の名を命に奉ったというのもまた説話であって、「ヤマトタケル」という語は「クマソタケル」、また『古事記』のこの物語のすぐあとに出ている「イヅモタケル」と同様のいいあらわし方である。すなわち「クマソの勇者」「イヅモの勇者」に対して「ヤマトの勇者」という意義である。それがヤマトの物語の作者によって案出せられたものであることはいうまでもなかろう（皇子の本名は「ヲウスの命」とある）。そしてこのクマソタケルとイヅモタケルとは、上に述べたような、地名をそのままに人名とした一例であって、実在の人物の名とは考えられない。実在の人物ならばこんな名があるはずはないから、これは物語を組み立てる必要上、それぞれの土地の勢力を擬人し、あるいは土地から思いついて人物をつくったのである。そしてそれは、よし実際そこに何かの勢力があった場合にしても、時と所とを隔てて、すなわち後世になって、またヤマトにおいて、物語製作者の思想から生まれたものとしなければならぬ。だからこの物語もまた、決してそのままに歴史的事実として見ることはできないものである。

なおここで付言しておきたいのは、『古事記』に、ヤマトタケルの命がクマソの征討を終えてからイヅモに迂回してイヅモタケルを誅伐せられた、という話のあることである。その話はクマソ征伐のときの女装と同じような詭計が主となっており、命があらかじめつくっておいた木刀を佩いていて、それをあるときにイヅモタケルの刀と取り換え、そうしてその刀で敵を倒した、というのである。ところがこの話は、『日本書紀』には崇神天皇のときの、イヅモの臣の遠祖のフルネとその弟のイヒイリネとの間の事件としてある（崇神紀六十年の条）。両方ともイヅモに関係はあるが、一つの話がまったく別の場合、別の人物のこととなっているのは、かの玉（または石）から女の生まれたという話が、ヒボコとツヌガアラシトと両方に結びつけられたと同様であって、興味の中心は話そのものにあり、そしてそれは本来、独立のものであったろう。『古事記』の資料となった『旧辞』では、ヤマトタケルの命が東西の反抗者を征討せられた、という話があるために、その命に同じような役目をもう一つつけ加え、またその西方のが「クマソタケル」という名によって示されているために、それに相応ずるように「イヅモタケル」の名をもってイヅモの勢力を代表させ、それを、同じいいあらわし方の名を有するヤマトタケルの命が征討したようにしたのであって、一種の類想から構成せられたものらしい。皇族にも地方の豪族にも「某タケル」という称呼が名のようになっているのは、記紀の二書において、この場合のみのことだからである（『日本書紀』のフルネの話が『古事記』のヤマトタケルの命の話のつくられたよりもあとにできたものかどうかはわからない）。

イヅモに強大な勢力があって、それがある時期まではヤマトの朝廷に服従していなかったため、しばしばそれに対する鎮撫が行なわれたことは、この物語の裏面に潜在する事実らしいが、以上述べたところを考えると、この話はそのままに事実ではなかろう。ただ、イヅモとクマソとがかつては反抗者であって、のちに帰服した最も勢力の強かったものとしてヤマトの朝廷で考えられていたので、それがこの物語にあらわれていることは推知せられる。この二つの勢力のヤマトの朝廷に対する反抗の態度や帰服の事情、また帰服後の朝廷との関係などは必ずしも同じでなかったろうと考えられるので、物語としても一つが主として神代史において語られ、一つが景行朝のこととせられたのも、そこに理由があるかと思われるが、これだけのことは言い得られよう。それから、山の神、河の神、穴門の神を平定せられたということがあるが、これについては別に考えよう。

ヤマトタケルの命のクマソ征討の物語が歴史的事実でないことは明らかであるが、しかし朝廷に服従しなかった「クマソ」という勢力があり、ある時代にいくらかの兵力をもってそれを平定せられたことは事実らしい。そしてそれは、漠然たる記憶もしくは伝説としてヤマト朝廷の間に存在したのであろう。ヤマトタケルの命の物語は、それを一英雄の行動としてつくった話と考えられる。しかし、その「クマソ」とは何であろうか。

二　記紀にあらわれているクマソ

記紀に見えるクマソの記事で最初に人の目につくものは、『古事記』の神代の巻のオホヤシマ生成の段に、ツクシ（広義にいう、すなわち九州全部）の島は身が一つで面が四つあり、その四つはツクシ（狭義にいう）の国、トヨ国、ヒ（＊肥）の国、クマソの国だ、としてある話である。さてこの四国には、他の島々の例の如く一々擬人せられた名がついていて、ツクシの国はシラヒワケ、トヨ国はトヨヒワケ、ヒの国はタケヒムカヒトヨクジヒネワケ、またクマソの国はタケヒワケとなっているが、これについては世上に問題になっていることがある。それは、ヒの国の名が他の三国のとやや趣きを異にしていて、しかもそのうちに「ヒムカヒ」の語があるところから、ここの本文に混乱があって、ヒムカ（日向）の国が抜けているのだろう、という説のあることである。が、「面四つ」とある以上は、とくにその前のイヨのフタナの島が身が一つで面が四つあるという記事を承けて「此島亦身一而有面四」とある以上は、その四つの数に合うように考えねばならぬから、仮に「タケヒムカヒトヨクジヒネワケ」の名には何らかの混乱があるとしても、それがためにクマソの国のほかに別にヒムカの国が挙げてあったとすることはできまい。ところで、四面のうちのツクシ（狭義）はほぼ今の筑前筑後（＊福岡県）、トヨは豊前豊後（＊大分県）、ヒはたぶん肥前（＊長崎県）と肥後（＊熊本県）とであろう。

トヨの中心は、のちにいうように今の豊前中津郡にあったらしいから、トヨ国というのも本来は豊前方面が主であったろう。またヒの国は、もとは肥前方面のことではなかったろうか。肥前と肥後とは中間に筑後が挟まっていて、それが自然的に一国として、または一地方名の下に呼ばれていたということは、すこぶる疑わしいからである。一つの国という観念もしくは一地方としての名称は通常、陸地続きの場合において生ずる。だから、今の肥前と肥後とを一国としたのは、おそらくは国郡制置の際の人為的方法であったろう。そして、早くから「ヒの国」としてヤマトの朝廷に知られたのが今の肥前と肥後とのどちらであったかというと、それは地理上ヤマト人に早く接触していた点からも都に近いことからも、前者とするのが妥当であろう。一方にトヨ国がツクシ（狭義）に連接してその東にある以上、ヒの国はそれに対してツクシの西に続いていたらしく思われ、とくに肥前は上代において対外航路の起点となっていたマツラ地方を含んでいて、極めて重要な地域であるから、そこがヒの国としてツクシ（狭義）から特別に取り扱われたと考えるのは、無理でなかろう。継体紀にイハイ（＊磐井、石井とも）がツクシ、ヒ、トヨの三国に拠って新羅と気脈を通じたとあるが、この記事が事実であるかどうかは別として、その「ヒ」は対韓航路の要津（ようしん）マツラの存在する肥前であろう。

もっとも、肥前肥後が「肥」の一国とせられたのは、その前から肥後地方をも「ヒの国」の名で呼んでいたからであろうが、それは肥前が「ヒ」と呼ばれたとは別のことで、またのちのことではあるまいか。もしまた「ヒ」という名がもとは肥前か肥後かの一方にのみあって、両方が「ヒ」と呼ばれるようになったのはこの名が一地方から他に及ぼされたのだ、とするならば、それは肥前のほうから肥後のほうに広げられることはあっても、その反対の場合を考えることは難しくはあるまいか。なお国の名にある「前」「後」の意義は「道の口」と「道の後」とで、ヤマトの都からの公道の通過する順序をいうのであるが、筑前のほうから肥後に行くにはやはり、筑後を通るのが自然ではあるまいか。肥前を経由し海を渡って行くこともあったではあろうし、この間の海上の交通は古くから盛んに行なわれてもいたではあろうが、公道としてとくにそれを撰ぶのは不自然ではあるまいか。だから、ここにも人為の跡が見える。

本居宣長は『古事記伝』においてヒの国の本国を肥後としているが、それはのちにいうような『日本書紀』の地名説話を信じているからであって、事実はむしろそれとは反対ではなかろうか（のちにいうところを参照せられたい）。あるいはまた今の筑後地方がもとは肥の国であったと臆測せられなくもないかもしれぬが、そうすると肝心のツクシが極めて小さく、ヒの国が甚だ大きくなるのみならず、肥前から肥後にかけての広い土地を一つの「ヒの国」と呼ばれるほどの一地方と見ることが、すでに地理上無理であり、だから、どの点から見ても、本来のヒの国は肥前方面であったらしい。しかし『古事記』のこの物語では、そういう古い意義でいっているのではなく、やはり肥後をも含めてのことであろう。それは『神代史の研究』で述べているように、この物語の書かれたのが比較的後世のことだからである。

さて、ツクシ（狭義）、トヨ、ヒの三国は、広義のツクシの北半をなすものであるから、残りの一つのクマソはその南半をなすもの、すなわち今の日向（＊宮崎県）、大隅、薩摩の地方（＊鹿児島県）にあたるのであろう。北部が三国とせられ南部が一国と見られているというのは均衡を失しているようではあるが、実際の行政区画としても、国郡制置のあとまで、今の日向、大隅、薩摩の三国は、日向の一国に含まれていた。大隅国が日向国から分立したのは和銅六年（七一三年）であって、これは『続日本紀』（巻六元明紀）の同年四月の条に「割日向国肝杯、贈於、大隅、始羅四郡、始置大隅国」（＊日向国から肝付、曽於、大隅、始良四郡を分離し、はじめて大隅国を置く）とあるので明白である。薩摩が日向国から分かれたのはやや明確を欠いているが、同じく『続日本紀』（巻一文武紀）の大宝二年（七〇二年、和銅六年よりは十一年前）四月の条に「筑紫七国」ということがあって、七国は両筑、両豊、両肥の六国と日向とでなければならぬから、このときまでは薩摩地方がまだ日向国の一部であったらしい。ところが同書に、この年の八月に薩摩のハヤト（＊隼人）の叛乱があって、それに対する征討が行なわれたという話があり、その十月の条に「唱更国司」（＊辺境の守備にあたる国司、すなわち隼人に備える薩摩や日向などの国司を指す）云々という記事が見えるから、薩摩地方はこの征討の結果として、ハヤトの国の名の下に日向国から分立したのであろう。また行政区画としてではなく、漠然たる地方名として考えても、今の大隅、薩摩地方がヤマトの朝廷からは「ヒムカ」という広い名の下に含めて呼ばれていたことは、たぶん国郡制置以前からのことであろうと思われる。確証はないけれども国郡制置のときに定められた行政区画の名称は、その前からの習慣によったものであろうと想像せられる（『日本書紀』の神代紀に「筑紫日向可愛之山陵」「日向吾平山上陵」とあり、神武紀には「日向国吾田邑吾平津媛」とあって、普通に解説せられている如く、エもアタも今の薩摩の地方にあり、アヒラは前に引用した大隅の姶良郡だとすれば、これらの記事の書かれたときには、少なくともヤマトの朝廷においては薩隅地方を「ヒムカ」の総称の下に呼んでいたらしいが、その書かれた時期が判然としないから、それを証拠とはしかねる。これらの辞句は『古事記』にも、『古事記』とほぼ同様な記載を有する『日本書紀』の注の「一書」にも見えないが、薩摩、大隅が日向から分立したのは大宝、和銅年間であるから、その後に行なわれた『日本書紀』の編纂の際に新たにこう書いたのではなく、その史料となったものにすでに存在していたのであろう。しかし、その史料が国郡制置の前に書かれたと見なさねばならぬ理由もないようである）。

さすれば、神代史の国土生成の物語において、広義のツクシの南半を「クマソの国」の汎称の下に一括して呼んだということは、必ずしも怪しむに足らぬ。

ただし、ここに考えるべき問題は、この「クマソの国」というのは実際世間で用いられていた名称か、または物語の上だけのことか、ということである。ツクシ（広義）に四面があるというのは、クマソが服従し、そこがヤマトの朝廷によって統治せられる国家組織に入ってからあとの状態に違いないが、そうなってからもなお「クマソの国」という名が実際に用いられていたであろうか。「クマソ」という称呼が「ヒ」とか「トヨ」とか狭義の「ツクシ」とかいう名と同様に取り扱われた例はほかには見えないようであり、また『古事記』の神代の巻においても、「ヒムカ」という名はいわゆる皇孫降臨の話などにおいてあらわれてくるが、「クマソの国」という名はこ こばかりに見えるものである。もともと、ツクシに四面があるということは『古事記』だけの説であって、『日本書紀』にもその注の多くの「一書」にも見えないから、この説ははじめからの『旧辞』にあったのではなく、あとになって何人かの手によって増補せられたものが、阿礼の誦んだ『旧辞』にのみ記されていたのであろう。単にツクシの島を生むというよりも話が精密になっているだけ、一歩進んだ思想の所産であることが知られる。そして「ヒムカ」の名の神代史に見えることとは記紀のいずれにおいても共通であるから、これははじめから神代の物語にあったことであろう。さすれば、クマソの国をヒの国やトヨ国と同様に見るのは、そのクマソという勢力の滅びてから多くの年月を経たのちに記述せられた物語の上だけのことではあるまいか。もしそうとすれば、事実としてのクマソの範囲を考えるには、この物語の説をそのまま当てはめるわけにはゆかぬかもしれぬ。しかし、それはそれとしておいて、次に『古事記』のこの条に「クマソの国」とある「国」の語がいかなる意義に用いられているかを、一応考えてみねばならぬ。

さてここに「クマソの国」とあって「ヒムカの国」としてないところを見ると、これは国郡制置の前に書かれたものらしいが、同じ時代に「国」といわれていたものには、いわゆるクニノキミ（国造）の支配しているクニ（国）がある。しかしこれはアガタヌシ（県主）の管治している「アガタ」（県）や、「イナギ」（稲置）とか「ワケ」（別）とかいう名称の領主を有する小さい地方的勢力と相並んで、互いに独立していたものであり、その区域も狭いのが常であるから、ツクシ（広義）が四つに分かれているという意義での「国」が国造の「国」でないことは疑いがあるまい。さすれば、それがもし国郡制置の前に書かれたものであるならば、広い地方を総称する漠然たる名称であって、必ずしも政治的もしくは行政的区画の意義をもっていないものとしなければなるまい。

さて、この用語例はクマソのほかの三国について明らかに知ることができる。たとえば一方にウサの国造（神武紀巻首）がありながら、そのウサが「トヨ国のウサ」とも記されているのを見ると、このトヨ国は、ウサの国造の領地であるウサの国をも含んでいる広い地方の汎称であることが知られよう。そして別にトヨ国の直が豊前国の中津郡中臣村にいたように書いてある『豊後風土記』の記載が、よし事実を伝えたものであるとしても、このトヨ国の直の管治するトヨ国の区域は狭いものであって、たとえばウサの国造の領地などをば含んではいなかったろう。ツクシのイトの県（仲哀紀八年の条、『古事記』にはイトの村とある）やナの県はツクシ（狭義）の中にある県であって、それらの県はずっとのちまで存在していたであろうに、別にツクシの国造イワイがあるのも、それらの県主と相並んでいる国造の領土としてのツクシ(狭義のツクシよりもっと狭いもの）がイトやナのほかにあるとともに、ツクシ（狭義）がイトやナの県を含む広い地方名であることを示すものであろう。これはあたかも『古事記』の垂仁の巻に見えるヲハリの国のミヌの別のヲハリの国と、景行の巻にあるヲハリの国造のヲハリの国との関係と、同一である。また「メッラの国」（マツラの国）という語が神功紀に見えるが、この国はのちに肥前国の管内になったことから考えると、ヒの国に含まれていたかと思われる（『古事記』の仲哀の巻には「ツクシのマツラの県」とあるが、これは新羅からの還幸の記事であるから、ツクシは広義に用いられているものと見られる）。

さて、「ツクシ」「トヨ」「ヒ」などの名が、やや広い地方の漠然たる称呼として用いられていたことは、以上の考説でわかった。が、すでに漠然たる名称だとすれば、その区域は必ずしも明確でなかったに違いない（したがって国郡制置後のツクシすなわち筑前筑後、トヨすなわち豊前豊後、ヒすなわち肥前肥後という三国の区画によって、それより前に「ツクシ」「トヨ」「ヒ」と呼ばれていた地域を精密に推し当てることは、妥当ではなかろう）。またすべての土地がこういう名称で区分せられていたと見るべきものでもなかろう（だからトヨ国が主として豊前地方、ヒが肥前方面であって、豊後や肥後にはそういう地方名がなかったとしても、怪しむには足らぬ）。『古事記』の物語の記者はただ世間に漠然用いられている地方名を漠然とって、それが地方的区画の名ででもあるように、文字の上だけで書きなしたにすぎなかろう。

こう考えてくると、これらの三国と同様に取り扱われているクマソの国も、やはり漠然たる意味で用いられたまでのことであろう。言い換えると、物語の記者も、明確なる境域などを考えてはいなかったに違いない。だからこの点から見ても、この話でクマソに関する確かな概念は得られないことになる。ただ、広義のツクシの南半がクマソと何様かの因縁をもっているということが、それによって推測し得られるだけのことである。

そこで次には方面を変えて、「クマソ」という名の由来を考えてみる。まず記紀を調べてみると、『日本書紀』の神代紀のいわゆる皇孫降臨の条に「襲之高千穂峯」ということがある。「一書」として注に引いてあるものには「襲之高千穂槵日二上峯天浮橋」とも「襲之高千穂添山峯」ともある。「高千穂」が何を指すにせよ、「襲」すなわち「ソ」という地名があったことはこれで推測せられる。また景行紀に見える天皇の巡幸記事の中にも「朕聞之、襲国有厚鹿文迮鹿文者、是両人熊襲是渠帥者也」（＊熊襲に厚鹿文（あつかや）と迮鹿文（さかや）というものがあって、これは熊襲の族長だと朕は耳にした）とも「悉平襲国」（＊ことごとく襲国を平らげた）ともある。そしてこのソの平定は、天皇がヒムカの国におられてのこととしてある。だから『日本書紀』の神代史や景行天皇巡幸の物語が書かれたときには、「ソ」という名でヤマトの朝廷に知られていた土地があったことは明らかである。ただし景行紀の「襲国」は、「悉平襲国」が「殺熊襲梟帥」の結果となっていて、また「討熊襲」に照応するものであることを思うと、「熊襲」と同じ意義に使ってあるから、これはあるいは熊襲国の「熊」が抜け落ちたのかもしれず、現に集解の著者はそう決めている。

が、「襲国有厚鹿文迮鹿文者、是両人熊襲是渠帥者也」というのは文章としては極めて拙（つたな）い。それからこの物語において「ソ」とある二つの場合にはいずれも下に「国」の字がついていて、「クマソ」とあるときにはいつもそれがない（もっとも次のヤマトタケルの命の物語及び神功紀には「熊襲国」とあって、それを誤りだと推すべき理由はないから、このことは強い論拠にはならぬ）。

が、それはともかくもとして、同じ景行紀の皇子の名を列挙してある条にも、ヒムカのカミナガオホタネという妃の所生としてヒムカのソツヒコの皇子の名、また別の妃としてソのタケヒメという名を記してあって、この「ソ」も（景行天皇に関したことであるところから考えると）地名の「ソ」から来たものであろうから、『日本書紀』のこの巡幸物語の記者はこの場合にも「クマソ」といわずして「ソ」といったかもしれない。だから、単に「脱熊字」とすべきものかもしらぬが、そう片づけるだけの充分な理由はない（何故に「ソ」と「クマソ」とが同じ意義に用いられているかはあとの問題として）。なお『古事記』には、神代の巻にも景行の巻にも、単に「ソ」としてあるところは一つもなく、『古事記』とほぼ同様の記載を有する『日本書紀』の「一書」にも、タカチホをソにあるとは書いてない。また景行天皇の妃や皇子にも、ここに引用した名は『古事記』にはまったく見えていない。だから以上の話はすべて『日本書紀』においてのことである。

さて、この「ソ」とはどこかというと、『続日本紀』（巻五元明紀）の和銅三年のところに「日向隼人曾君」云々という記事があって、この「曾」はすなわち「襲」であることが推測せられるが、そうすると前に述べた大隅分国の記事の「贈於」がすなわちそれにあたるらしい。ところが『肥前風土記』の巻首や『豊後風土記』の日田郡の条には、オホタラシヒコ（景行）天皇の征討せられたクマソを「球磨贈於」または「玖磨囎唹」と書いてある。これを見ると、これらの風土記の書かれた奈良朝時代には、クマソの「ソ」は「日向の贈於」だと考えられていたようであるが、これはたぶん昔から受け継がれてきた知識であろう。『播磨風土記』の印南郡のところには「久麻曾」とあるが、この「曾」の字は前に引いた『続日本紀』の記事にも見えるものであり、やはり贈於のことである。

さて、クマソの「ソ」はほぼこれでわかった。しからば「クマ」は何かというと、前に引いた風土記などに「球磨」が肥後の南部、球磨川の流域の地名として用いられている文字であることを思うと、風土記の作者はクマソの「クマ」をこの土地の名として考えていたらしく、そしてそれはやはり「ソ」について述べたと同様、上代からの知識が受け継がれたものと思われる。

景行紀に、天皇がソを平らげられたあと、コユからヒナモリを経てクマの県に行かれ、それからアシキタ（＊熊本県芦北町）へ出られた、という話があって、そのクマには熊襲の「熊」の字があててあるが、それがやはり同じ今の肥後の球磨郡であることは、この道筋から推測せられる。ちなみにヒナモリは『延喜式』兵部省の巻の駅伝の条に見えているが、前後の駅名から考えると、『大日本地名辞書』（＊吉田東伍著）に今の西諸県郡（にしもろかた）小林付近（＊宮崎県小林市）としてあるのは、動かぬ擬定であろう。

ともかく、「クマ」は一般に「ソ」と結びつけて考えられ、あるいは呼ばれていたほど、互いに接近したところらしい。「ソ」の上に「クマ」が加えられてあるところから、それは「ソ」に対する形容詞だという考えがあって、本居宣長は『古事記伝』（巻五）においてこの説を主張し、勇猛の意をあらわしたものだといっている。仲哀紀にクマワニ、神功紀にクマワシという人の名があって、この「クマ」は「ワニ」「ワシ」の形容詞らしくも見え、神代紀の「一書」に、トヨタマヒメが八尋（やひろ）（＊一尋は約一・八メートル）の大熊鰐（おおくまわに）になられた、と書いてもあるから、この説にも一応は根拠がありそうに見えるが、「ソ」は地名であるから、その上に「強い」という形容詞を加えることは肯いがたい。なお地名に「クマ」という語のついているところは所々にあって、とくに九州には甚だ多いが、それはあるいは地形、地貌などにおいて何か共通の点があるのかもしれぬ。それを考えるのは種々の点から興味のあることであるが、しかしここではそれまで考えるに及ぶまい。

さて、「クマ」と「ソ」とが結合して「クマソ」という一つの名らしくヤマトの朝廷で用いられたのは、現にクマやソに交渉のあった時代には、この二つは別々の土地もしくは別々の勢力として考えられていたのが、事変の遠く消え去ったあと、その話が伝説化せられるにあたって、一つに結びつけられたのではないかとも考えられる。『日本書紀』に「クマソ」と「ソ」とが同意義に用いられているのも、こういうところから来た混乱かもしれぬ。が、その反対に、「クマソ」という名が早くからツクシ方面に行なわれていて、ヤマトの朝廷ではそれをそのままに継承したのであり、ソとクマが別の土地もしくは別の勢力であるということは、のちにこの地方がヤマト朝廷に帰服してからわかったものかとも考えられるから、一概に決めてしまうわけにはゆかぬ。もし、後者であるとすれば、「クマソ」という名のできたのは、ある時期においてクマとソとが最も密接なる関係をもってからのことであろう。「アルザス・ロレーヌ」（＊独仏国境）といったり「むくり・こくり」（＊博多に来襲した蒙古・高句麗軍）といったりするように、同一の事情の下にある隣接地、あるいは共同にはたらいた二つの勢力を連称することは、怪しむに足るまい。さらに一歩を進めて考えると、この二つは、その中の一つがまったく滅びたか、または他に服属したか、いずれかの関係において、一つの政治的勢力に結合せられていたのかもしれない。

さて、「クマソ」の名義の由来に関する上記の二条の可否はしばらく後回しにして、この名によって示される勢力は、単にクマとソとの地方に限られていたかというに、それが上代においてあれほどに名高く、そうしてこの方面においてヤマトの朝廷に服従しないものの代表者である如く伝えられていたことから考えると、もっと広い地域にその威力を及ぼしていたらしく思われる。その状態については種々に想像せられるが、『魏志』によって三世紀頃の形勢を見ると、クマソの付近にも幾多の小君主、土豪が割拠していて、そうしてあたかも邪馬台の卑弥呼の如くその上に君臨していたものがあったでもあろうから、ヤマトの朝廷がはじめてこの地方と直接もしくは間接に接触を生じたとき（早くとも四世紀に入ってからのち）にはクマソ、またはその中心勢力となっていたクマもしくはソがちょうどそういう地位にいたかとも臆測せられる。卑弥呼の頃にそれに対抗していたという狗奴(くな)国がこのときまで存続していたとすれば、それはあるいはこの勢力であったかもしれぬ。「狗奴」という名がどこかの土地に明らかに擬定せられない以上、断言はしかねるが、そう想像せられないでもない。

それならば、クマソの勢力の及んでいた範囲はどれほどであったろうか、という問題が生ずる。ところが、『日本書紀』の景行天皇のツクシ巡幸及びクマソ征討の物語においては、クマソの勢力が（『古事記』のオホヤシマ生成の段のクマソの国と同様）ほぼのちの日向国、すなわち今日の日向、大隅、薩摩を含む地方として見られているらしい。そこで、次にはその物語を検(しら)べてみる。

三　景行天皇に関する物語

まず巡幸の道筋を考えてみる。天皇はスハウ（周防）のサハの行宮から諸将を派遣して、トヨ国の諸豪を綏服討伐せしめられた。シツ山（今日のどこか明らかにわからぬ）の付近にいるらしいカミカシヒメはいち早く帰順した。ウサ川（大分の駅館川であろう）のハナタリ、ミケ川（今の山国川であろう）のミミタリ、タカハ川（遠賀川一支流で田川郡を流れるものであろう）のアサハギ、及びミドリノ川（不明）のツチヲリイヲリ、という土豪は、誅伐せられた。それから、天皇は豊前国のナガヲ（＊長峡）に赴かれた。ナガヲはミヤコだとあるから、今の京都郡（＊福岡県）であろう。次にオホキタに行かれ、次にハヤミに行かれた。

ここに疑問がある。地理上の順序からいうと、ハヤミが前でオホキタは後でなければならぬ。本文には「到碩田国、其地形広大亦麗、因名碩田也、到速見邑、有女人曰速津媛、為一処之長……自奉迎之」とある。ハヤミがオホキタの一部分であるならば、これでも地理に合わないこともないが、他の例から考えてそうは思われぬ（前に豊前国とあり、後に日向国、筑紫後国などとある「国」は国郡制定後の行政区画の名であって、ここのオホキタの国、または後のソの国、アソの国、ヤメの国、などの「国」はそれとは違う。国郡制定前に国とあり邑とあるのも、その間に必ずしも従属的関係はない）。のみならず、同じく「到」の字を用いてあることから見ても、そう解釈するのは無理である（この物語には、次々の駐蹕地に行かれることを、順路に従ってみな「到」としてある）。だからこれは、物語の道筋の順序に地理上の誤りがあると見るほうが妥当であろう。『豊後風土記』の景行天皇巡幸に関する物語には、『日本書紀』の文をそのまま採ってあるにかかわらず、ハヤツヒメの奉迎を大分（すなわち碩田）郡の南の海部郡でのこととし、また天皇がスハウのサハから海路すぐに海部郡に向かわれたようになっているが、記事は速見郡の条下に書いてある上に、ハヤミの地名の由来としてハヤツヒメの名を用いていて、書き方が甚だ曖昧である。これは、風土記だけに『日本書紀』の地理の誤謬に気がついて、それをごまかそうとしたために、かえって一層の混雑を来たしたのではあるまいか。もっとも、風土記の大分郡の条には、ミヤコの行宮から大分郡に行幸せられたように書いてあって、そこは『日本書紀』と同様であるが、日田郡の条には、天皇がツクシ巡幸の帰路に筑後からこの郡に入られたようにしてあるから、風土記の記者はオホキタの巡幸をそのときのことにしようとしたのかもしれぬ。が、それにしても混乱は免れぬ。あるいはまたそれほどの統一した考えもなしに、漫然と書いたものかもしれぬ。なおハヤツヒメの奏上に、「此山」に石窟があり、そこに土蜘蛛がいる、とあって、「此山」の「此」は文章の上からはハヤミと解しなければならぬが、あとの記事によると、それはイナバ川付近らしい。イナバ川は次にいうようにナホイリ地方にあるから、ここにも地理の混乱がある。また風土記の記載は、「山」の字がないだけでほかは『日本書紀』と同じであるが、ただそれが海部郡のこととなっているから、「此」は海部郡を指したものとしなければなるまい。いよいよ奇である（シナのいわゆる正史においては、史料となった一つの記録をほしいままに節略したり、また種々の史料の文章を不用意に継ぎ合わせたりしたために、指すところのない代名詞があらわれたり、連絡のしどろな文章ができあがったりする例が少なくないが、ここの文章の意義の混乱は、そういうようなことから来ているとは思われない）。

それから進んでクタミというところに行宮を設け、ツバキの市で兵器をつくって、イナバ川付近のチタで石室の土蜘蛛を討伐し、進んでネギ野（＊大分県竹田市）というところの土蜘蛛を討平せられた。ネギ野はナホイリの県にある、といってある。クタミは『日本書紀』には来田見の文字が用いてあるが、風土記直入郡の条には球覃とあり、郡（郡家の意であろう）の北としてある。また朽網とも書いてある。球覃峯というのもあって、それは郡南とあるが「南」は「北」の誤りであろう。今の大船山がそれであることは、火山としてある記事から証せられる。またイナバ川は、今もその名があって、大野川の一支川の上流であり、クタミの南を流れている。ネギ野は風土記に、郡の南の柏原郷の南にあると見えるから、クタミからイナバ川を経て南にあるようになっている『日本書紀』の記載に合う。なおネギ野征討のとき、天皇が一旦退いてキバラに帰られたとあるが、今もクタミの南にキバルというところがあるから、これも地理上の順序が実際に適っている。ただし『日本書紀』によれば、ツバキの市はクタミとイナバ川との中間である、と見るのが自然であり、チタはイナバ川の畔（ほとり）としてあるのに、風土記には直入郡の東方にある大野郡にこの二つを入れて、並（とも）に郡の南にあると書いてあるから、クタミともイナバ川ともよほどの距離があって、ここに『日本書紀』の記載と実際の地理との第二の齟齬がある。これはあるいは風土記の錯簡であって、ツバキの市もチタも本来は直入郡の条にあったものだろうという説もあるが、古く『釈日本紀』に引いてあるのもやはりこうなっているのみならず、この二つを除くと大野郡の記事は網磯野（あみしの）一つになり、またその記事の書き出しが「同天皇」云々となっていて、それは海石榴（つばき）市及び血田の条の「昔者纏向（まきむく）日代宮御宇天皇」（＊景行天皇）に応ずるものでなければならぬから、これを錯簡と見ることは難しかろう。そうして吉田東伍氏の『大日本地名辞書』によると、鎌倉時代の文書に、大野郡に属する緒方庄の内に智田という名が見える、とのことであるから、これが昔のチタの名残りではなかろうか。ツバキの市の所在は今はわからぬが、この名は昔実際あったものであろう（大和の初瀬の付近にも同じ名のところがあって、『万葉集』などにも見えているが、市のたったところだとすれば、かなり交通の便のよいところであったろう）。土地の所在に関しては風土記のほうが信用せられるであろうから、『日本書紀』の物語には地理上の錯誤があると見なければなるまい。なお『日本書紀』には、天皇がはじめ賊を討とうとしてカシハラの大野に宿られたときのこととして、大きな石を柏の葉の如く踏み上げられたからその石をホミシという、という話があるが、風土記には蹶石（フミシであろう）野を柏原郡の中にあるとしてある。『日本書紀』の記事ではどこのことか判然としないが、この賊がネギ野の土蜘蛛をいうのであるならば、風土記の記載と必ずしも矛盾しない。フミシ野はネギ野の北にあるべきはずだからである。

さて本筋に立ち帰っていうと、天皇はそれからヒムカの国に入られ、そこで数カ月を費やして、クマソもしくはソの国を平定せられた。このときの行宮、いわゆるタカヤの宮の所在地が今日の日向地方であるということは、豊後方面からすぐにそこに進まれたということと、クマソもしくはソの平定ののち、コユの県に行幸せられたということとで、明らかである。さてコユの県では、日の出るほうに向いているというので、ヒムカ（日向）という国名をはじめて定められたという。

それから再び出立せられて、まずヒナモリを経てクマの県へ行かれた。この道筋は上に述べた通りであるから、今の西諸県郡の野尻川の渓谷から（たぶん薩摩へ流れる真幸川の上流を経て）肥後の球磨郡人吉地方へ出られた、というのであろう。さてここまではよいが、その先に行って第三の地理上の錯誤があらわれる。それは、クマの県の経略を終えられたあとに「自海路泊於葦北小島」と書いてあることである。この葦北小島は、このとき清水が湧き出たので天皇がミヅシマという名を与えられた、という話がそれにあるから、球磨川の河口にあってアシキタの北端をなす水島であろう。さすれば、クマから球磨川の河口へ出られたというのであるが、その間を海路によられるはずがない。とくにクマに到着せられたのは甲子で、それからその地の経略があって、壬申に海路から出かけられたとしてあるから（行文が曖昧であるから、壬申は水島着御の日と解釈すべきものかもしれぬ）、この間の日数は極めて少ない。したがって物語の記者は、クマから何処かの陸路を経由して、水島よりも南方のアシキタの海岸に出られ、そこから海路水島に行かれたと考えたのではなく、クマがすぐに海に面しているように思っていたらしい。だからこれも、物語の地理と実際とが齟齬しているものと見なければならぬ。

不知火海を望む熊本県三角半島に建つ景行天皇巡行碑

それから、暗夜海路を進んでヤツシロ（＊八代）へ上陸せられたが、このとき人の焚かない不思議な火を目標にして進まれたので、ヒの国という名を与えられたという話がある（この火は海上から見えた陸上の火であって、海上の火ではない）。それからタカク（高来）に渡り、またタマキナ（玉名）に渡り、それからずっと内地へ入ってアソ（＊阿蘇）の国へ行き、また立ち帰って海に近い筑後のミケ（三池）へ出、それから東へ進んでヤメ（八女）、イクハ（浮羽）に行かれた、というので、ここで巡幸の話は終わっている。

さてこの物語は、果たして事実として見るべきものであろうか。それについて第一に考うべきことは、前に述べた如く地理上の錯誤の多いことである。これは、この物語が事実の記録として信じにくいことの一つである。事実の記録においても誤謬はありがちであるが、これは少しく誤りが多すぎる。そうしてその誤りの第一と第三とは、机上において地理的知識の明確でない遠方の地名をつなぎ合わせる場合に、生じがちな性質のものである。第二に、この物語を構成する種々の説話は、主として地名を説明するためにつくられたものである。土地が広いというオホキタ、海石榴の木で兵器をつくったというツバキの市、土蜘蛛が誅伐せられたときに血が流れたからだというチタ、石を踏み飛ばされたホミシ、日の出のほうに向かうヒムカの国、水の湧き出るミヅシマ、火の見えたヒの国、アソツヒコ・アソツヒメがいるからというアソ、大きい木があるというミケ（＊御木）、ヤメツヒメがいるからというヤメ、盞(さかずき)を忘れたからというイクハ（＊浮羽は盃のこと）、など、巡幸の道筋の主要なる土地にみなこの地名説話がある（『豊後風土記』は、上に述べた如くハヤミにもこういう説話を結びつけている）。ヒムカというのも、コユの県のどこかにそういう地名のあることがヤマトの朝廷にも知られていたので、音声の類似から「日に向かう」という説明をそれに加えたのであろう（ヒムカの名は広い地域にも適用せられているが、その本地はコユの県付近であったことが、この説話のつくられていることによって知られる）。そうして、この種の説話を除けば、物語の大部分が空虚になる。この地名説話が事実と見なすべきものでないことは、少しく古今東西の地名に関する伝説を覗い知ったものの、何人も首肯するところであろう（前章に述べた神功紀の御笠が風に踏み堕されたからカサだの、御心が安まったからヤスだの、また皇子を生まれたからウミだの、というのも、これと同じである。またツヌガやミマナの説話についても、前に述べておいた）。そうしてヒの国の名の起源について、『肥前風土記』に、空から火が下りてきたからだ、というまったく別の話のあるのは、前に述べた如くツヌガに二つの物語があり、また『肥前風土記』の佐嘉（さが）郡の名の説明に二つの話を挙げてあるのと同様、一つの地名に種々の説話がつくられ得ることを示すものであり、なお大木の物語が同じく『肥前風土記』に佐嘉郡の名の説明として用いられているのは、チタと同じ話が神武紀のウダのチハラにも適用せられ、神功紀のヤスと同じ説明が『出雲風土記』の安来郷に用いられているような例とともに、一つの説話が所々の土地に結合せられ得ることを示すものである（『釈日本紀』巻八に引いてある『播磨風土記』にも、明石駅家駒手御井（あかしのうまやこまでのみい）について同じような大木伝説があるが、これは地名説話として用いられているかどうか、引用してあるだけのところでは不明である。『古事記』の仁徳の巻の大木の話も地名には結びつけてない。なおついでにいうが、神功紀に見えるカサの地名の説話と似た話が、『新撰姓氏録』巻五においては笠朝臣の氏の起源として用いてある。

地名の起源を説くのも、人の名や家の名の起源を説くのも、同じ心理から出ている）。こう考えてくると、前に地理上の錯誤があるといった中の第二は、ツバキの市とチタとの名が、ちょうどああいう説話をつくって戦争の物語に挿入するに都合がよかったため、深く僻地の地理の実際を考えずに、ヤマトの朝廷の物語記者が机の上で、クタミやイナバ川に結びつけたから起ったことだろう、と思われる。

第三には、人名に地名をそのまま用いたもののあることである。ハヤミのハヤツヒメ、ヒナモリのエヒナモリ・オトヒナモリ、クマのエクマ・オトクマ、アソのアソツヒコ・アソツヒメ、ヤメのヤメツヒメ、などがそれであって、ハヤツヒメ、アソツヒコ・アソツヒメ、ヤメツヒメ、などは人名から地名が起こったという説話とは反対に、事実は地名が人名のもとであり、そうしてこういう人名は、もちろん、実在の人物の名とは思われぬ。モロアガタの君のイヅミヒメ（＊泉媛）という名も、応神天皇の妃としてヒムカのイヅミのナガヒメというのがあることから考えると、やはり地名からつくられたのであろう。だからこれらの人名は、ヤマトの朝廷に知られている有名な土地について、物語をつくるために案出せられたものと考えられる。それがどこの土地にも行きわたっているのは、この故であろう。歴史的事実の記録たることが疑いのない、また実在の人物たることの明白な場合には、こういう名のないことを考えるがよい。それから、ここに挙げた例でも見られる如く、人名には二人ずつ連称せられるようにできているものが多い。これは地名からつくったもののみでなく、その他の場合でも同様であって、クマソにアツカヤ・セカヤの二人の酋長があり、それにイチフカヤ・イチカヤの二女があるというなどは、このことの最もよい例である。二女の父が二人の酋長のどちらであるか、わからないところに、人が二人ずつある、ということが主なる着想であって、父子の関係などは顧慮せられなかったことが、見られる。そうしてこういう人物は歴史上の存在ではなくして、架空のものと見なければならぬ。ハナタリ・ミミタリというようなものもあって、まったく所を異にしてその間に何らの関係のない二人の酋長に、こんな名のつけられたのが、実在の人物を指したものでないことを示している。ツチヲリイヲリ（＊土折猪折）というのは一人の名になっているが、これは二人に分化する可能性をもっている。神武紀に、カタイまたカタタチという地名のあることを参照するがよい。もっとも、ハヤミヒメのように一人のもの、ウチサル、ヤタ、クニマロのように三人あって連称することのできないものもあるが、少なくともその多数が連称するを得べき名を有する二人であるということは、こういう人物が実在のものでないことの明証であろう。

なお第四には、多くの兵を動かさば百姓の害であるというので、鋒刃の威を仮らずしてクマソを平らげようとせられたという話、クマソの酋長の二女を陽に（＊うわべでは）寵し、姉のほうのイチフカヤの計を用いて酋長を殺させておきながら、その女の不孝を悪（にく）んでこれを誅せられたという話が、シナ思想によったものであることを、考えねばならぬ。また第五には、ヒムカでヤマトを憶うて詠まれたという歌が、『古事記』ではヤマトタケルの命のイセでの詠として載せられ、しかもそれが決して遠方にいて故郷を思う歌とは見えぬこと、また決して一首の歌として見るべきものでないことを、注意しなければならぬ。これは本来無関係な歌が、甲の話にも乙の話にも結びつけられる一例であって、『古事記』の仁徳の巻に見える歌が、『丹後風土記』で浦島物語に適用せられている、と同じようなことである。

こう考えてくると、この物語を構成する種々の説話は、決して事実の記録でないことが知られよう。そう思えば、トヨ国のミヤコに行宮が設けられたというのも、ミヤコの地名から起こった話であるらしい。ナガヲの県の名が別（＊大阪市）にあるが、この県がすなわちミヤコであるとは限られず、二者の指すところに範囲の広狭があるとも解せられる（ミヤコという語は皇都という意義には限らぬ。一体に古い地名には意義のわからぬのが多いことを考えねばならぬ）。

ところで、この物語の本旨は一体どこにあるだろうかというと、物語の最初に「熊襲反之、不朝貢」と言い出してあること、とくに「議討熊襲」と筆を起こし、「悉平襲国」と結んで、クマソ（もしくはソ）の征伐の記事には特殊の注意がしてあることを考えると、この物語の中心観念はクマソの征伐であることがわかる（『日本書紀』の記載では、豊前、豊後地方における幾多の土豪に対する経略が、十二年の九月、十月の二カ月間とせられ、肥後、筑後地方の豪族征伐として、ヒナモリから出立してイクハに行かれるまでの時日も、十八年の三月から八月までの六カ月間となっているのに、クマソの平定は十二年の十二月から十三年の五月までかかり、クマソの征討、及びその地方の綏撫と密接の関係があるべきヒムカの国の滞在が、十二年の十一月から十八年の三月までの長年月とせられているので、これもまたこの物語の主旨がクマソの征討にあることの一証であるようにも見えるが、しかしこの年月の記述は、物語の原形にあったものかどうか、問題であろう）。しかるに、その征伐の方法は、女の詭計を用いて酔っている間にクマソの酋長を殺した、というのであって、それもヤマトタケルの命のクマソ征討物語と同工異曲であり、前のは後のから転化したものとして説明することができる。決して歴史的事件の記録らしくはない。またヒムカの国の行宮のタカヤの宮の名は、『日本書紀』の神代巻に見えるホホデミの命の御陵の名のタカヤ山と同じであるが、これも、記者の脳裏においてこの二者の間に一種の連想があったことを示すものではあるまいか。

しからばこの物語において、クマソそのものはどう見られているか、どれだけの勢力をもっていたものとしてあるかというに、天皇が、ヒムカの国に入られてからその征討に着手せられ、それを平らげられてから、ヒムカの国造の祖を生んだミハカシヒメを妃とせられた、という話を思い、そうしてそれに、やはりクマソ平定ののちコユの県においてヒムカの国名を与えられた、としてあることを参照すると、ヒムカの本地たる今の日向地方、少なくともコユやモロアガタの方面は、クマソに属していたように物語の記者は考えていたのであろう。もっとも『日本書紀』の文面だけでは必ずしもこう解釈しなくてもよいので、今の日向地方は征討の策源地（＊後方基地）とせられたのみであって、クマソの領土ではなく、そうしてそれは前からすでに朝廷に帰服していたのだ、といえばいわれないこともない。けれども物語の記者の心理を推測すると、これはクマソを考えるにあたって、第一にまた（＊ふたたび）力強くヒムカの観念があらわれてきたことを示すものであって、それはすなわちヒムカを昔のクマソの地と思っていたからであろう。そうして、神功皇后の新羅遠征にしても、ヤマトタケルの命のエミシ征服にしても、みなその本国、その領土の内に進まれたように語られているのは、かかる場合の作者の思想の傾向を見るに足るものであろう。そうして、ソの名称の起源がのちに大隅国に入った贈於郡地方であるとすれば、またその大隅地方がのちまでも日向国の一部であったとすれば、それらのことも記者の知識にはあったであろうから、この物語では、クマソが少なくとも今の日向大隅地方の諸豪族を統治する、大勢力としてあることが推測せられる。こう考えて、豊前の南部及び豊後地方にミミタリ・ハナタリ、ツチヲリイヲリ、アヲ、シロ、ウチサル、ヤタ、クニマロ等の幾多の土蜘蛛がい、肥後及び筑後の南部地方には、ツツラ、アソツヒコ・アソツヒメ、ヤメ等の幾多の土豪があって、それぞれ独立の勢力を有し、しかもその多くは反抗者とせられているのに、この広い日向大隅地方には、ヒナモリとモロアガタとの酋長の名があるのみで、それもはじめから服従者として取り扱われていることを思うと、この地方はクマソという一つの勢力として、物語の記者の思想に存在していたことが、推測せられる（事実としては、この方面にもクマソタケルに服従している幾多の小首長があったでもあろうが、ここでいうのは物語の記者の思想のことである。もっとも物語にも「クマソのヤソタケル」という語はあるが、これは神武紀にも「シキのヤソタケル」とあると同様、酋長の同類が多いという意義のことであって、酋長に属する地方的小君主が多いというようなことではなく、また特殊の事実に基づいた観念をあらわすものではなくして、物語としての通有の語である）。また今の薩摩の地方もおそらくはクマソに含まれたものとして見られていたであろう。というのは、クマソ征討の前後に天皇が豊前の南部、豊後、肥後、筑後の地方を巡幸し、諸所を経略平定せられたようにしてあるのに、大隅、薩摩の地方がそれに漏れているのは、クマソの征討にその方面の平定が含まれているからだ、と見なされるからである。ところが、こういってくると、おのずからふたたび前に述べたソの国の問題に逢着しなければならぬ。それはこの物語ではクマソの経略のほかにクマの征服があるからである。上文（＊前節）には混雑を避けるために、便宜上、本文の示す如くクマソとソとをやや曖昧な態度で同一視して述べてきたが、ここに至ってふたたびそれを明確にしなければならなくなった。そうして、それはまたおのずから、前のクマソの名義の由来について述べた二案の可否ということに関連してくる。

さて『日本書紀』の「襲」と書いてあるのが、もし「熊襲」の誤りでないとすれば、ソはクマソとまったく同じ意義に用いられているのであるから、物語の記者はクマソとソとを同一視していたのであろう。けれども、ソの平定とは別にクマの経略をも書いているのは、それと矛盾するようである。そこで、これはどう解釈すべきものかと考えてみなければならぬ。このソとクマとの並立が、もし古い材料から間接に伝えられたことだとすれば、事実上ソとクマとは別のものとして経略せられ、のちにそれが伝説化せられるようになって、二つの勢力がクマソという汎称のもとに結合せられたのだ、と考えられなくはなく、そうして、『日本書紀』もしくはその直接の材料となったものにおいては、この伝説的称呼と歴史的の名称とが記者の脳裏で混同せられたために、クマソとソとをある場合に同一視したのであろう、と思えば思われる。が、単にソと書いてあるところが『古事記』のほうには一つもないということは、この名の物語にあらわれたのがむしろ新しいことを暗示するものだ、ともいえばいわれるし、また『日本書紀』に見えるクマとソとの状態が、その地方の経略が実際に行なわれたときのこととして伝えられたものならば、クマは一小地方的勢力であって、ソと連称せらるべきほどのものとも思われぬから、この考えにはどうも受け取りにくい点がある。それよりも、クマソという名が古くから聞き伝えられていた名であって、それがのちまでも襲用せられ、ヤマトタケルの命の物語もそれによってつくられた、と見るほうが適切であり、『日本書紀』の史料となったものに、景行天皇の物語において別にクマの経略の書かれていたのは、その記者がそういう土地のあることを知っていたために、所々の土蜘蛛の平定せられた物語をつくったと同じような考えで、その物語をつくったのであり、ソの国という名もやはり同じ事情から偶然クマソ征討の物語に紛れ込み、そのためにクマソとソとが混同して取り扱われるようになったものではあるまいか。

あるいはまた、クマとソとに限らず、一体にこの方面には多くの小君主があり、ヤマトの朝廷は漸次それらを経略したのであって、クマソというような名は、ただそういうことの行なわれたという伝説に基づいて、一つの征討物語をつくるにあたり、それらのうちのクマとソとの名前を取って、机の上でつくったものではなかろうかという疑いも起こり得る。クマソという名が物語のみにあらわれていること、クマとソとを結合してクマソということが、実際の称呼としては、やや奇異に感ぜられないでもないということ、などもその疑いを助ける。けれども、この地方の住民がハヤトとしてのちまでも特別に取り扱われていたこと、上代の物語にあれほど有名であること、またのちにいうようにこの地方の経略の時期が比較的新しく考えられること、したがってそれにはよほど頑強な抵抗力があったと推測せられること、などから考えると、その地方が政治的勢力として一団結をしていたことは事実らしいから、それを呼ぶ実際の名称は何かあったであろうと思われ、そうしてそれがあるのに、別に新しく机上で製作する必要はなかったろうから、クマソはやはり伝説的に古くから用いられた称呼として解釈するほうが、妥当であろう。

さてこう考えてくると、物語の上において一つの勢力としてあらわれているクマソは、実際やはり一つの大勢力として付近の諸豪族を統轄しているものであったろう。そうしてある時期においてヤマト朝廷がそれに対する経略を行なったことも、事実として考えてよかろう。もっとも、そのクマソの勢力の範囲がどこまであったかということは、単にこの物語の上にあらわれていることだけで決めるわけにはゆくまい。物語は、畢竟、物語だからである。前に述べたように、クマソの征討のほかにクマの経略が語られているのでも、物語の示すところをそのままに歴史的事実と見ることのできないことはわかろう。しかしクマソが広義のツクシの南部であることは、すべての形勢から推測して疑いがなかろうし、クマとソとが前に述べたような土地であることも確かであろうから、このことと、国郡制定ののちまでも今の日向大隅薩摩の地方が一国として取り扱われていた事実とを、互いに参照して考えると、大体において物語の示すところが事実として是認せられそうである。さすれば、『古事記』のオホヤシマ生成の物語において、クマソの国の名をトヨやヒや狭義のツクシやと同様に取り扱っていることが、物語の上だけの話であるにせよ、クマソという名によって示される土地がほぼ今の日向大隅薩摩の方面を含むもののようになっているのは、一般に承認せられていたことであって、それはすなわち昔の歴史的事実に基礎があるのではなかろうか（この物語においてクマソの国が挙げてある以上、別にヒムカの国のあるべからざることは、この点からも明らかであろう）。

ただクマの地方が、名称の上から見て、クマソの勢力に従属していたとすれば、今の肥後の南部もまたクマソの範囲に入っていたであろう。したがって、肥後の全体が朝廷に服従したのは、クマソの勢力の破壊せられたあとのことと見なければなるまい。肥後方面に対しては、ツクシから近い土地でもあり、海上交通の便利もあって、今の日向地方よりは比較的早く経略の手が伸びていたではあろうが、同じ海岸続きの薩摩まで及んでいないとすれば、クマソの勢力はこの方面においても、かなりに強い抵抗力を示していたのではなかろうか。物語において、クマソ親征の前後に豊後肥後の地方を主としてその付近を巡幸し、所々の土豪を征討または綏撫せられたようにしてあるのは、これらの地域が、ともすれば朝廷に服従しない土豪のすみかとして、ある時期に、朝廷から考えられていたことを示すものではなかろうか、とも思われるが、もしそうとすれば、それらのうちにはクマソの勢力と何らかの連絡のあったものがあるかもしれぬ、と考えられぬでもない。しかしこの巡幸区域中には筑後もあり豊前もあるので、それらの地方の朝廷に対する地位は、ほぼ筑前や肥前方面と一様であったことが、地理上の形勢からも推測せられ、したがってこの物語の書かれたときにおいて、とくにその地方に反抗者のあったような記憶が強く遺っていたらしくも見えないから、これはただ物語の記者の構想から出たことであろう。もっとも、巡幸区域が豊前の北部や筑前や肥前やを除いている点に、広義のツクシにおいてその北部を中部以南とは区別して取り扱っている記者の意図は覗われ、そうしてそれは、大観すれば実際の形勢から来ていることでもあろうが、物語にあらわれている区域によって的確に分界線が画せられるのではあるまい。とくにこの物語は『古事記』には見えないことであって、あとにいうようにかなり後世に撰述せられたものらしいから、なおさらこう考えられる。韓地経略の行なわれていた時代において、その大切な根拠地であるツクシの北部を側面もしくは背後からただちに脅かされるような状態に、筑後付近を放置してあったとは思われない。だから、これはクマソのと力を考える場合には、深く顧慮すべきことではなかろう。

それから、このクマソの勢力の根拠がどこであったかは、容易に判断しかねる。クマソという名は本来クマとソとから起こったので、その名がツクシ方面に伝えられたはじめには実際、クマまたはソが勢力の中心であったろうが、勢力の消長はかかる豪族の間にもあったろうから、その名は同じくクマソと呼ばれていても、実際の勢力の及ぶところ、あるいはその中心点は、時によって変動がなかったともいわれまい。そうしてクマソの平定と密接の関係のあるヒムカについて、その地名説話がコユに結びつけてあり、国郡制置のあとの日向の国府がコユにあり、その前に国造のいたところもヒムカの地名説話とのちの国府の所在とから考えると、たぶん同じコユであったらしく思われ、またモロアガタの君イヅミヒメの名が見え、のちに仁徳天皇がモロアガタの君の女カミナガヒメを妃とせられたとあるように、コユとモロアガタとが、あるいはヒムカの中心とせられ、あるいはヤマトの朝廷にもよく知られている地名らしく物語にあらわれているのを思うと、クマソ経略の当時における実際の中心は、むしろコユやモロアガタの地方ではなかったろうかとも、臆測せられる。物語においてコユやモロアガタがいかに取り扱われているかは、必ずしも深く拘泥するに足らず、またもちろん、有力な証拠とはならないのであるが、のちの事実から推してこう考えられるのである。とくに交通上の地理的形勢と古今の事蹟とによって見ると、ソの地方、すなわち今の大隅方面の経略がもし実際に行なわれたならば、それは肥後方面から進むのが順路であったように思われ、平時における行政上の交通系統も、やはり同様であったろうと思われるが、のちまでも大隅薩摩方面の政治的中心がかえって東方の日向にあり、物語においても日向が重要視せられているのは、この自然の状態に背くものであるから、それには何か特殊の理由がなくてはなるまい。そうしてそれは、やはりある時代において日向が大なる勢力の根拠地であったからではなかろうか（ついでにいうが、ヒムカの国造が、物語においてクマソの勢力範囲と考えられていたほど、広い区域に政治的勢力を及ぼしていたかどうかは、不明である。普通には国造の領地はそんなに広いものではない。ヒムカは、たとえばヒムカのソのタカチホという場合の如く、広い地方の名としても称せられ、また国造の冒す名ともなっていたが、それはあたかも地方名としてのツクシ、トヨ、などと、国造の領土としてのツクシ、トヨ、などとの範囲が違うと、同様であったろう。現に地方名としてはヒムカに包含せられていたはずのモロアガタやソなどに、君という首長があったことは、前に引用した『日本書紀』または『続日本紀』の本文で知られる。元明紀の曾君というのも、国郡制置前の地位に伴う称呼が遺っていたのであろう。ただ辺裔の地方だけに、国造とても特殊の権力を多くの小首長の上にもっていたかもしれぬ）。

しからば、そのクマソの平定はいつ頃のことかというと、それは明らかにはわからぬ。ただ大体から考えて、いかに早くとも四世紀以後であることには疑いがないが、記紀などにおいて明証は求められぬ。『日本書紀』の記載を見ると、清寧紀の四年の条に「蝦夷隼人並内附（＊服属）」とあるが、この記事は、シナのいわゆる正史において外夷の来朝を記す場合の筆法と、まったく同じであるのみならず、ハヤトをエミシと並べて書いてある点から見ても、事実の記録であるとは考えられぬ。欽明紀元年及び斉明紀元年の条にも、同じような記事があるが、斉明紀のほうには同じ年に来朝したエミシのことが月日を明らかにして詳しく書いてあるのに、そのほかに別にこういう曖昧な記事が、単にその年のこととして、見えているのは、ますますその史料としての価値を疑わせる所以である。崇神紀十一年の条に「是歳、異俗多帰（＊異勢力は帰順した）、国内安寧」という記事のあるのを参考するがよい。だから、これらの記事は且らく論外としておかねばならぬ（ハヤトとクマソとの関係はやや曖昧であるが、「日向隼人曾君」という明文もあるから、クマソの名称の一由来である贈於郡の地方の住民も、やはりハヤトと称せられていたに違いない。ハヤトはハヤヒトで「暴れもの」の義であろうから、これはクマソ地方の住民を一般に呼んだ名ではなかろうか。今の大隅の地たる贈於郡のものがハヤトといわれたのを見ると、同じくソの勢力に属し、ある時期にはその中心となっていたかと思われる今の日向地方の民も、そう呼ばれていてよいはずである。それが薩摩地方の民に特殊な名称のようになったのは、日向方面のものは漸次帰順していったのに、薩摩地方のものがのちまでも旧態を保っていたからではなかろうか。言い換えると、ハヤトの範囲が漸次奥のほうへ狭められていったのではなかろうか）。

しかし、ここに注意すべきは、神代の物語にヒムカの名が出ていることである。『日本書紀』の本文やその注の二つの「一書」には「ヒムカのソのタカチホ」というような語も見えていて、これは明らかにヒムカという名がソよりも広い地方名として用いられるようになってから書かれたものに違いないが、こう書かれない場合でも、タカチホはヒムカにあるように記されていて、皇孫がヒムカに降臨せられたという話は、記紀のいずれにも共通な物語であり、神代史の骨子をなすものであるから、それは神代史というものが記述せられた最初から存在していたものであろう。ところが、ヒムカはクマソが帰服してからあとに用いられた名としなければならぬ。ヒムカの地方がまだクマソと呼ばれる勢力に属していた時代に、広い地域の称呼としてこういう名があるはずはない。『日本書紀』がヒムカの国造の祖を景行天皇の皇子とし（このことは『古事記』にも見える）、ヒムカの名が天皇の命名であるとしたのは、例の地名説明の物語であって、歴史的事実とは認められないが、それをクマソ平定のあとのこととしたのは、極めて自然である。また名称はいずれにもせよ、神代史においてヒムカの土地が皇室の発祥地として語られているのは、神代史の形成せられたときにはクマソがすでに服属していたからに違いない。さすればいつクマソが討平せられたかを推定するには、神代史述作の時代が一つの基準になるのであるが、それは別に述べるところを俟って知られるであろう。ただあらかじめ著者の見解を述べておくならば、それは六世紀の中頃であったらしいから、クマソの服従はそれより前のことであったという推測ができるのである。もっともこういう迂曲な考え方をするまでもなく、前に説いた如く、『帝紀』『旧辞』そのものの最初の編述が六世紀頃であるとすれば、物語としてそれにあらわれているクマソの服従がそれより前のことであり、物語として語り得られるほどに、服従の事実が人の記憶に確かでなくなっているだけの時代を経過した昔のことである、ということができるが、今はそういう説き方を避けておきたい。物語の内容の上からの推論をするのが主旨だからである。

　次に今一つ参考に資すべきものは、（＊南朝の）『宋書』の倭国伝に見える昇明二年（四七八年）の倭国王武（ぶ）の上表に「自昔祖禰躬擐甲冑、跋渉山川、不遑寧処、東征毛人五十五国、西服衆夷六十六国、渡海平海北九十五国」（わが祖先は自らよろい、かぶとに身を固め山や川を進み、落ち着く暇もなかった。そのおかげで東北では毛人の五十五国を征服、九州では衆夷の六十六国を降し、さらに海を渡って朝鮮の九十五国を平らげた）とあることである。この文は、わが国の勢威を示すためにいくらか誇張した書き方がしてあるかもしれないから、それをそのまま事実を記したものと見ることは難しいが、ともかくもこういう文の書かれたのは、昔のある時代にはまだ服属していなかった西方の衆夷が、この頃にはすでにほぼ帰服していたからであろう。そうして、それはすなわちいわゆるクマソにあたるものではなかろうか。毛人云々とあったとて、事実上、エミシ全部が服属したのでないことはもちろんであり、またそれは必ずしも文字通りに中央政府自身で大征討を行なったものと見なくてもよいのであろうから、それと同じように書いてある西方の衆夷についても、こう推測することは確実な考え方とはいわれないが、奥の知れないエミシと限りのあるクマソ方面とは、すべてにおいてヤマトの朝廷に与える感じが違うから、書き方は似ていても事実に違いがあると考えるのも、まったく無理ではなかろう。さてこの昇明二年はわが雄略天皇の時代にあたるらしい（ここに衆夷とあるのは必ずしも異民族という意味ではない。次章に説くように、漢文流の文飾のために地方人を夷と称することは、同じわれわれの民族に対してでも行なわれていた。ましてこれはシナ人に誇示するための文であるから、そのつもりで見なければならぬ）。

これらのことから考えると、五世紀の中頃には、物語でクマソといわれている地方は、大体ヤマトの朝廷に帰服していた、と見てさしつかえがなかろうか。四世紀の後半において、すでにツクシの北部を根拠として、韓地に手を出すようになった以上、その南部がいつまでも放置してあった、とは思われない。あるいはまた北部の領有と同じ四世紀の前半にすでに南部をも経略した、と想像せられなくもなかろうが、北部の経略については上代の物語にまったくその痕跡がなく、クマソ征討のみが際立ってあらわれているのを見ると、その間には大なる区別があるものとして、世間にもまた物語の作者にも、考えられていたらしい。かの『古事記』に見えるオホヤシマ生成物語のツクシ四面の話において、ヒムカといわずしてクマソと称してあるのも、そこが一種特別の地として見られていたからであり、そうしてそれは、その服属が比較的新しいことであったからであろう、と考えられる。だから、それは北部三国の領有ののち、いくらかの歳月を隔ててのこと、言い換えればいかに早くとも四世紀の終わり、たぶんは五世紀の前半の頃において行なわれたことではあるまいか。『宋書』に見える上表において現になお反抗しているエミシ、経営の困難になってきた韓地と並べて、西夷を挙げてあるのも、その服属が、新しい事件として、なおヤマトの朝廷に強い印象を残していたからではあるまいか。もっとも事実としてのクマソの平定は必ずしも一時に行なわれたのではなかろうし、最も僻遠の地である薩摩地方は、五世紀頃においても充分に帰服していたか、疑わしくないでもないので、国郡制定のあとまでも、かなり特殊の状態であったことは、『日本書紀』や『続日本紀』の種々の記載から想像せられ、大宝年間（＊八世紀初め）にも叛乱が起こったほどであるが、今の日向、大隅、肥後の方面を統治している朝廷の勢力は漸次そこにも及んでいったことと思われ、いつしかヒムカの地方名の内にも包含せられるようになったであろう（『新撰姓氏録』第十三巻に允恭天皇のときに薩摩国を征せられたことが見えるが、これは『新撰姓氏録』の記載の他の例から類推すると、事実ではあるまい）。

四　概括

クマソに関する著者の所見は、これまで述べてきたところによって、ほぼその意を尽くした。そこで最初に立ち戻り記紀の物語について一言しておくが、ヤマトタケルの命のと景行天皇のとは、ともにいわゆる諸家のもたらしたところの『旧辞』のどれかによって伝わったものであろうが、景行天皇の物語は『古事記』にはまったく見えずして『日本書紀』のみにあるのであるから、稗田阿礼の誦んだ『旧辞』にはなかったのである。この事実と、ヤマトタケルの命の物語は話が単純で古い物語らしく、また前にも述べたように景行天皇の物語にあるイチフカヤのクマソタケル暗殺がヤマトタケルの命の話から脱化したもののように見えることと、この二つから考えると、景行天皇の物語はヤマトタケルの命のよりもあとにつくられたものらしい。たぶんヤマトタケルの命の物語を二重にしたのであろう（このことについては次の章に説く東夷巡幸の物語と参照するがよい）。しかし『古事記』にも『日本書紀』と同じく、ヒムカのミハカシヒメを景行天皇の妃として、またトヨクニワケの王をヒムカの国造の祖として挙げてあって、このことは天皇の親征物語と密接の関係があるらしく思われるから、『古事記』に採られた『帝紀』も、たぶん、この物語の形を成したあとにおいて増補せられたものであろう、と想像せられる（概していうと『古事記』に採られた『帝紀』は、同時に取り扱われた『旧辞』よりもあとの潤色が加わっているらしく、そうしてこのことは、『帝紀』が『旧辞』に記されているよりもあとの時代の系譜を含んでいることからも、是認せられる。なおのちにもこの例を挙げる場合があろう）。ただ『日本書紀』に見えるヒムカのカミナガオホタネとソのタケヒメとの二妃、またヒムカノソツヒコの皇子、クニチワケ、クニセワケ、の皇子などの名は、『古事記』にはない。これは、たぶん、最も遅く系譜に書き加えられたものであろう。景行天皇のクマソ征討譚がもとになって、それからつくられたものであることはいうまでもない。ソツヒコが地名をそのままにとったのであり、クニチワケ・クニセワケが連称的の名であることも、もちろんである。

しかるに、ヤマトタケルの命の話には、記紀ともに、ヒムカの国の名も出ていず、クマソがどこであるかも説いてなく、極めて漠然としているが、それはあたかも前章に述べた新羅征伐の話と同様、実際の征伐の行なわれたよりもほど経た（＊かなり経った）あとにおいて、クマソ征伐という単純な概念をもとにして、つくられたからのことであろう。が、それではあまりに茫漠としている。景行天皇の物語は是に於いてか（＊そういうわけで）つくられたのではあるまいか。しかし景行天皇がクマソを征服せられたことになったため、ヤマトタケルの命の仕事が、比較的、軽いものになり、その点でこの命の物語の精神が弱められてしまった。あとから加えられた『旧辞』の潤色には、往々こういうことがある。が、それはそれとして、この二つの物語のつくられた時代を考えるに、上に述べた歴史的事実としてのクマソ平定の時代に参照すると、ヤマトタケルの命の話は早くとも六世紀に入ってからの作らしいが、景行天皇の物語とてもその形を成した時代が国郡制置（七世紀の中頃）以前であることは、オホキタの国、アソの国、ミケの国、ヤメの県、などという地名が用いられているのでもわかる。豊前国、筑紫後国、などとあるのは、後人の添加したのか、または書き換えたのかであろう（『日本書紀』の国名の書き方は極めて乱雑である。後章にそれを考えよう）。遠隔の地方に対する天皇の親征もしくは巡幸というようなことは歴史的事実として大化以前にはその例がなく、百済救援の際における斉明天皇のツクシ行幸がこういうことの最初らしいから、この物語もそういう事例のあったあと、またそれに基づいてでなくては、構想し得られなかったのではなかろうか、とも思われるが、上記の地名が国郡制置以後に昔の状態を考証した上で書かれたものと見ることは、困難であろう（次章に述べるヤマトタケルの命のエミシ征討物語と対照するがよい）。けれども、ヤツシロにおいてヒの国の名の起源が説明せられているのを見ると、少なくともこの話のできたのは、今の肥後の地方をも一般にヒの国と称するようになったあとのことであろう。クマソの酋長の女（むすめ）の妹のほうのイチカヤをヒの国造に賜わるという話も、ヒがクマソから遠からぬところとして考えられた故らしく、したがってこれも肥後がヒと呼ばれてからのちの思想である。が、それも大化以前からのこととしてさしつかえがなかろう。敏達紀十二年（五八三年）の条に火葦北国造という称呼が見えているから、肥後地方がヒと呼ばれたのはそれよりも前からのことであろうと、一応は想像せられるようであるが、この国造の名をもっているものについての敏達紀の記載は、歴史的事実を伝えたものとは考えがたいから、この称呼もまた敏達朝の頃にあったものとは、確言しかねる。しかし『日本書紀』の書き方の一般の例から推測すると、それは架空のものではないようであり、そうしてそう考える上は、それが大化以前に存在したものであることを、称呼そのものによって、知ることができる。したがってこの称呼は、肥後地方をヒといったのが大化以前からのことである一つの証となるものである。ただし何故に肥後地方がヒの汎称の下に呼ばれるようになったかは、明らかでない。あるいは、そこにヒという名の土地があったからでもあろうか。『和名類聚抄』の肥伊郷がそれかとも思われるが、この名が古いものかどうかは、やはりわかりかねる。『肥前風土記』には八代の火邑ということがあるが、同じ話が、風土記の根拠となっている『日本書紀』の物語では豊村と書いてあって、豊はトヨの音を写したものであろうと思うから、これも物語によって（＊火邑と）改めたのではなかろうか。『日本書紀』の話はヒの国の名の説明であって、村の名には関係がないが、風土記は村の名にもこの話を結びつけようとしたものらしい。だから、果たしてヒという名の土地が、古くからあったかどうかは、実は不明である。ただ肥後地方をヒということが肥前のほうのヒとは別の由来を有するものであろう、とだけは想像せられる。そうして両方ともヒという名であるために、国郡制置の際に肥の一国とせられ、のちまた肥前・肥後に分けられたのではあるまいか。なお付言しておくが、『肥前風土記』に国名の起源を肥後の八代に求めてあるのは、『日本書紀』の話がそこにあったからであって、書物の上から来たことにすぎない。またそれに「肥前国者、本與肥後国、合為一国（＊もとは一つの国であった）」とあるのは、国郡制置以後のことであろう。それより前のこととしては無意味である。

第三章　東国及びエミシに関する物語

一　古事記の物語

ヤマトタケルの命には、西方のクマソ征討と並んで東方経略の物語がある。これは『古事記』によると「東方十二道のあらぶる神、また、まつろわぬ人ども」を平定せよとの勅命によってのことであって、「軍衆をも賜わず」ただミスキトモミミタケヒコを副えて遣わされたのである。その行程は何人も熟知している如く、まず伊勢神宮を拝してヤマトヒメの命から草薙（くさなぎ）の剣を賜わり、ヲハリを経て東に進まれたが、サガムの国ではヤキツの物語があり、ハシリミヅの海（＊浦賀水道）ではタチバナヒメ入水の説話がある。それからことごとく「あらぶるエミシども」及び「山河のあらぶる神ども」を平らげ、帰路にはアシガラを経てカヒに入られたが、それより前にツクバを通過せられたことがカヒのサカヲリの宮での有名な連歌でわかる。アシガラではかの「あづまはや」の話がある。さてシナヌを経てヲハリに還り、そこでミヤズヒメとの物語があり、草薙の剣をそこに置かれた。それからイブキに赴いて病を得、タギ、ミヘ、を経てノボヌ（＊三重県亀山市）に至って薨ぜられた。なおアシガラではそこの神が白鹿となってあらわれ、イブキではやはり神の化けたという白猪に会われ、薨後には八尋の白千鳥となって飛行せられたという話がある。ヤキツ、アヅマはもとよりイサメの清水、タギ、ミヘ、についての地名説話があることはいうまでもない。

　ところでこの物語は、それがはじめてつくられたままのものであるかというに、あとから添加せられた部分のあることの推測せられる点がある。第一に、神宮で剣を賜わったということは、神宮の建てられたあとにできた話に違いないが、神宮の建てられたのは『旧辞』の物語の一応まとめられたのちのことである。第二に、出発のときにもイセにおいてもタチバナヒメを伴われた様子がなく、とくにミヤズヒメの話はこの妃の伴われたこととは調和しがたいものであるのに、ハシリミヅの海に至って忽然として妃の名があらわれているのは、この一条の物語があとから付加せられたものであることを示すものであろう。そうしてそれが加えられたために、それにつれて「あづまはや」の話もつくり添えられたのであろう。ハシリミヅの海での物語に八重の畳という話があるとともに、七日という日の数え方のしてあるのも、数についての日本人の風尚（＊好み）とシナ人のそれとの結合せられたものである。なお第三に、「東方十二道」というような語がこの物語のはじめからあったものかどうかも問題であろう。この語はこういう物語に用いられるには明確にすぎているからである。孝徳紀二年の条に「東方八道」の語があって、その八道は八国のことらしいから、ここの十二道も十二国の義かと思われるが、国郡制置以前にこういう数え方をするのもふさわしくない。だから、少なくとも「十二道」の三字はあとから付加せられたものであろう。これらの点において『旧辞』のこの物語に変化のあった跡が見られる。

さて、東方十二道というのはどこを指したものか明らかでないが、その命を奉じて経過せられたという地方が、ほぼのちの東海道の全体及び東山道の信濃以西にあたるのであるから、東方十二道の大体の範囲は想像せられる。ただ、ヤマトタケルの命はエミシをもこのときに征討せられたことにしてあって、そのエミシはどこにいるのか不明であり、ただ前に述べた道順から考えて、ツクバよりも北方にあることとだけが想像せられるのみであるが、これは異民族であるから「東方十二道」の中には含まれていなかろう。この語は崇神の巻にも見えていて、タケヌナカハの命を「東方十二道に遣わし」、タニハとコシとに遣わされた人々と同じく「そのまつろわぬ人ども」を平定させられたとある。さすれば東方十二道は、タニハ（この場合ではたぶん、今の山陰道方面という意であろう）及びコシ（今の北陸道方面）と同様に、内地のある地方を指していったものであることがわかり、したがってそれは、エミシのような異民族の住地を含まぬことが推測せられる。そして、ヤマトタケルの命の場合の使命もこのときのと同じであることが、上に引いた『古事記』の文によって知られる。だから、ヤマトタケルの命の経略は（次にいう宗教的意義のことはしばらく別として）内地の民、すなわちわれわれの民族に対するものであって、ひと口にいうと「地方民の綏撫」というような意味であることが知られ、異民族たるエミシの平定はそのついでに行なわれたにすぎず、主要なる目的とせられていないことがわかる。ヤキツやアシガラやイブキにおいて種々の物語があるにかかわらずエミシに対しては何の話もなく、その地理的位置すら明らかになっていないのも、一つはこの故であろう。

　ところで、この物語は歴史的事実を伝えたものであるかどうかというに、その内容はやはり事実として認めがたいことが多い。地名説話はもとよりのこと、民間説話めいた白鳥の物語が、いずれも事実らしくないことはいうまでもなかろう。またとくに注意すべきは種々の宗教的分子を含んだ説話であるが、これもまた歴史的事実とは認められない。「あらぶる神」または「ちはやぶる神」という語は、政治的叛逆者に対する比喩的名称ではなくして、宗教思想の発現として見るべきものであり、それは、遷却崇神(たたりがみ)祭祝詞に、いわゆる崇神が「あらぶる神」とせられているのでも知られる。なお『肥前風土記』の基肄(きい)郡、佐嘉(さが)郡、神崎郡などの条に見える「あらぶる神」、『播磨風土記』の揖保郡の条の「人を殺す神」や『筑後風土記』の「人の命つくしの神」などのことを参考するがよい。クマソ征討の話に「山河の神」「穴門の神」などとあるのも、これと同様である。そして皇子がこのあらぶる神を平定せられたというのは、皇孫降臨の際に同じことが行なわれたとか、岩根木のたち草のかきはのものいうのが止んだとか、または星の神アマツミカボシが服従したとかいうのと同様、政治的君主としての皇室に宗教的使命があるという上代思想が、物語の形においてあらわれたものであろう。これは皇室が神を祀ったり呪術を行なったりすることによってあらぶる神を克服せられたのではなく、皇室自らの政治的権威によってそれができたというのである。イブキ山やアシガラの坂で神があらわれているのもまた、同じ思想のあらわれである。

　さて、政治的叛逆者は、この物語において明らかに「まつろわぬ人」と書いてあって、「あらぶる神」とは区別せられているのであるが、この二つがここに並べて挙げてあるのは、皇室の政治的地位には宗教的使命が伴っている、という思想に基づいている。しかしこれは思想の上のことであるから、事実の上には見られない。だからこういう物語は、歴史的事実の明らかに知られる時代になっては、記紀にもなくなっている。言い換えると、事実の記録としてではなく、物語としてのみ文献にあらわれているのである。それから、サカヲリの宮での連歌の話、またいわゆる国しぬびの歌の物語が事実譚でないことも疑いがあるまい。また火焼の翁をアヅマの国造とせられたとあるが、こういう国造が事実上あったらしくは見えぬ。国造の領土がもっと狭い範囲であることはいうまでもなかろう。

だからこの物語は、東国経略という概念を基礎にして、それからつくられた話をヤマトタケルの命に結びつけたのであって、そうせられたのはたぶんクマソ征討の物語と対立せしめるためであり、そうしてそれは東方、とくにアヅマ方面が、「クマソ」の汎称によって代表せられているツクシの南部とほぼ同じように、ヤマトの朝廷には見られていたからであろう。今の関東地方が西国に対して常に特殊の地位をもっていた後世の状態を知るものは、この推測が理由のないものでないことを肯うであろう（ついでにいう。この物語に「サガムのヤキツ」と書いてあるが、ヤキツは今の駿河の焼津らしいから、この書き方には地理上の混乱がある。これは作者の思い浮かべた土地が相模方面であったのに、ヤキツの所在が明確に知られていなかったからか、または誤ってヤキツを相模にあるように思ったからか、どちらかの偶然の事情から、こういう書き方をしたのであろう。「さがむの小野にもゆる火の」という歌を結びつけたのでも、作者が相模の土地を胸臆に描き出していたことは明らかである。今の駿河地方まで昔は「サガム」といわれていたというようなことは、自然地理上の形勢からも考えるべからざることである。そしてこのときの事件を相模地方のこととしたのは、この物語の基礎的概念として、アヅマの地方を特殊の一区域として見る考えがあったからではあるまいか）。

こう考えると、この物語の形をなしたのは、クマソ征討の話と同時であるらしい。崇神の巻にも同じ東方十二道綏撫の話のあるのは、『古事記』全体の結構からいうと重複しているようであるが、それは、タニハやコシ（及びのちにいうようにキビ）の経略とともに、内地綏撫という一つの概念に含まれていることであり、これはクマソ征討に対しての話であるから、おのずから別の組み立てに属する。

以上は『古事記』の物語についての観察であるが、『日本書紀』のほうでは大いに趣きが違っている。

二　日本書紀の物語

『日本書紀』では、ヤマトタケルの命の東方経略の意味が『古事記』とは変わっていて、その主なる目的がエミシの征討となっている。景行紀四十年の条にまずエミシの叛いたことを記し、ヤマトタケルの命に下された勅命というものにエミシの状態を詳述してあり、ノボヌで薨去せられる前にエミシの俘虜（ふりょ）を神宮に献ぜられたとあるなど、物語の始終がエミシのことになっているし、またこの征討の動機として、二十七年の条にタケウチノスクネのヒタカミの国、すなわちエミシの国についての上奏が見え、そうしてヤマトタケルの命はそのヒタカミの国を征服せられたようになっている。だから、『古事記』で東海、東山方面の綏撫が主なる目的となっているとは違って、『日本書紀』ではエミシ征討の往還路として東国を通過せられたことになる。エミシ降伏の場合に一場の物語があり、のちにいうようにそこへ行かれた道筋の記されているのも、この故であろう。要するに、『古事記』ではただエミシ征服の一事が東方経略の物語に付載せられているにすぎないのに、『日本書紀』ではエミシをとくに一般東国の背景から浮きあがらせ、その征討を主なる物語に発展させているのである。

それから帰路も『古事記』とは違っていて、常陸から（どこを経由せられたか不明であるが）甲斐に入り、さらにそこを出て（道順からいうと甚だ無理な方向をとって）武蔵、上野（こうずけ）を迂回し、それから信濃に入り美濃に出られることにし、別にキビノタケヒコのコシ巡察をさえつけ加えてある。そうして、この道順の変化に伴って、アヅマハヤの物語がアシガラからウスヒに移され、白鹿の話は信濃の坂に変わっている上に、白狗（しろいぬ）が命を導いて美濃に出たということが加えられている。なおイブキの猪も蛇になっている。それから、命の薨去ののちに景行天皇がその平定せられた国々を巡幸せられるという物語があるが、これは天皇のクマソ親征と同様、『古事記』にはまったく見えない話である。ただし、クマソ親征の場合の如き詳しい物語はなく、道筋も伊勢から転じて東海に入り、それから上総（かずさ）国に至り、海路からアハ（＊安房）の水門を渡られたとあるのみであり、肝心の「ヒタカミの国」の名も記されていない。

さて、『日本書紀』のこの物語が、『古事記』の準拠となった『旧辞』がもとになって、それから発展したものであることは、疑いがない。すべてが複雑になっている上に、エミシ征討が主なる観念となっていながらそれとは関係のない、むしろエミシの征討を主とする物語の調子を弱めるヤキツやハシリミヅやイブキやの話などが依然として存在していること、帰路の道順が甚だ不自然になっていること、並びに白鹿の物語に白狗があらわれてきたことなどはその証しであって、『日本書紀』の物語は『古事記』のに新しい思想、新しい説話を付加したものであることが明らかである。エミシの俘虜を献ぜられたという話なども、命が二、三の従者をしたがえて諸国を巡歴せられたというのとは矛盾したことであるが、これも付加物だからである（『古事記』には明らかに「軍衆も賜わず」と書いてあるが、『日本書紀』でもヤキツの話などは、兵を率いて賊と戦われたのではなく、『古事記』と同じく命一人でのはたらきとなっている。こういう巡行によってのちに五カ国に分置せられるような多くの俘虜を得られ、またそれを連れて歩けるはずがない）。

したがって物語としての性質、または史料としての価値も、『古事記』のと異なるところはなく、物語が発展しているだけ、それよりも一層事実に遠いといわねばならぬ。エミシの首長をシマツカミ・クニツカミとしてあるなどもその明証であって、これは日本語である上に、例の如く連称的に二人としたものである。もちろん、ヤマトの政府がエミシに対して何らかの行動をとったことはあるいはあろうが、こういう物語は、ある特殊の場合のある事件を比喩的にいいあらわしたのではなく、エミシの帰服という概念からつくられたものと見るのが妥当である。そうでなければ、エミシの事実上の首長の名が伝えられずしてこのような名になっている理由がない。ある場合にエミシの俘虜を五カ国に分置せられたというようなことは、事実、あったかもしれぬが、もしそうとすれば、ここの話はそれをとってヤマトタケルの命の物語に結びつけたものである。

なお、『日本書紀』のこの物語が事実として認めがたいということは、物語が著しくシナ思想によって潤色せられているのでもわかる。征討よりずっと前のタケウチノスクネの上奏に「東夷之中、有日高見国、其国人、男女並椎結文身……」(＊東夷の中に日高見の国があり、そこの人々は髻を結い入れ墨をし、勇猛です。彼らを蝦夷といいます。また土地は広大かつ肥沃です。今のうちに奪うべきでしょう)とあり、またヤマトタケルの命の派遣せられるときの勅命に「其東夷也、識性暴強、凌犯為宗、村之無長……」とあるが、これで見ると、エミシは東夷の一部分であって、エミシのほかに「東夷」と称せられる強暴なものがあったようである。そして景行紀四十年の最初の記事に「東夷多叛、辺境騒動」とあり、それを承けた詔に「東国不安、暴神多起、亦蝦夷悉叛、屢略人民」といってあるのを見ると、「東夷」は「東国の住民」を指す称呼のようである。

ところが、エミシのほかに実際こんな「夷」が東国にあったであろうか。東国ではわれわれの民族が直にエミシと接触していて、その間に別の異民族があったというような形跡はまったくないから、エミシでない東国の住民はわれわれの同民族であろうが、それが果たしてこんな状態であったろうか。甚だ怪しいといわねばならぬ。それに勅命の文がシナ人の夷狄(いてき)観を書物の中から探し出してきて羅列したように見えること、とくにエミシについて「男女交居、父子無別」(＊男女が雑居して暮らし、親子の礼儀を知らない)というのが、道なきものを「夷」とするシナ的道徳思想であり、「冬則宿穴、夏則住樔」(＊冬は穴に、夏は木の上に住む)というのも、シナ人の夷狄に対する一般的概念であって、エミシの風俗とは考えがたいこと、並びに「持斧鉞以授日本武尊」といい、「察汝為人也……力能扛鼎、猛如雷電」といい、「示之以威、懐之以徳、不煩兵甲、自令臣順」といい、「借天皇之威、往臨其境、示以徳教」といい、前後の文がみなシナの成語を用いたシナ思想であること、またヤマトタケルの命に関しても「死ねとて我を東国に遣わし給う」と思い泣きして出かけられたという『古事記』の話とは反対に、威風堂々と出発せられているのが、やはり同じ思想に淵源があることなどを考え合わせると、これは実際「東夷」と称すべきものがあったのではなくして、文章の上で「シナめかそう」とするためにこういう文字を用いたものであることが推測せられる。なお「村之無長、邑之勿首」（＊統率者がいない）などの無政府状態は、トヨキイリヒコの命に東国を治めしめられたという垂仁紀の記事に矛盾するが、これは二つとも別々に『旧辞』に潤色を施したために生じたことであろう。それどころか、皇子（＊ヤマトタケル）の東国巡歴を叙する場合には、少しもそんな夷狄の地を通過せられたような様子を見せていないではないか。なお『日本書紀』のこういう筆法は、崇神紀十一年の条の「四道将軍、以平戎夷之状奏焉」（＊北陸、東海、西道、丹波の四方面に派遣された将軍たちが敵を帰順させ、凱旋したことを報告した）にも例があり、ここでは東海も西道もタニハもみな「戎夷（じゅうい）」とせられてしまっている。ありもせぬ「戎夷」を文字の上につくり出したのである。

しからば、この物語はいつこんな風に展開せられ潤色せられたかというと、まず注意すべきは、この物語に見える土地がみな国郡制置以後の国名によって示されていることである。第一、「陸奥国」という名さえあらわれているが、その他でも「駿河」「相模」「上総」「常陸」「甲斐」「武蔵」「上野」「信濃」「美濃」「近江」「伊勢」など、みな後世の行政区画の名称である。『古事記』では「ヲハリの国」「サガムの国」「シナヌの国」または「カヒ」などの名は出ているが、「タマクラベ」とか「タギ」とかいう地名がそれらと同じように取り扱われているのを見ても、これらの国名は国郡制置後の行政区画の名ではなく、国造などの名によって知られていた古い称呼であることがわかる。けれども『日本書紀』には規則正しくすべてを国郡制置後の国名で示してあって、「近江胆吹山（いぶきやま）」といい「移伊勢而到尾津」というなど一々の地名にも国名を冠してあり、また武蔵、上野、美濃などの何の事件も起こっていない土地でも、通過せられた地方にはそれぞれ国名を挙げてあるのを見ると、『日本書紀』のこの物語が、行政区画としての国名が定められたあとに書かれたものであることは明らかであろう。

　ただそれが、昔からあった物語について、地名に関したことだけを新しい行政区画によって書き改めたのであるか、またはそのとき、物語そのものに変改が加えられたのであるかは問題であるが、同じ景行紀のツクシ巡幸の説話には、地名が「オホキタの国」「ソの国」「アソの国」「コユの県」などという国郡制置前の称呼で記されているから、一方にこういうものがあって、他方にこの物語のようなものがあるとすれば、そしてまた、この物語の基礎となった説話が記されているらしい『古事記』には、みな古い称呼が用いてあるとすれば、景行天皇西幸物語や『古事記』の話は国郡制置前から存在していたもので、この物語はその後に新たに修補せられたものと推測するのが、当然であろう。

　もっともツクシ巡幸の話にも、「豊前国のナガヲの県」「筑紫後国のミケの国」などという名もあって、この「豊前国」や「筑紫後国」は国郡制置後の名らしく思われるが、その時代には「ナガヲの県」とか「ミケの国」とかいう称呼はないはずであるから、この国名はあとになってつけ加えたものと見るべきであろう。『日本書紀』の国名の書き方は極めて乱雑であって、その一、二の例を挙げると、継体紀、安閑紀、宣化紀などに「火の国」とあるのに神功紀にすでに「火前国」の名が見え、敏達紀、舒明紀はもちろん天武紀にも「吉備国」とあるのに安閑紀には「備後」、欽明紀には「備前」の名が出ていて、同じ名でも宣化紀には「火国」とも「肥国」とも書き、孝徳紀に「上毛野（かみつけぬ）」、斉明紀に「科野（しなの）」、天智紀に「淡海」とあるのに、推古紀には「上野」「近江」、孝徳紀には「信濃」とある。甚だしきは崇峻紀等に後世の「摂津国」が見える。この物語に関係のあることでは、推古紀にすでに「陸奥国」の名が出ている。国名ばかりではなく、継体紀に「丹波国桑田郡」、欽明紀に「山背（やましろ）国紀伊郡」とあるなど、郡名が古いところにもあらわれている。これらの文字のうちには、伝写の間に書き誤られたのもあろうし、または何人かの加えた傍注などが本文となったようなのもないではなかろうが、ともかくも古い時代のことにも、往々国郡制置後、もしくはいわゆる好字（こうじ）（＊人名や地名などに好んで使われる縁起のよい文字）を用いるようになってからの国名や文字が用いてあるのは、『日本書紀』の編纂せられたときからのことであったろう。そしてこの新しい名称もしくは文字を用いた場合と、昔からの称呼にしたがった場合とについては、何らの定則も約束もないようである（たとえば安閑紀二年の条に火国、播磨国、備後国、婀娜（あな）国、紀国、近江国、上毛野国などと列記してあるのを見るがよい）。

が、切れ切れの記事で、編者もうっかり新しい名を用いたり、また後人の書き誤りや本文でないものの竄入も生じやすかったりするような場合のは別として、この物語のように全体が新しい行政区画の名になっている上に、巡歴の道筋がそれによって示され、また小さい地名をいうときは必ずその上に国名を示してあるような場合は、昔からある物語をとって『日本書紀』の編者が土地に関する点だけを書き改めた、とは考えがたい。

しからば『古事記』に見えるような話を改作してこの物語としたのは、国郡制置後のいつであるかというに、この物語に「越」が国名として取り扱われていることを考えると、まだ越が一国とせられていた時代であることが察せられる。越が分かれた時代も明瞭でないが、『続日本紀』の文武紀元年十二月の条には「賜越後蝦狄物」という記事が見え、その後には「越」という名が出てこないのに、『日本書紀』の持統紀十年三月の条には「越度島蝦夷」ということがあり、天武紀十一年の条にもやはり「越」とある。もっともこれらは単に「越」とあるのみで「越国」とは書いてないから、行政区画としては越後などが分置せられたあとでも、旧例にしたがって「越」の汎称を用いたのではないかと疑えば疑われもしようが、天智紀七年には「越国献燃土与燃水」とあり、斉明紀五年には「授道奥与越国司位各二階」とあり、その前年には阿倍比羅夫を「越国守」と明確に記してあるから、少なくともこの頃までは「越」が国名であって、まだ越後などが分かれていなかったに違いない。ところが、その斉明紀五年にも「饗陸奥与越蝦夷」とあり、ずっと前の孝徳紀四年にも「越与信濃之民」という語があって、行政区画としての国でありながら「国」という字がないのを考えると、天武、持統の二朝の記事に「越」とあるのも通称ではなくしてやはり国名だろうと思われる。さすれば越後などが越から分置せられたのは持統天皇の十年から文武天皇元年までの間となるが、文武天皇元年はすなわち持統天皇十一年であるから、この分置の時期は二年足らずの間に限定せられるわけである。何となく短すぎるようではあるが、別に反証はなさそうである（「筑紫国」の名が持統紀の四年まで見えていて、文武紀二年から「筑前国」があらわれ、天武紀十一年まで「吉備国」とあって、やはり文武紀二年には「備前」「備中」の名が見え、その後は「吉備国」の称がなくなっていることを参考するがよい）。さすれば、『日本書紀』にとられたこの物語は、大化の国郡制置（＊七世紀中頃）から持統朝（＊七世紀末）までの間に記されたものと推断せられよう（「美濃」「信濃」などという文字は、越国のなお存在していた時分にこれらの国名に用いられたのではなかろうが、これは『日本書紀』編纂の際に書き改めたものとして解釈することができる。ただし越という国はその頃にはもはやないのであるから、書き換えることはできなかったであろう。前に述べた如く、国名の書き方は不規則であるけれども、越についてはそれが越前、越中、越後に分かれるまでは変わった書き方がしてなく、分かれてからは「越国」という名がないのであるから、これだけについてはこういう推論ができる）。

以上は物語の書き方の上からの推測であるが、それはその内容と一致するであろうか。それを判定するには、物語にあらわれているエミシの状態と歴史的事実として知られているエミシ経略の形勢とを、対照して見なければならぬ。そこでまず物語においてエミシがどこにいたことになっているかと考えるに、『日本書紀』の本文には「従上総、転入陸奥国、時大鏡懸於王船……至蝦夷境……蝦夷既平、自日高見国還之、西南歴常陸、至甲斐国」とある。この文では、エミシとヒタカミ（＊日高見）の国との関係がやや不明のようであるが、前に引いたタケウチノスクネの上奏によると、ヒタカミの国の住民がすなわちエミシである。さて、そのヒタカミの国は常陸の東北にあるとしてあるが、それと陸奥国との関係については、本文の記載が甚だ曖昧である。そこでなおよく本文を見ると、ヒタカミに行かれたという道筋が二様に解釈せられる。それは、「転入陸奥国」は実際陸奥国に入られたことで、「時大鏡懸於王船」以下の数句は、その陸奥国からさらに進んでエミシの境、すなわちヒタカミの国に行かれたことである、とも見られ、また「入陸奥国」はまず方向を示したのであり、航海の記事は上総から陸奥に行く道筋を述べたものであって、「至蝦夷境」がすなわち実際陸奥国の某地点に入られたことである、とも解せられるからである。そうして第一の解釈にしたがえばヒタカミの国は陸奥国の北にあることになり、第二の解釈によればヒタカミの国がすなわち陸奥の国であるか、またはそれとある状態において交雑しているか、ということになる。

この二つの解釈の中で、上総から海路陸奥まで航行するということは、当時の交通の状態から見ると実際にあったらしくは思われず、したがって物語の作者にも容易に起こりそうにない考えであるから、第一の解釈にしたがわねばならぬようでもあるが、「従上総、転入陸奥国」の語が、陸路を通過して順次陸奥国まで北進せられたこととしては適切でなく、今まで東進せられた方向を北に転じて陸奥を指して進まれた、と解するほうが「転」の字にも当てはまるように聞こえ、また文勢からいうと、「時大鏡懸於王船」云々の語も、あとのほうに「蝦夷既平、自日高見国還之」を承けてただちに「西南歴常陸」云々といってあるのも、この第二の解釈を助けるように見える。いずれにしても徹底しない解釈であるが、ただ実際にない航路を物語に用いることは第一章に述べたツヌガアラシトやアメノヒボコの話にもその例があるから、これは大した難にはならぬのみならず、甲斐から武蔵、上野を経て信濃に入られたという無理な道筋をつくったことから考えると、この物語には、皇子が東方の国々をすべてひと通り通過せられたようにしてしまおうという精神が根底にあるらしく、したがって帰路に通過せられた常陸に往路にも行かれたことにするのは都合が悪いと考え、ことさらに海路としたのではないかとも思われる（もっとも道順はどうにでもつくられるけれども、『古事記』に見えるような前からの説話がすでにあってそれを修補するのであるから、そうほしいままに改めることはできなかったろう）。さすれば、第二の解釈のほうがむしろ妥当に近いかと思われる。が、そうするとヒタカミの国と陸奥国との関係が前に述べたようになるが、それでよかろうか。それを考えるには、陸奥国の状態とヒタカミの国という観念とを、一々吟味してかからねばならぬ。

　便宜上、まず陸奥国を考えてみるに、この国が大化のとき、一般国郡の制置とともに建てられたものであることは、まず論のないことであろう。さてその頃の陸奥国の管区は明瞭でないが、ともかくも一国として立ち得るだけの広さと相当の住民とをもっていたことと考えられる。『続日本紀』文武紀慶雲四年の条に、陸奥国信太（しだ）郡の壬生五百足（みぶいおたり）というものが斉明天皇の朝に百済戦役に従軍したという話が見えているが、この「信太郡」を吉田氏が『大日本地名辞書』に、大槻氏の説を引いて、信夫（しのぶ）郡（＊福島県北部）の誤りだとしてあるのは、もっとものことである。単に文字の上からいっても、陸奥の志太郡はいつでも「志」と書いてあって「信」とはしてない。そして「信」の字は「信夫」や「信濃」などの例から見ても「シ」の仮名として用いられたらしくは見えない（常陸の信太郡を普通に「シダ」と読ませてあるのは少しく奇であるが、仙覚の『万葉集抄』に引いてある『常陸風土記』の地名説話に「幡垂の国」という話が出ているから、これはやはり「シダ」であって、例外と見なすべきものらしい。丹波、讃岐など、一体に語尾が「n」になっている文字は、いずれも母音をつけて「ナニヌネノ」のいずれかに用いるのが通例である）。

さて、信夫郡のものが斉明朝の海外征討軍に編入せられていたとすれば、その地方は建置のはじめから陸奥国の管内であったであろう。それから斉明紀の元年の条に「饗北蝦夷九十九人、東蝦夷九十五人」（＊コシの蝦夷九十九人と陸奥の蝦夷九十五人を饗応した）と見え、四年の条にも「仍授柵養蝦夷九人、津刈蝦夷六人、冠各二階」（＊柵養蝦夷九人と津軽蝦夷六人に叙勲した）とあるが、この「柵養蝦夷」は、持統紀三年の条の、陸奥の優嗜曇郡の城養蝦夷脂利古男というものが沙門（＊僧侶）となった、という話の中の「城養蝦夷」と同じであって、その優嗜曇は吉田氏にしたがえばウキタミすなわち和銅五年に陸奥から出羽へ移管せられた置賜郡（＊山形県南部）である（「柵養」が固有名詞であることは、これらの記事において、それが津軽とか能代とかいう地名と同様に取り扱われているのでも知られる）。そしてこれらの零細な記事と、同じ斉明紀五年の条に「饗陸奥与越蝦夷」とあり「授道奥与越国司位各二階」とあることとを参照して推察すると、華々しい遠征などこそなけれども、陸奥方面のエミシに対する経略も斉明朝の前後には着々と行なわれ、西方においては、このときすでに今の置賜地方までその力が及んでいたらしく、したがって陸奥国の管区が当時ほぼ今の岩代地方（＊福島県西半部）を含んでいたことが想像せられる（持統朝には、置賜のあたりにはなおエミシが住んではいたものの、郡の置かれるまでになっていたのである）。ただ海岸方面については明らかな証跡が史上には見えない。

ところが、養老二年に会津、信夫、曰理以南が陸奥国から割かれて、石背（いわせ）、石城（いわしろ）の二国が分置せられ、そうしてこのときはすでに最上、置賜が出羽に移されたあとであることを思うと、これらの地方を除（よ）けてもなお一国として陸奥国が成り立ちそうであったと考えられるから、養老時代には陸奥国の範囲は大体、のちの宮城郡付近の地方に及んでいたらしい。しかし分置せられた石城と石背とがほどなく陸奥の一部として復旧せられたのは、その地方が除かれたのでは実際一国として、とくにエミシ経略の衝にあたって、立ってゆくには、あまりに陸奥が弱小であったからのことであろうから、当時の陸奥国は、宮城郡あたりより北のほうまでも包含してはいなかったろう、と考えられる。宮城郡付近までというのは、大体の地勢と、『続日本紀』に見える延暦八年の詔勅に「牡鹿、小田、新田、長岡、志太、玉造、富田、色麻（しかま）、加美、黒川、等十一箇郡、與賊接居（＊以上の十一郡はエミシとの近接地であって陸奥国と同等にはできない）」とあるのでも知られる如く、のちまでも黒川郡以北がやや特別に考えられていたことを、互いに参照しての臆測であるが、黒川郡以北はよほどあとまでも半ば夷地であったから、大体の見当は違うまいと思う。ところが、和銅六年に丹取（にとり）郡が新たに建てられ、養老五年に苅田郡が柴田郡から分置せられたことを、養老二年の石背石城の分置に参照して考えると、この方面の開拓が進んだのはこの頃のことらしい。もっとも、和銅二年に様子の一向わからない巨勢麻呂（こせまろ）の征討の記事が史上に見えるのみで、この方面に大征討の行なわれた形跡はないが、大勢上こう観察せられる。これらの点を総合して推測するに、大化以後持統朝以前の陸奥国は、のちに一度分置せられた石城、石背地方が、その大部分でもあり主要な地方でもあったので、その西北には置賜あたりの夷族が隷属してい、東北にはのちの名取郡、宮城郡あたりが、やはり半ばエミシの地ながらに、ぼんやり加わっていたくらいのものであろう。

以上はのちの状態から遡って推測を試みたのであるが、次に前の時代から考えてみたらどうかというに、これは材料がないので、確実なことはいわれない。『古事記』に国造、県主などの祖先が記してあるのを見ると、東北地方ではカミツケヌ、シモツケヌ、ウバラキ、ヒタチのナカ、道の奥のイハキ、の名が見えるが、道の奥のイハキはすなわちのちの石城郡（大化のはじめには常陸の多珂郡に含まれていた）地方であろう。これらの国造は、こういう系譜のつくられたときには現存していたのであって、そのつくられたのは、皇室の系譜の一旦できたあとでなければならず、したがっていわゆる『帝紀』『旧辞』がはじめて形をなしたとき（総論に述べたところによると欽明朝の前後、すなわち六世紀の中頃）よりもあとに違いないから、大化の国郡制置からあまり遠い前のことではなかろう(このことについては後章にも述べようと思う)。ところが、この国造のうちにイハキが道の奥としてあるのを見ると、その頃には、のちの石城郡地方より奥には、まだ国造として朝廷に知られているほどの豪族がいなかったのではあるまいか。われわれの民族そのものは、もっと北のほうにも住んでいたでもあろうが、それがまだ朝廷から国造として承認せられるようなものによって支配せられるほどに、確実な政治組織のうちに編入せられてはいなかった、と思われる。『古事記』に国造などがことごとく列挙せられているとはいわれないので、辺境においても北陸の方面では、コシのトナミ（今の越中砺波）より東にあるものは見あたらず、常陸地方でも、風土記にも見えていて実際存在したらしいタカの国造も挙げてないほどであるから、『古事記』に国造の名の見えている地方をもってわれわれの民族の住地の限りと考えることはできないが、イハキに冠せられている「道の奥」は、語のままの道の奥の義であって、のちの道奥または陸奥という国名の由来がそこにあるものの、このときはまだ後世のように広い範囲をもっている行政区画の名ではなかったから、その頃の朝廷からは石城郡付近が、大体、東北の極と考えられていたらしく思われ、われわれの民族の植民が、それよりも北方に甚だしく遠くは進んでいなかったろう、と考えられる。もっともこれは海道方面のことであって、山道方面については何の証跡もないが、両方面において大なる差異はなかろう。いずれかといえば、海道方面が山道方面よりは前進していたかと思う。なお『古事記』には別に道の尻のキへという名が出ていて、道の尻は道の奥と同じ意義であるらしいが、これは位置が明らかでない。『常陸風土記』によると、のちの多珂郡と石城郡とを含んでいたタカの国の道の後が、石城郡の苦麻（＊大熊町）であったというが、その道の口が助川（＊日立市）であったとあるところから見ると、『常陸風土記』の道の後はタカの国の果てということであって、内地の果てという意義ではなく、また単に道の尻のキへとあるのを、常陸から進む道の尻と限って見ることもできないから、それを風土記の道の後に擬（みた）てるのは、危険である。

さて石城郡付近が大化の前のある時期に道の奥であったとすると、大化のとき、その北方に陸奥国が新たに置かれたのは、そのときまでに北辺の開拓がいくらか進歩もし、また今までは放任せられていたものが行政組織の中に編入せられもして、実際の道の奥が石城よりも北に移っていたからのことと考えられる（石城郡はのちに陸奥国へ移されたが、大化の頃は常陸国の所管であったらしい。これは『常陸風土記』の文面からも、またのちに菊多郡が常陸国から石城国に移された事例からも、推測せられる）。大化より前のある時代において道の奥と称せられたイハキが、国郡制置の際に常陸国に入って、その北方に陸奥国が置かれたのと、その陸奥国の主要なる地域であった地方が、一時のこととはいえ、養老になって石城、石背の二国となり、その北方が陸奥国になったのとは、同じような関係であり、民族の勢力の次第に北進していった形跡が、そこに見えるのではあるまいか。けれども、道の奥のイハキの名の用いられた時代と大化とが甚だしく距たっていないとすると、大化のときイハキの北方において新たに建てられた陸奥国の範囲も、またひどく広くはなかったであろうから、斉明朝前後にいくらか経略の手が拡げられたにしても、その北辺が遠くとも今の陸前（＊宮城）の南部にあって、そこがまだ半ば夷地であったろう、という上記の臆測は、この点から見ても大なる誤りはなかろうと思う（ついでにいっておくが、世間では往々上代のことを考える材料として、『先代旧事本紀』の国造本紀を用いるけれども、著者はそれを取らぬ。このことは次章に述べよう）。

次にヒタカミの国に移るが、これは「国」とはあるものの、行政区画の名でないことはいうまでもない。『日本書紀』の文勢から見ると、それが広いエミシの住地のようであり、あるいはむしろエミシの住地全体の名であるが如くにも感ぜられるが、この「ヒタカミ」という名は、実際エミシの住地のどこかにある地名からでも起こったものであろうか、または別の意味から内地人のつけたものであろうか、これが問題である。さて、もし地名から起こったものとすれば、それは、内地に接近している地方にそういう名の土地があった、としなければならぬ。あるいはいくらかの距離はあるにしても、大集落の所在地などで、それがエミシの住地の総称として用いられるだけの特殊な価値のある土地として、エミシから伝聞したものでなくてはならぬ。

しかるに、もしそういう土地が実際あったならば、奈良朝から平安朝のはじめにかけて絶え間なく行なわれたエミシの征討に関する国史の記事にそれがあらわれなくてはならぬのに、一度もこの名の見えたことがない。これはいかにも奇怪のことである。『延喜式』の神名帳を見ると、「日高見神社」というのが桃生郡（＊宮城県石巻市桃生町）にあるが、これは内地人によって祀られたもので、そしてそれは、この地方の拓殖が進んで内地人の移住するものが多くなってから、すなわちほぼ天平宝字時代（＊八世紀中頃）からのちのことであろうから、国史に見える「日高見」の名をとってつけたものとも見られる。香取伊豆乃御子神社とか鹿島御子神社とかも近くにあるのでも、そう類推せられよう。したがってこれは、この地方が前から「ヒタカミ」と呼ばれていたという証しにはならぬ。河の名の「キタカミ」（北上）が「ヒタカミ」だろうという説もあるが、この臆測は音韻の上からも成り立つことが困難であろう。また延暦十六年に『続日本紀』のできあがったときの上表に「威振日河之東、毛狄屏息」とある「日河」が「日高見河」の略称であるという論もあるが、これはむしろ、胆沢方面のエミシ征討が行なわれたときの延暦八年九月の宣命に見える「日上乃湊」を指したものとするのが適切であろう。当時反抗したエミシの主力は河東にあったので、この宣命と同年六月及び七月の戦闘の記事とを総合して見ると、その河の主要なる渡津（＊渡し場）がこの日上乃湊であったらしいからである。この河は胆沢方面の北上川ではあろうが、日上は「湊」とあることから考えても、その渡頭にあたる地名であって、河の全流の名ではなかったろう（日上は「ヒカミ」であろう。「乃」の字がとくにその下に加えてあるのを見ても、その字の入れてない日上が「ヒノカミ」と読むべきものでないことが推測せられる）。こう考えてくると、「ヒタカミ」という名は史上に一度も出てきたことがなく、したがって、そういう地名が実際どこかにあったものとは思われない。さすればこの名は、何か意味があって内地人のつけたものとしなければなるまい。

一体「ヒタカミ」という国名は、このエミシに関係のあるもののほかに、『常陸風土記』信太郡の条に「此地本日高見国也」と見え、『延喜式』の大祓の祝詞や遷却崇神祭の祝詞にも「大倭日高見国」というのがある。『常陸風土記』の日高見国は、「本（もと）」云々とあるのを見ると、当時実際には行なわれていない、したがってまた実際の地名とは関係のない名であることが知られる。何故にこういうことをいったのかは不明であるが、こういう説の出るのは、「ヒタカミ」の名が、常陸から遠からぬ北方にあるエミシの国として実際に聞こえていなかったからに違いない。次に祝詞のは、一種の佳名または美称であって、国名でないことは明らかである。

さて、「ヒタカミの国」という名の用いられている他のすべての場合において、それが実際の地名でないとすれば、エミシの住地としての「ヒタカミ」もまた同じく空想上の名称だろうと思われる。そして大倭のは、日の神の御裔（みすえ）であられる歴代天皇の皇都の地たる大倭にふさわしい美称であり、常陸またエミシのは、それらの土地が（大倭から考えて）東の極であるから、日の出る方向によった連想から来たものであって、それを用いる心理に違いはあるものの、同じく「日」

に関係のある語ではなかろうか。ホノニニギの命以後の三代の御名にいずれも「アマツヒタカ」の尊称がついていることをも参考しなければならぬ。

前に述べた如く、ヒタカミの国に関するタケウチノスクネの上奏としてあるものも、またヤマトタケルの命に下された勅命としてあるものも、『日本書紀』の文章はすべてエミシの実際を述べたものでないこと、またこの物語に見えるエミシの族長がシマツカミ・クニツカミという空想上の名称であることなどを考えると、この「ヒタカミの国」もやはり実際の地名でないと見たほうが、記事の全体の調子にもかなっている。とくにヒタカミの国に関する『日本書紀』の記載の文勢によると、それはエミシの住地の総称であるが如くも感ぜられるが、エミシは一つの国と見られるものでなく、また実際そう見た例もない。民族として総称する場合には「エミシ」の名があるが、そのほかに土地または政治的勢力として「ヒタカミの国」というような大きい国のあるはずがなかろう。この名がヤマト人の仮につけたものであるということは、この点からも推考せられる。そしてそれがこの物語にのみあらわれているのを見ると、それは実際、世に用いられた名称ではなく、物語の作者の案出したものに違いない。

さて、「ヒタカミの国」が空想上の名であるとすれば、それは本来、位置なり範囲なりの判然としているものではないから、それが常陸に接してすぐその東北にあるように見えたり、そうでないように見えたり、またそれと陸奥国との関係が曖昧であったりするのは当然である。実際の行政区画の名と漠然たる空想上の名称とを結びつけたのであるから、記述者自身においても、その間の関係が明瞭に意識せられていなかったであろう。しかし、この物語のつくられた時代が果たして前に述べた如く大化以後、持統朝以前であるとすれば、一般に考えてエミシの住地、すなわち空想上のヒタカミの国を陸奥国の北に置くことはもちろんさしつかえがなく、また陸奥国に隷属していながらエミシの住地である地方がそのうちにあるとすれば、ヒタカミの国と陸奥国とが混同して考えられたとしてもまた誤りではない。要するに、ヒタカミの国は陸奥方面のエミシの国なのである。さすれば、かの道筋についても、陸奥国から出発し海路北進してヒタカミの国に行かれたとすれば、それでもよく、また上総からすぐに海路をとって陸奥国内のある地点に上陸せられたのでそこがヒタカミの国だとしても、そのあたりがエミシの地である以上はこれまた支障のない解釈である。そしてさらに一歩を進めて具体的に考えるならば、物語の作者の考えていたタカの水門の位置によって、このことが都合よく説明せられる。

タカの水門は、第一の解釈にしたがえば陸奥国の北方でなくてはならず、第二の解釈によれば陸奥国のうちにあるエミシの住地にあることになる。さすれば、それはのちに多賀（＊宮城県多賀城市）として知られている地方であろう。この地方は陸奥国の北辺にあたっていて、当時なお概してエミシの住地であり、ある意味においてエミシの南境でありながら、しかし陸奥国に隷属している部分かと思われるからである。さて、こういうように、『日本書紀』の道筋の記事をどう解釈するにしても、タカの水門は畢竟同じところに帰着するが、しかし、むしろそれほど、全体としてヒタカミの国と陸奥国との関係は曖昧なのである。

話が横道に入ったようであるが、以上述べてきた間におのずから、この物語の内容が大化以後、持統朝以前の陸奥国方面の状態と一致することが知られたはずである。それよりも前に、たとえば石城郡地方（＊福島県いわき市）が「道の奥」として考えられていた時代のこととしては、この物語はまったく解釈することができなくなる。第一、そういう場合には常陸国の北に陸奥国の置き場所がないではないか。またエミシの住地として「ヒタカミの国」というような空想上の名が用いられたのも、それが、非常な遠方の、あるいは新しく国として置かれはしたがまだ異民族の住地として一般に考えられている東の果ての陸奥国のほうの、人の耳にも熟しない地方であるからであって、上代からよく世間に知られている常陸に接近した土地に対しては、こんな名が用いられなかったろう（大倭や常陸の信太郡については、それを用いる心理がこれとは違っている。それは佳名、美称として用いるのであるが、「夷」として考えているエミシに対するこれは、単に地理上の観念から来ている）。

だからこの物語が国郡制置以後、持統朝以前につくられたものであろうという推定は、内容の上からも是認せられるであろう。それはあるいは、天武天皇の朝に川島皇子らを首長として開かれた史局のしごとではなかったろうか。そしてこの『日本書紀』の記載は、その史局でつくられた国史の稿本によって書かれたものではあるまいか。このように変改せられていた『旧辞』の異本があってそれによったと考えるのは、その変改の時代から見ても無理であろう。もっともエミシに関することを除けて見ると、その部分にはもっと古い時代に書き換えられた『旧辞』の異本によったところがあるかもしれぬ。

しからば『古事記』に見えるような話が、何故にこの時代において、こんな風に改められたかというと、それはすなわちエミシの経略が政府の大問題になっていた斉明（＊第三十七代）朝以後の、時勢の致すところであろう。史上に著しくあらわれているこの時代のエミシ征討は、越の国の方面のいわゆる北蝦夷（蝦狄）に対するものであり、とくに斉明朝には今の陸奥の西海岸付近であろうと思われる有名なミシハセ（粛慎）、ワタリシマ（渡島）の経略が行なわれたのであるが、東方においても決して無為でなかったことは上に述べた通りである。かかる時勢において、ヤマトタケルの命の東征物語が発展してエミシ征討となったのは、無理のないことである。そうしてそれが越方面を主とした物語にならなかったのは、本来、東方十二道の綏撫という説話がもとになっているからであろう。しかし当時の人がエミシを考えるにあたって、越の方面を閑却することはできないから、この物語にもキビノタケヒコの越に分遣せられたということがつけ加えてある。物語においては越の方面のことがさして重んぜられてはいないが、それは物語に時代の反映があるということを妨げるものではない。当時に起こった歴史的事件が物語に書き加えられたというのではなくして、思想の上においてエミシが重く見られているというのである。

以上述べたところで、ヤマトタケルの命のエミシ征討という『日本書紀』の物語に対する考説は、ほぼ尽くされている。ただエミシ経略の状態を考えるにあたり、『日本書紀』の皇極紀以前に散見するエミシに関する記事を顧慮しなかったことについて、一言を付加しておきたい。これらの記事の最初のは景行紀五十六年の条に見えるミモロワケの王の征討であるが、これにはエミシの族長の名がアシフリベ、オホハフリベ、トホツクラヲベ、などという日本語になっているのみならず、「尽献其地」（＊朝廷に土地を差し出した）などとありながらそれがどこのことか、また戦争がどこで行なわれたか、まるで書いてない。次は応神紀三年の条に「東蝦夷悉朝貢」とあるものであるが、「悉」というような言い方のしてあることに注意すべきである。またその次には仁徳紀五十五年の条のタミチの征討があるが、これにはイシの湊で戦死したということがあるけれども、その湊の位置はわからず、タミチの墓から大蛇が出てエミシを食い殺したという妖怪譚さえある（イシの湊は常陸の多賀郡のであろうといい、または陸前の石巻であろうといい、史家の間に種々の説がある。記者の脳裏にこういう名のあるどこかの土地があったには違いないが、しかし『日本書紀』にその位置を推測すべき何らの記載のないこの土地を、単に今日の地名と似ているというところからそれに擬定するのは危険である。のみならず多賀郡のは「湊」というべきところらしくもなく、石巻は『日本書紀』編纂の当時において知られていた名であるかどうか疑わしい。また「ミナト」という語からいうと、それは必ずしも海浜には限らないのではなかろうか。上に引用した日上の湊の「湊」も「ミナト」の語を写したのであろうが、それは河の渡津である。タミチの物語にも海浜らしい様子は少しも見えぬ）。

終戦後に発行された日本武尊千円札

それから清寧紀四年の条及び欽明紀元年の条に「蝦夷隼人並内付」または「蝦夷隼人並率衆帰付」という漠然たる記事がある。次には敏達紀の十年に、数千のエミシが辺境に寇（こう）したからその族長のアヤカスというものを召し寄せて詰責し、族長はハツセ河に入りミモロ山に向かって服従を誓った、という話がある。これもどこのもの、どこのことだかわからず、誓約のありさまなども果たして異民族たるエミシの風習と認むべきものであろうか疑わしい。その次は舒明紀九年の条のカミツケヌの君カタナがエミシを討ったことであるが、これも戦地はどことも書いてない。なお皇極紀元年の条にはコシのあたりのエミシが数千人内付したという記事があるが、これは陸奥国方面とは関係がない。その他、間接にエミシと関係のある記事には崇峻紀二年の条の東山、東海、北陸の諸道に人を派して国境を観察せしめたということ、推古紀三十五年の条の陸奥国で狢（むじな）が人に化けて歌を歌ったという話などがある。

さて、これらの諸条を通覧するに、事実の記録としては、第一に、「イシの湊」の名が出ている一カ条を除けば地理の記載のまったくないことが不思議である。とくに景行紀、応神紀のはエミシ征討もしくはその服従という漠然たる概念から案出せられたものであることが、その記載から明らかに推測せられる。第二には、その多くに事実らしからぬ話の伴っているのが奇怪である。とくに推古紀の記事の如きは「陸奥国」の名のあるのがすでにおかしい。だから、これらの記事はうっかり信用のできないものといわねばならぬ。上文においてこれらの記事を参考しなかったのは、この故である。なお『新撰姓氏録』（巻十一）には、中臣志斐連（しひむらじ）の条に雄略天皇のとき東夷を征討せられたということがあるが、一体にこの書のこういう記事は他に明証のない限り信用しかねるものであるから、しばらく論外に置く。

こう考えてくると、一つの疑問が生ずる。大化以後にはエミシに関する記事が頻々として史上にあらわれてくるのに、その前にはそれが極めて乏しく、その乏しいものがみなこんな風のものだとすれば、それは何故であろうか。①大化からエミシの日本人に対する態度が急に変わったのか、②政府のエミシに対する態度が突然変化したのか、以上二つのいずれでもなければ、③大化の前のことは史料がまるでなかったのか、この外には出なかろう。ところが民族競争の大勢から見れば、①とは思われぬ。また欽明朝からのちは、韓地の交渉に関する史料などがともかくもいくらかあったのに、エミシについてのみそれがなくなったとは考えがたいから、③でもあるまい。もし政府が直接にエミシ経略を行なっていたならばそれについて何らかの記録があったろうから、『日本書紀』にもせめては確実な記事の一つや二つはあってもよさそうなものではないか。さすれば、②の故としなければならぬのではあるまいか。ここにおいてか著者は、エミシに対する民族的活動は、大化改新の前までは大体、地方人に放任してあったので、深く政府の関与するところでなかったのではあるまいかと想像する。エミシに対する民族的活動は国家の統一がまだできなかった前からのことであって、統一が成就したのちにも大体はその状態が継続せられ、そして東国人は朝廷の保護を頼まず自分の力で徐々にエミシを圧迫して、その生活の舞台を広げていったのであろう（このことについては平安朝末以後の蝦夷地経略、及びその方面におけるわれわれの民族の北進が朝廷の関知せざるところであったことを参考すべきである）。

政府からいうと、いわゆるクマソの平定は地方的豪族をして朝廷に帰服せしめたのであった。韓地との交渉ははじめから朝廷の、むしろ朝廷だけの事業であった。朝廷はその権力をわれわれの民族の間に確立し、また韓地においてひとたび得たその勢力を維持すればよかったので、朝廷としては、はじめから深い交渉のない異民族たるエミシに対しては、自ら進んで積極的の行動をとるようなことをしなかったのではあるまいか。神代史においてもエミシもしくはエミシの住地に関することはまったく語られていず、二神が国土を生んだ物語においてもそれはまったく除外せられ、もしくは閑却せられているが、これも朝廷において異民族たるエミシに重きを置かなかったからではあるまいか。エミシの経略が朝廷の一大事業であり、それがために精神を労することが多かったならば、何らかの反映が神代史や上代の物語の上にもあらわれそうなものであるのに、それがヤマトタケルの命の東方巡察の物語において極めて軽く付記せられているのみであるのは、事実上、そういう経略が行なわれなかったからではあるまいか。新羅親征、クマソ討伐の話はつくられていて、神代史にも新羅の面影があらわれてくるのに比べて、エミシの物語の一つもないのは、この故ではなかろうか。

しかし、大化の改新は一朝にして中央集権の制を定め、旧来地方的土豪（いわゆる国造など）の手に委ねてあったすべての権力を政府に収めてしまった。ここにおいてか、従来は東国の人民またはその地方的首長たる土豪の事業であったエミシに対する活動も、おのずから政府の手に移らねばならぬ。ところが政府の事業となれば、その規模もおのずから大きくなり、その力もまた強くならねばならぬ。そうしてそれはかえって、往々エミシの反抗を激成する所以ともなる。大化以後、急にエミシの経略が活発になり、奈良朝に至ってそれがむしろ困難になった事情は、こう考えれば自然に理解せられはしまいか。もちろん、昔とても朝廷がまったくエミシのことを閑却していたのではなく、何らかの場合にそれに対していくらかの威力を用いたことがないではなかったろうし、タミチとかカミツケヌのカタナとかの話は、何か根拠のある伝説であるかもしれない。また東国の土豪らから俘虜としたエミシの献上を受納したようなことも、しばしばあったろう。けれども、それは大化以後の態度とは大きな差異があるのではなかろうか。『古事記』に見えるヤマトタケルの命の物語は内地の綏撫が主であってエミシのことはつけたりになっていること、『日本書紀』の物語においてそれが一変し、エミシの征討が主要の題目になったことは、あたかもよくこの変化に応ずるものではなかろうか。

最後に、『日本書紀』の景行天皇東国巡幸の物語はヤマトタケルの命の物語を二重にしたものであろう、ということを一言しておく。前章に述べた如く、クマソについても天皇巡幸の物語が加わっていることと参照するがよい。ただそれが彼に詳にして是に略なるのは、ヤマトタケルの命の物語がクマソについては甚だ粗であるのに、東国においてはすこぶる密であるからであろう。そしてそれは『日本書紀』に見えるエミシ経略の物語の書かれたあとの作であり、たぶん、『日本書紀』の編者の手になったものであろう。

第四章　皇子分封の物語

ヤマトタケルの命の物語を考えたについて、おのずから連想せられることは、景行天皇のときにその多くの皇子を諸国の国造、県主、別、稲置などとして分封せられたという物語である。このことについては『古事記』にも『日本書紀』にもほぼ同様の記載があり、天皇の皇子と皇女が八十王あるうち、ワカタラシヒコの命（成務天皇）とヤマトタケルの命とイホキノイリヒコの命とのほかの諸王（『古事記』では七十七王、『日本書紀』では七十余子）が、みな地方に出られたというのである。なおこれに関連して、成務天皇のときに国造や県主を定められたという話も、記紀の両方に見えている。また『古事記』には神代の巻にも神武天皇から景行天皇までの多くの巻々にも、いわゆる伴造、国造として総称すべき諸家の祖先として神々及び皇族の名が挙げてある。さて、これらの話は一体どういう意味のものであろうか。それを知るについて、まず国造、県主などの祖先とせられているものについて簡単な観察をしてみようと思う。

氏姓に関してまず思い出されるのは、上代においてその混乱を正すに骨が折れたということである。家々でその氏姓を貴くしようとしていたということはすでに総論で概説しておいたが、もう少しそれを補足してみると、允恭天皇のときにアマカシの丘にクカベをすえて混乱を正された、とうことが記紀のいずれにも見えている。このことは、のちにいうように歴史的事実ではなかろうと思われるが、氏姓を政府の力で一定しなければならぬと考えられるような事情があり、また諸家がほしいままに種々の氏姓を称していたことは、この話のあるのでも知られる。孝徳紀三年の条に見える詔勅に「頃者始於神名天皇名々、或別為臣連之氏……以彼為姓、神名王名、遂自心之所帰……」という一節のあるのもまた、氏姓を重んぜられるがために、そこに種々の弊害が生じ、家々が種々の手段で「神名王名」を冒し、それによってわが家を貴くしようとするので、名実相忤（さから）うことの多くなったことを示すものであって、それは必ずしも孝徳天皇のときにはじまったことではないに違いない。諸家のもっている『帝紀』『旧辞』が区々になっているのもここに一大原因があろうと推測せられるほどである。

大局から考えてみても、皇室を中心とする国家組織ができあがらなかった時代、またそれがわれわれの民族の全体に及ばなかった時代から各地方を分領していたらしい多くの地方的君主、多くの小国の王が、ことごとく滅亡してしまったとは信じがたいことである。「国造」「県主」というような名によって知られている地方的首長、すなわち各地の土豪には、皇室に帰服することによってほぼその地位を継承した彼らの子孫が少なくなかったであろう。だから全国の国造、県主、別、稲置などがすべて、いわゆる「皇別」（＊天皇家から分かれて臣籍降下した氏）または「神別」（＊神々の子孫と称した氏）の家のみであるというのは、国家の政治的秩序が定まったあとにおいて、これらの諸家を思想上、皇室を宗家とする血族として見ようという企図、また諸家が各々その家を尊貴にしようとする考えから神の名や皇族の名をとってその祖先と定め、あるいは新たに神などの名をつくり出したためである、と考えねばならぬ。なお一般氏族の状態からも、また系図を製作する後世の習慣からも、この推測は確かめられよう。そしてこういう造作は『帝紀』『旧辞』のひとたび記し定められてからのちに行なわれたことと思われる。何か準拠がなければならぬからである。

朝廷において重要な地位にある家々やイヅモの国造の如き特殊の歴史のあるものの祖先については、あるいは『帝紀』『旧辞』の述作の際にそれらの家々と何らかの協定が行なわれたかもしれぬが、その他の一般の国造、県主など、すなわち地方的豪族は、それとは違って、国家の形成そのことに関係することが少ないから、その祖先の名などは、ひとたび朝廷の記録ができあがったあとにおいて、それに基づいてつくるよりほかはなかったろう。コシの国に深い関係のあるアベの臣の祖先を、崇神天皇のときコシに遣わされたというオホヒコの命とし（孝元紀）、ヤマトタケルの命が俘虜とせられたというエミシの管治者サヘキの直の祖を、景行天皇の皇子イナセイリヒコの命とした（『新撰姓氏録』巻五）などは、系譜の作者の意図がよく窺われるようである（孝元紀にはオホヒコの命の裔としてアベの臣のほかにコシの国造という家があるが、コシのような広い地域の国造というのは、前章に述べたアヅマの国造と同様、実際あったものとは思われぬ。またイナセイリヒコの命は『日本書紀』のみにあって『古事記』に見えない名である）。

こう考えてくると、かの『先代旧事本紀』中の国造本紀などが歴史的事実の記録として信用しがたいものであることは、改めていうまでもなかろう。国造本紀は偽書たる『先代旧事本紀』の一部たる点においてすでに権威の低いものであり、とくに山背の国造に並んで山城の国造があり、西のほうでは大隅、薩摩、東のほうでは伊久、染羽（しめは）、浮田、信夫、白河など、後世の国名や郡名をそのままにとってつくったことの推知せられるものがあることは、一層その信用を薄めるものである。もちろん『先代旧事本紀』の他の部分に記紀などに基づいてつくられたところのある如く、国造本紀にも何かのよりどころのあるものはあったであろう。現に記紀の説によったと認められるものもある。

けれども、それによりどころがあるということ、もしくはそれが古くからの伝えであるということは、それが歴史的事実であるということではない。準拠となったものが歴史的事実の記載でないかもしれぬからである。だから国造本紀の価値は、その記載そのものの批判によって定めらるべきはずであるが、上に述べたところはそのためにも適用せられるであろう。なお国造本紀は、たとえば出雲国造がアメノホヒの命からのことではなくして、その十一世の孫のウカツクヌからのこととしてあるように、その地位にはじめて置かれたものを、多くはその家の祖先とはせずして幾代かの子孫としてあるが、これは国造をことごとくある時代に朝廷から任命せられたもののように記そうとしたからであろう。ここにも造作の跡が見られる。だから、国造本紀などによって地方の豪族の系図を考えたり、氏族の地方的分布などを推測したりすることは、はじめから無意味のしわざであろう。

以上の考説で、景行天皇の皇子七十余王が諸国に分封せられたという話の意義も、おのずから知られよう。この皇子のことについては、『古事記』には、八十王のうちで録せられているのが二十一王、記に入らざるものが五十九王としてあって、その二十一王は名が挙げてあり、五十九王の名は記してないが、『日本書紀』では、皇子と皇女を合わせて二十四の名が記してある。ところで、八十王という「八十」が「多数」という意義に用いられる語であること、また記紀の例として皇子、皇女の名は一々列挙してあるのに、この場合に限って「記に入らざる」すなわち名の知られなくなった王が数多くあったとせられていることを考えると、これは『帝紀』に変改が加えられたことを示すもののようである。もとからあった『帝紀』には、皇子及び皇女として二十一王の名が記してあったのを、『古事記』にとられた『帝紀』の書かれたときに、新たに五十九王を加えて「八十王」としたものであることが、この書き方でわかるのである。しかし、その五十九王についてはただ数を示したのみであって、一々の王の名まではつくらなかったので、そこでそれを「記に入らざるもの」としたのであり、二十一王の名はもとの『帝紀』の記載をそのまま写し取ったものであろう。

では何故に五十九を加えたかというと、それは皇子を各地の国造、県主などにせられたという話に調和させるためであったろうが、数の上では、一般に「多数」の意義に用いられる「八十」の語を、実数を示す語として用いようとしたからであるらしい。その中の三王に「太子」の名を負わせ、残る七十七王を国造や県主などにせられたとあるのを見ると、この改作は、「三」と「七」との数が尊尚せられるシナ思想の流行するようになってからのことに違いなく、「八」の数を用いるを喜んだ固有の風習とこのシナ思想とが結合して、ここにあらわれているのである（ここに、もとからあった『帝紀』といったのは、はじめて書かれた『帝紀』という意義ではなく、『古事記』にとられた『帝紀』よりも前からあったものということである。『帝紀』は幾度も変改せられたものと考えられる）。また『日本書紀』に二十四王の名が挙げてあるのも、のちの変改であろう。

ところで、上に記した三皇子（三王）のほかがみな地方的首長になられたとすれば、そのうちには皇女も含まれていることになるが、女子の国造、県主というものは記紀のどの記事にも見えていないし、国造、県主などの祖となられたとある皇子とその国造や県主との名は、他の場合には系譜に明記してあるのに、ここにはそれがまったく記されていない。これらのことを考えると、この皇子分封の話が歴史的事実を伝えたものでないことはいうまでもなく、後世になって構想せられたものであることがおのずから知られよう（上記の三王のうちに成務天皇と仲哀天皇の父であられるヤマトタケルの命とあるのは、その理由がわかるが、イホキノイリヒコの命がこれらの二皇子と並んで特別の地位にあり、『古事記』には「太子」と書いてあるのは、何故かわかりかねる。数を「三」にしようとしたためであるにしても、この命を撰んだ理由がわからないのである。あるいはこの皇子にも、もとは何らかの物語があったのが、のちに除かれたのではないかとも臆測すればせられないこともないが、もとより臆測にとどまる）。

また『古事記』の成務天皇の朝の物語は、景行天皇の巻の皇子分封の話を承けて当然書かれねばならぬものだとも見られようが、しかしよく考えると、『古事記』において、景行天皇の七十余王がみな国造や県主などとなったという記事のあとにさらにこういうことのあるのは、この書の全体の筆法から見て、むしろ重複と認むべきものであり、したがってこれはあとから加えられたものではあるまいか。それ（＊国造・県主を定めたこと）が事実でないことは上に述べた如く、地方的君主が概して国家統一の前から引き続いていたものと思われることからも明らかである。「国郡無君長、県邑無首渠」（＊国郡に君長なく県邑に首領がいない）という『日本書紀』に見える詔勅の文字の如きは、シナ思想によってほしいままに書かれたものにすぎないので、それはあたかも前章に考えたエミシの状態の叙述と同様なものである。

第五章　崇神天皇、垂仁天皇二朝の物語

一　神の祭祀

崇神天皇、垂仁天皇の二朝については記紀に種々の記載があるが、第一に注意せられることは神の祭祀である。『古事記』には、崇神天皇のときに疫病が流行して死するものが多かったが、一夜の御夢にオホモノヌシの神があらわれて、これはわが心からであるから、オホタタネコというものをもってわれを祭られるならば、それが止んで国が平かになるであろう、ということを告げたので、その通りにせられた、とある。オホタタネコはこの神の玄孫だということであり、それについてオホモノヌシの神とイクタマヨリヒメとの神婚譚、すなわち普通にミワ山物語として知られている話がある。『日本書紀』にもほぼ同様な記事があるが、ただそのことの動機については「国内多疫病」云々の記事のほかに「当朕世、数有災害、恐朝無善政、取咎於神祇耶」という詔を載せ、それにシナ的政治思想を含ませてある。それから一度(ひとたび)び神の託宣にしたがってオホ

モノヌシの神を祭られたけれども効験がなかったから、さらに神の教えを得ようとして祈られたときに、かの夢の告があった、としてあって、話が複雑になっている上に、その教えにしたがわれるならば国が平になるのみならず、海外の国がおのずから帰服する、ということが加わっている。またオホタタネコは神の玄孫ではなくして子になっているし、神婚の説話は、オホタタネコには関係のない別の物語となって、別のところに記されている。そうしてそのオホタタネコに父のオホモノヌシの神を祭らせたほかに、ヤマトの直の祖ナガヲイチにヤマトのオホクニダマの神を祭らせたとある。が、『日本書紀』にはこのことの前に別に、トヨスキイリヒメの命をしてアマテラス大神、すなわち日の神、をカサヌヒの邑に祭らせ、ヌナキイリヒメの命をしてヤマトのオホクニダマの神を祭らせたことをいい、その動機として「百姓流離、或有背叛、其勢難以徳治之」(＊百姓に逃亡したり、背いたりするものが多数あらわれ、徳をもって国を治めることが困難になった)という、これもシナ思想を含んだ記事を載せてある。そうしてそれを受けて、垂仁天皇の朝にヤマトヒメの命をして、アマテラス大神を祭らせたことが記してある。ヤマトヒメは大神鎮座の地を求めてウダに行き、また近江、美濃を巡歴したが、伊勢に至ってその地を得た、というのである。ところが垂仁紀に注記してある一書の説では、ヤマトヒメの命が一旦大神をシキに祭ったことになっている。それから同じ書にはまた、このときヤマトの大神をオホイチのナガヲカの岬に祠ったということが記してあるが、そこには、この神の託宣として太初のときアマテラス大神との間に誓約があったという話を載せ、またはじめヌナキワカヒメの命に祭らせたのを、故あってナガヲイチに改めた、ということが記してある。『古事記』にはこれらの物語はすべて見えないが、ただトヨスキヒメの命とヤマトヒメの命とがイセ大神宮拝祭の任にあたったことだけが、崇神の巻と垂仁の巻との系譜を記したところに出ている。なお遥かのちにつくられた『古語拾遺』には、これについて記紀のいずれにも見えないことがある。詳しくいうと、『古事記』にはまったくない話であるが、『日本書紀』には、アマテラス大神とヤマトのオホクニダマの神（＊土地の神）とは、従来宮中に祭ってあったのを、崇神天皇のとき「畏其神勢、共住不安（＊この二神が対立した）」の故に、上記の如く別の場所で祭られることになった、としてあるのに、『古語拾遺』にはもっと具体的に、このときイミベ氏に鏡剣摸造のことを命ぜられた、としてあるのである。

そこでまず考うべきことは、記紀二書の記載の違いであるが、オホモノヌシの神の祭祀については、『日本書紀』のほうが発達した形をもっている。シナ思想はもとより『日本書紀』一流の文字上の潤色であって、始には上に引いた如く災害云々という難しげな道徳的意義のあることを述べながら、「恐朝無善政」（＊朝廷が善政を行なっていない）に応ずることは、少しも事件の経過の上にあらわれず、終になっては原（もと）の物語のままに、ただ「疫病始息」とのみいってあるのでも、その形跡がわかる。また海外のこともミマナ使来朝の物語をこの天皇に付会したため、それに応ずるようにしたのであろう。が、祭祀そのことの経過が複雑になっているのは、物語そのものの発展として見なければなるまい。しかし『古事記』の説としても、物語の原形であったとは考えにくいので、オホタタネコをオホモノヌシの神の子としてある『日本書紀』とは違い、それを玄孫とし、とくにその系譜中にタケミカツチの神の加わっているが如きは、たぶん、後人の潤色であろう。この点においては、かえって『日本書紀』に古い形が遺っているのではあるまいか。「天下平、人民栄」というようなシナ風の表現法も、『古事記』においては他の物語と調子が合わないようである。

それから、オホモノヌシの神とともに、ヤマトのオホクニダマの神を祭ったという『日本書紀』の話も、あとから加えられたものらしい。それは、この話が『古事記』のほうに出ていないこと、託宣または夢にあらわれたという神の名にオホモノヌシばかりが見えていること、オホタタネコの話は詳しく書いてあるが、ナガヲイチは名のみ記されているにすぎないこと、などからの推測である。なおこのオホクニダマの神の祭祀は、すでに述べた如く、前後両度に行なわれたことになっているが、後のほうがオホモノヌシの神の話と連結せられ、祭主をナガヲイチとしてあるのに、前のほうのではアマテラス大神と同じように取り扱われ、祭主がヌナキイリヒメの命とせられている。しかるに『古事記』の系譜には、ヌナキイリヒメの命の名が出ていながら、トヨスキイリヒメの命がイセの大神を拝祭したということのあるのとは違って、この命についてオホクニダマの神に侍したことが記されていない。またアマテラス大神が天皇の大殿の内に祭ってあったのを別のところに奉安したというのは、神代史の皇孫降臨の際に大神が神宝を授けられたという話、したがってまた『古語拾遺』によって伝えられた神器摸造譚を、それと結合して語り得るものであるが、オホクニダマの神についての同じ話は、まったく孤立したものである。だから、これもまたあとから加えられたのであろう。そうして、それが加えられた事情は、垂仁紀の注に引いてある一書の説によって窺い知ることができる。この説によると、崇神朝の祭祀は末のみを見て本を忘れたものであるからこの神を祭らなければならぬ、という託宣があったとのことである。アマテラス大神との誓約は、その本の本たるところを明らかにするために述べられたのであろう。さて末にすぎないというのは、オホモノヌシの神を祭ったことを指すものに違いないから、この託宣には、オホクニダマの神社が、オホモノヌシの神社に対抗して、自己の優越を示そうという意図の含まれていることが、推知せられる。オホクニダマの神の祭祀がとくに語られた理由は、これでわかったが、ただこの説では、それが垂仁朝にはじまったようになっているのを、『日本書紀』の本文では、それに基づきながら一歩を進めて、崇神朝にオホモノヌシの神とともに祭られたことに改作してある。そうして託宣に見えるアマテラス大神との関係を具体的に示すために、別にその前のこととして、これまで大神と同様に祭ってあったのを、同時に皇居から離れた場所に遷したように、記したのであろう。前の場合のにヌナキイリヒメの命を、後の場合のにナガヌイチを配し、本の説では総合して語られている二人を、両方に分けてしまったのも、この故である。引き続いて行なわれたという同じ神の祭祀が、相互にまったく無関係なこととなり、重複の感を与えているのは、甚だ不自然な話であるが、それはこういうようにして強いてつくられたからである。そうしてこの本の話に見えるアマテラス大神との誓約ということは、後世の思想であろうから、この説のつくられた時期もほぼ推知せられる。のみならず、もっと根本的に考えると、オホクニダマの神というのは国郡制置のあとになってあらわれたものらしい。神名帳を見ると所々にクニダマもしくはオホクニダマの神社があるが、そのクニは大化改新以後における行政区画としての「国」を指しているらしいから、その意味での国ごとにその国のクニダマを祀ったものがこの神社であろう（今の神名帳にはこの名の神社が載っていない国もあるが、それはこの考説の妨げにはならぬ）。現に『日本書紀』のこの物語においてもヤマトのオホクニダマの神とあって、そのヤマトは国名としてのに違いない。さすれば、この物語は早くとも大化後でなくてはつくられないはずである。また祭主として語られているナガヲイチ（＊長尾市）という名は、神社の所在地として記してあるオホイチのナガヲカを、そのまま人の名として用いたものらしい。

次には大神祭祀の物語を考えねばならぬ。すでに述べた如く、『古事記』にはこの話が見えていないが、二皇女の大神宮拝祭のことだけは系譜のところに記されているので、それは『帝紀』『旧辞』の古い形においてはこの物語がなく、のちにそれが添加せられたのを、『古事記』のもとになった『旧辞』は、その補ってなかった本であり、『帝紀』のほうは記されていた本であることを、示すものらしい。ただしトヨスキイリヒメの命について「拝祭伊勢大神之宮也」とあるのは、大神が最初からイセに祀られたというのであって、一時ヤマトのカサヌヒに神宮を建てたように説いてある『日本書紀』の記載とは、矛盾する。そこで『日本書紀』をよく見るに、本文のカサヌヒや、注記の一書のシキや、イセ鎮座の前に祀られた場所について、相互に矛盾するいろいろの説のあるのは、あとからさまざまに構造せられたためらしい。また本文に見えるヤマトヒメの命の近江、美濃、伊勢の巡歴譚はカサヌヒ鎮座の話と連絡のあるものであるが、それは国名の書き方から見て、国郡制置以後につくられたとしなければならず、アマテラス大神の託宣の「神風伊勢国」は、イセに神宮が建てられてからあとにいいはじめられたことばに違いない。イスズの川上を「天照大神始自天降之処也」（＊天照大神がはじめて天より降りた場所である）とするに至っては、明らかに神代史の所説（＊高天原神話）と矛盾しているが、これもまた神宮の所在地と大神との関係を説くために案出せられた後世の考えだからである。それから、一書の説に、イセ鎮座の時期を『日本書紀』の本文よりは一年前の丁巳年冬十月甲子としてあるのは、こういう物語に精密な年月をあてはめた点において、この書のできたのが後世であることを証するものであって、それはたぶん、『日本書紀』編纂の過程における一稿本などであったろうと思われる。だから、『日本書紀』の記載はいずれも後人の造作であって、『古事記』のいうところが大神鎮座の物語の最初の思想を伝えたものらしい。『古事記』の説は、『日本書紀』に見えるような話から変化したものとは考えにくいのである。

こう考えてくると、『古事記』によって伝えられている最初の物語の価値もおのずから判断せられよう。ヤマトヒメという名が、しばしば説いた例の如く、地名をそのまま人名としたものであることをも、考えるがよい。歴史的事実として神宮がいつ建てられたかは明らかでないが、神代史がもしイセの神宮のすでに存在するときにはじめて述作せられたものであるならば、大神に関する物語の何事かはそこに関係があるようになっていそうなものであって、たとえば大神の居所となっているタカマノハラに、ヤマトの土地からその名のとられたカグ山やタケチやのある代わりに、イスズ川などがあらわれているか、あるいは出生の土地がイセとせられているか、そういうことがあってもよかろうと思われるのに、毫もそんな形跡がなく、また大神を中心とする神代史の全体の組み立ての上においても、イセが何ら重要な地位に置かれていないのを見ると、神宮の建設は神代史の最初の述作のあとであったことが、考えられる。そうして神代史を含む『旧辞』の最初の述作が六世紀の中頃であるとすれば、イセの神宮が大神を祀ったことになったのは、あるいはイセに神宮の建てられたのは、早くとも六世紀の後半の頃であったことが推測せられるであろう。こういう考え方をするまでもなく、『旧辞』の最初の形ではイセ神宮の話がなかったとすれば、単にその点からでも同じことがいわれるであろう（皇孫降臨の段の『古事記』に鏡がイセにあることを記し、『日本書紀』の「一書」にサルダヒコの神がイセに行った話のあるのはいずれものちの添加らしい）。要するに、大神のイセ鎮座の物語は、この神宮の起源を説くためのものであって、上に述べた如く『旧辞』の一旦述作せられたあとになって語り出され、その後またそれが種々に潤色せられたものと、考えねばならぬ。そうしてそのはじめて語り出されたのは、上記の神宮創建の時期から考えると、推古朝の頃ではなかったろうか。

さて最後の問題は、記紀に共通なオホモノヌシの神の祭祀の物語であるが、この神の子孫としてオホタタネコという人（＊人間）があるということだけから見ても、それが事実でないことは明らかである。オホモノヌシは人ではなくして神であり、しかもそれは蛇として考えられていたからである。オホモノヌシの神が蛇の形を現じたという『日本書紀』の話は、『古事記』には明記してないが、それには傍証もある。雄略紀（七年の条）に、天皇がミモロの岳の神の形を見ようとせられたとき、ある人が蛇をその山で捕らえてきて御覧に入れたので、それからこの岳をイカツチの岳とせられた、という話がある。イカツは「厳つ」で、チはヲロチやミヅチのチと同じ語であり、イカツチは恐ろしい神としての蛇を指している（この場合では雷の字はあて字にすぎない。『古事記』の神代の巻のヨミの国の段に八つイカツチとあるのも、また蛇のことであろう。

墳墓またはそこに葬られている屍体もしくは死者の霊魂と蛇との連想は、世界的のことである)。この話のミモロの岳は、イカツチの岳の名から考えると、ミワのではなくしてアスカのであろうが、蛇が神とせられたことは、これでもわかるから、ミワの山の神もまた同様であったと考えるに、無理はなかろう。もっとも『古事記』の神代の巻には、ミワの神を海原を光らしてきた神とあり、『日本書紀』の注記の「一書」には、それをオホナムチの神の幸魂・奇魂として、やはり同じことが書いてあるが、これについても『古事記』の垂仁の巻に、ヒナガヒメが蛇となり海原を照らして追ってきた、とあるのが参考せられる。ここにいう神もしくは魂は、必ずしも蛇そのものではないであろうが、それと連想せられ得るようなものではある。少なくとも人の形を具えたものでないことは、疑いがない。しかし一方ではこの神が夢の告において、またオホタタネコの父祖たる点において、人の形を有する神とせられているので、そこに矛盾がある。この矛盾はいかに考うべきであろうか。それを解釈することは、おのずからこの話の意義とそれのつくられた時代とを知る頼りにもなるのである。

このことを考えるには、上代に神といわれていたものが何であるかを一応知っておく必要がある。上代人の思想では山の神や海の神があることになっているが、これらは、山や海そのものが神とせられていたとともに、山や海の至るところに目に見えない精霊がいるとして、その精霊が神と呼ばれてもいたようであり、そうしてその精霊は動物の形をとることもあるので、蛇やワニ(海蛇であろう)は、山や海の神とせられてもいた。しかし蛇や狼などはそれ自らでも神であり、それとともに大きな樹や石もまた神であった。天上の日や月もまた神であり、風も雷も火もまた同じであった。これらは自然界における神であるが、人の生活に特殊の関係のある、または人のつくり設けたある場所、あるいは生活になくてはならぬもの、たとえばミクマリ（用水路の分岐するところ）とか、井とか、竈とか、家の門戸とか、または耕作する土地とかにも、神としての精霊がいるし、食物としての米そのものもまた神であった。のみならず、人自らの血の如きもやはり神とせられていた。これで見ると、人が、ある場合には、彼らの生活を害するものとしてそれに対して脅威を感じ恐怖の情を起こすとともに、また他の場合には、人の生活を保護するもの、それによって生命が維持せられるものとして、人がそれに依頼するもの、この二つの意味において人の力の及ばないある霊的な力をもっているもの、が神とせられていた、と考えられる。そうしてこういう神は、蛇などの動物はいうまでもなく、目に見えない精霊であっても、形を具えているものであっても、その多くは、何らかの意味で生きているもの、何らかの程度で人の如き情意をもっているもの、のように思われていた。なお人の生活を害する「あしき神」「あらぶる神」すなわち邪霊悪神の類も多く、昼は音たてて騒ぐ神、夜は光る神、が至るところにあるともいわれ、闇いところや道の分かれるところや屍体や墓地やにいる悪神邪霊もあるとせられていたが、これらはいずれも人の恐怖感からそう信ぜられるようになったものと考えられる。天上の星も、夜光るものとして、またその仲間である。さて上にいった神に対して、その害から免れそれに保護を求めるには、主として祭祀の方法によるのであるが、別に呪術によることもあるので、その場合には、一般に呪力と称せられる霊的の力をもっているように信ぜられるものは、やはり神と呼ばれた。木とか石とか火とか水とか食物としての米とかは、この意味でもまた神であった。

呪術はまた邪霊悪神を払いのけて人の生活を保護するためにも行なわれたので、その場合でも呪力をもっていると思われたもの、たとえば鏡とか剣とか玉とか杖とか唾とかの類は、やはり神と呼ばれ、木や石や火や水やは、この意味でもまた神とせられていた。呪詞を唱える場合の「ことば」もまた、呪力あるものとしての神であった。こういう祭祀や呪術は個人的にも行なわれたが、集団的または公共的にも行なわれたので、その集団的公共的な儀礼のしばしば繰り返して行なわれ、したがってそれを行なうところとして、長い年月の間に、おのずから一定せられるようになった場所が、いわゆる神社の地であったろう。そうして神がいるように、またははたらくように信ぜられたところ、または祭祀呪術を行なうに便なるところなどが、そういう場所となったのであろう。なおかかる祭祀呪術を行なうものに巫祝（ふしゆく）ともいうべきものがあったことはいうまでもあるまいが、村落的地方的集団においてそれの行なわれる場合には、それはおのずからその集団の首長、すなわち国造、県主または君などといわれていたものが、彼ら自ら、または巫祝を率いて、その任務にあたったであろう。地方的首長とその土地の神社との間には、密接の関係のあったことが、文献上の種々の記載によって知られる。神はこのようなものであるが、神の字のあてられたカミという語は、ミがその語根であって、霊的の力のあるものを指していうのであり、カはその上に加えられた接頭語ではあるまいか。ヘミ（蛇）のミも、ヤマツミやワダツミのミも、このカミのミと同じであろう。

神と称せられるものにこういろいろあったとすれば、それについて歴史的発達のあったことが推測せられねばならぬが、今はそういう問題には立ち入らず、ただ記紀などの上代の文献に見えているところによって、平面的な概観を述べるにとどめておく。ただ神はこういうものであったから、それは人の形と性質とをもっているものとしては考えられなかった、ということを、一言しておこう。生きているもの、何らか人の如き情意をもっているもの、のように思われていた神にしても、それは精霊もしくは霊物であった。穀物を稔らせるはたらきをもっている「年の神」というようなものがあったにしても、それもまた精霊としての存在であった。一般に祭祀の場合において、神の宿るところとしてヒモロギというものの設けられる習いがあったことも、またそれを証する。呪術的儀礼においては、神の象徴として何らかの形を有するものが設けられる場合があったかもしれず、そうしてそのうちには人の形を設けることさえもなかったとはいわれないので、もしそういうことがあったならば、それは神に人の形を与えるようになる一つの契機となったでもあろう。けれども、そういうことのあった証跡は明らかでない。というのは、神代の物語においても、祝詞などにおいても、人に擬した名のつけられている場合はあるが、人の形をもち人の如く行動したようには語られていないので、民間信仰における神としてはなおさらそうであったろう、と考えられるからである。

ただ遠い昔から言い伝えられてきた民間説話においては、動物と人とが明らかに区別せられず、たとえば神代のホホデミの命とワニの女との話の如きものがあるから、ミワ山の神としての動物が人の形をとってあらわれることには、それから導かれたところがあろう。蛇と人の女との婚媾の話が、民間説話として考えらるべきものであることは、一層それを確かめることになろう。神代の物語において神に人の如き名の与えられていることが、それを助けたかもしれず、オホモノヌシという名のつけられているのは、それを示すものであろうかと思われ、したがってミワ山の神の祭祀に関する説話のこの部分は、神代史の世にあらわれたあとにつくられたものかと考えられるが、その神をオホタタネコの父祖とした意味において、この蛇神に人の形と性質とをもたせたのは、民間説話に由来があろう。そうして父祖とせられたのは、神を祭るものとしての、あるいは巫祝の任務を行なうものとしての、その土地の首長の地位が世襲的であったからのことであるらしく、オホタタネコがミワの君の祖とせられているのは、それを証するものである。ミワの君はミワ山の神を祭る地位にあるものであったために、その神を祖先としたのである（これは神を祖先に擬したのであって、祖先を神として祭ったのではない）。ただし、この場合、祖先としてのミワの神が蛇であることは、あるいは背後に退いているので、その点においては、神を祖先としたことと民間説話とは、別々に考えられているかもしれぬ。記紀の書き方の上から、そう推測せられもする。

蛇であるミワの神が、その神の祭主となったオホタタネコの父祖とせられ、人の形をもったものとせられたことは、こう考えてくると、おのずからその意味が知られたであろう。

二　伝説的物語

崇神天皇、垂仁天皇の二朝のこととしては、神の祭祀に関連して二、三の伝説的物語がある。その一つは、記紀のいずれにもある崇神朝のミワ山物語である。これは、全体としてはミワの地名説話になっているが、物語そのものは本来ミワとは関係のない民間説話であって、記紀の話はそれを、蛇として崇拝せられているミワの神に結合したにすぎない。蛇と人との婚媾は世界の民間説話に例の多いものだからである。『古事記』の神武の巻には、同じミワのオホモノヌシの神が丹塗矢(にぬりや)になって女に婚(まぐわ)ったという話もあるが、『常陸風土記』の那賀郡の条及び『肥前風土記』の佐嘉郡の条にも、ここの神婚譚に似た話があって、それがみな蛇を主としたものであるから、この物語がミワ山に結びつけられたのも、この山の神が蛇とせられていたからであろう。丹塗矢の物語は『山城風土記』にも似た話があって、それがホノイカツチ（火雷）の神だといわれ、その子はカモノワキイカツチの命だといわれているが、この「イカツチ」も本来は「雷」ではなく、やはり「蛇」であったろう（天に上ったという話のあるのは雷としてのイカツチに混同せられたのである）。そして、同じく丹塗矢で同じく神婚の物語である『古事記』のと、この風土記のとは、同一説話の少しく形を変えたものと見なければならぬから、『古事記』の話の丹塗矢は蛇の変形であり、もとは蛇として語られていたのであろう。さて記紀の二つを比較すると、『古事記』には肝心の夫妻の別離の物語（＊アマテラスの父イサナキと母イサナミは火雷の神の出産を機に別れる）がないから、『日本書紀』のほうが全き形を具えているらしい。この話が歴史的事実でないことは、いうまでもない。

　第二には、これも記紀の両方にある垂仁朝のホムチワケの皇子の物語である。この皇子は、八束髯(やつかひげ)（＊長いヒゲ）が胸先に至るまで口を利かれなかったが、鵠(はくちょう)の鳴く音を聞いてはじめて声を出されたので、その鳥を捕らえるために人を遣わされた。その人はキ、ハリマ、イナバ、タニハ、タヂマ、チカツアフミ、ミヌ、ヲハリ、シナヌを順次に追い回して最後にコシの国でそれを捕らえてきた。けれども皇子にはイヅモの大神の祟りがあったので、その大神を拝祭せられるまでは口を利かれなかった。これは『古事記』のほうの記事で、そのあとに、ヒナガ姫に一夜会われたがその姫は蛇であった、という話が結びつけられている。『日本書紀』のほうでは話が少し変わっていて、はじめ鵠の音を聞かれたときに言を出されたため、その鳥を捕らえて献上せよという勅命があり、イヅモ（またはタヂマ）でそれを捕らえた、というのであって、イヅモの神のことはまったく見えない。『日本書紀』のほうが話の原形に近く、『古事記』のほうはそれから発展したものであろう。『古事記』の鳥を追い回した国々はことごとく国郡制置以後の国名であるから、大化のあとに手を加えたものらしい。また八束髯生うるまで言問わさぬということは、『出雲風土記』の仁多郡の条に似た話がある。鵠の物語はそういう話の型に属するものであろう。

次には、宗教的意義はないけれども、やはり記紀のいずれにも見える物語がある。それは、垂仁朝にタヂマモリが海路トコヨの国に行ってトキジクノカクノコノミをもってきた、ということである。『日本書紀』にはこのトコヨの国を説明して「神仙秘区」といい、その道程を記して「万里踏浪、遥度弱水」と書いてあるが、これは明白にシナの神仙思想である。とくに神仙郷たる蓬莱山（ほうらいさん）は海中にあるとせられているから、海に浮かんで行くとするには最も適している（ただしここに「弱水」とあるのは、西方の神仙郷たる崑崙（こんろん）に関係のある名をとってきて、無意味に結合したのみである）。『古事記』にはこういう文字はないが、その思想はやはり同一であることが「トコヨ」の語から推測せられる。トコヨは「常世」すなわち「長生不死」という意義に解すべきものだからである。

「わきも子は常世の国に住みけらし昔見しより若えましけり」(『万葉集』巻四)。「君をまつ松浦のうらのをとめ子は常世の国のあまをとめかも」(同書巻五)。トコヨの国が、万葉時代には一般に「神仙郷」の意義に用いられていたのみならず、雄略紀に「到蓬莱山、歴覩仙衆」(＊海に入って蓬莱山に行き、仙人たちに会った)とある浦島の子(＊太郎)についても、『丹後風土記』に「常世べに雲立ちわたる水の江の浦島の子がこともちわたる」の歌が載せてある。トコヨが神仙郷を指していることは、疑いがあるまい。

記紀の物語においてトコヨは二つの意義に用いられ、一つは「常夜」の義であって、歴史的にいうとそのほうが古くからのならわしであったろうが、別に「常世」の義もあるとすれば、それは神仙思想が入ってきてから、不老不死の観念をこの語であらわすことになったからであるので、トコヨの国はその意義において神仙郷に擬せられたものらしい。さすれば、タヂマモリの物語もこういうシナ思想の所産であるとするに、異議はなかろう。「橘」の称呼としての「トキジクノカクノコノミ」の名も、不老不死の観念に因縁があるらしい。その葉が冬にも枯れず、その実が長く生気と香りとを失わずにいるところから、長生不死のトコヨの国の産として語られたのである。万葉の歌などによっても知られる如く、橘はひどく賞美せられたので、「タチバナ」の音に似た「タヂマモリ」をトコヨの国へやってそれをもってこさせたという橘の起源説話が、この物語なのである。トコヨの国が現実のどこの土地でもないことは、もしこのタヂマモリが、事実、どこかの海外の国へ行ったのならば、その国の名を記されないはずはなく、またその土地がどこであるにもせよ、突然一回のみ交渉があって何らの連絡がその前後にないことによっても知られよう。タヂマから出帆し得べき方面にあって、当時において、事実上、交通のあった国は、朝鮮半島のほかにはなかろうが、朝鮮のどの地方も、かつて「トコヨ」というような名で記されたことがない。のみならず、上代においてタヂマ方面から海外に交通したようなことは、歴史的事実として明白な例がない。だからこれは決して歴史的事実の記載ではない。

なお「トコヨ」という名は皇極紀（三年の条）に見えていて、それは虫を「常世の神」と称したということであるが、これもその功徳が「貧人致富、老人還少」（＊富と長寿が得られる）というのであるから、やはりトコヨを「不老不死」の義として、こう称したものであろう。また『常陸風土記』（巻首）にもあるが、これは美称であって、不老不死の意義はなくなっていながら、やはり神仙郷の観念から来ているに違いない（この書が甚だしくシナ思想で潤色せられていることを考えるがよい）。それから『古事記』の神代の巻に、スクナヒコナの命を「度于常世国」（＊常世国に渡ってしまった）としてあるが、これはその意義が一転して「神仙」という分子がなくなり、ただ「海上の国」という観念のみが残ったのであろう。なお神武紀には、ミケイリヌの命が「母も姨（おば）も海神であるのになぜ波が起こるか」といって、その波を踏んでトコヨの国に行かれた、という話があるが、これは海中の国、すなわちホホデミの命の物語に見えるワダツミの神の国を「トコヨの国」という語で示したのである。この話は、イナヒの命が海に入ってサヒモチの神となられたということから類推しても、海中に身を投ぜられたことをいったものに違いないが、それをワダツミの神の国であるという海中の国に行かれたことにしたのである。また『新撰姓氏録』(巻二十一)に、常世連を燕国王公孫淵の末裔としてあるのも、「トコヨ」の語を海外の国の義に用いたものであろう(こういう帰化人の系譜は歴史的事実として信用ができぬものである)。トコヨの国が海外の土地とせられたり、海中の国となったりしたのも、みな蓬萊山の観念から転化してきたものである。

次に考えねばならぬことは『古事記』に、崇神天皇のときに、コシと東方十二道とにオホヒコの命とその子のタケヌナカハワケの命とを遣わして「まつろわぬ人ども」を平定せしめ、またタニハにもヒコイマスの王を派してクガミミノミカサというものを殺させられた、とある話である。『日本書紀』には北陸、東海、西道、タニハの四方に将軍を派遣せられたとあって、「北陸」は『古事記』のコシ、「東海」は東方十二道にあたるが、「西道」は『日本書紀』においてはじめてあらわれたもので、その将軍は「キビツヒコ」とせられ、タニハに遣わされたのも「タニハノミチヌシの命」という名になっている。『古事記』に三方のみあって、「西道」の一つが欠けていることについては、孝霊天皇の巻にオホキビツヒコの命とワカタケキビツヒコの命とに命じ、ハリマを道の口としてキビの国を言向け(*平定)させられた、という話があることを考えねばならぬ。『日本書紀』の同じ天皇の条にはこの物語がなく、そうして崇神紀に西道の将軍をキビツヒコとしてあることを思うと、これは『日本書紀』が『古事記』のキビ平定の話を崇神朝の物語に結びつけて「四道」としたのか、あるいは話の原形では『日本書紀』の説の如く「四道」としてあったのが、『古事記』においてキビの討平を「キビツヒコの命」の名のあらわれている孝霊の巻に移したために崇神朝の物語には三方だけ残ったのか、どちらかであろう。記紀の大体の性質から見ると前のほうらしくも思われるが、『古事記』の綏靖から開化までの巻々は系譜のみあって物語のないのが例であるから、孝霊の巻に限ってキビ平定の話のあるのは、怪しい。また崇神の巻の記事についても、第三章に述べた如く「東方十二道」の語がのちにつくられたものらしいこと、次にいうように「アヒヅ」の地名説話が新しいものであることを考えると、『古事記』の崇神の巻のこの物語にはかなり後世の潤色が加わっているに違いないから、『日本書紀』の材料になったもののほうが、かえって話の原形に近いかもしれぬ。

『古事記』がタニハに限って叛逆者の人名を挙げたのも、後人のしわざと見るほうが適切であろう。『日本書紀』にタニハ方面の将軍をタニハノミチヌシの命としてあるのも、キビ方面のがキビツヒコの命である類例から考えると、やはり古い形ではなかろうか。『古事記』によると、タニハのヒコタタスミチノウシの王というのがあって、ヒコイマスの王はその父であるが、『日本書紀』にはこの系譜は書いてない。それから『日本書紀』ではキビツヒコが皇族であるかどうか不明であるが、孝霊紀のヒコイサセリヒコの命の分注にその一名をキビツヒコの命としてあるから、この「キビツヒコ」もそれを指すのかもしれぬ。しかしこの注は『日本書紀』の文例から考えると、別の材料からとったものであって、『日本書紀』の主としてよったものにはなかったのであろう（ワカタケヒコの命をキビの臣の始祖としてあることからも、そう思われる）。

系譜と物語と充分一致しない点があるが、タニハ方面の将軍はタニハノミチヌシの命、キビ方面のはキビツヒコの命であるとすれば、経略すべき土地からその任にあたる将軍の名をつくってきた物語の作者の思想は明瞭に了解せられ、とくにキビツヒコは、しばしば述べたように、事実譚とは考えられない種々の物語において地名をそのまま人名としてある例の一つと見なすべきものである。

さて、四道はのちの北陸、東海及び東山、山陰、山陽の諸道にあたるので、ヤマトの都からの主要なる方向のあたる地域をことごとく包含しているが、こういう風に計画的に行なわれたようになっている四方の綏撫において、毫も実行の模様を叙してないことは、この物語の性質を知る上において大切な点である。言い換えると、これは四方経略という概念によってつくられた物語にすぎないのである。そして、それに結びつけてある話も、不思議な少女があらわれたり、「タケハニヤスヒコ」の名が前に説いたように説話的人物に通有な形をもっていたりするのを見ると、決して事実譚とは考えられない。のみならず、これらの話は、四道の経略とは本質的に関係のないことであるから、たぶん、あとになって添加せられたものであろう。イヅミ、クスバ、ハフリソノなどについての、例によって例の如き地名説話もまた同様である。

とくに『古事記』には「アヒヅ」の話があって、それはコシと東方とに遣わされた二将軍の会合したところだというのであるから今の「会津」であろうが、この方面に経略の手の伸ばされたのは、第三章に説いた如くほぼ大化の頃であろうから、この名がはじめて都人に聞こえたのも同じ時代であったろう。アヒヅの話の書かれた時代はこれで推測することができる。これもまたこの時代におけるエミシ経略の反映であろう。またこの話は、『古事記』の物語に『日本書紀』のよりも新しい潤色の加わっているところのある一例でもある。

ついでにいうが、『日本書紀』には、崇神朝にトヨキの命が東国に赴かれた、ということがある。

これは『古事記』にはない話であるが、同じ命をカミツケヌ氏及びシモツケヌ氏の祖先としてあるから、稗田阿礼の誦んだ『帝紀』はこの物語の書かれたあとに加筆せられたものであろう。このことはヒムカのミハカシヒメと景行天皇巡幸の物語との関係、タケウチノスクネの系譜と『日本書紀』にのみ見えるこの人の物語との関係と同じであり、トヨスキイリヒメの命、ヤマトヒメの命と『日本書紀』のみにあるこの二皇女の物語との関係も、これに準じて考えるべきであろう。なお、このことについては、トヨキの命が外に出てイクメの命が大統を承けさせられた、という崇神紀（四十八年の条）の物語と、オホタラシヒコの命とイニシキの命とについての垂仁紀（三十年の条）の話とが同工異曲ともいうべきであることを、参考するがよい。景行紀（五十五年及び五十六年の条）の、ヒコサシマの王を東山道十五国の都督とせられ、ミモロワケの王がその跡を継がれたというのは、トヨキの命の物語の引き続きであるが、「東山道」云々は、もちろん、後世でなくては考えつかぬ名称である。これは『古事記』には見えていない。そしてミモロワケの王の事業として記してあるエミシの経略が事実でないことは、上にすでに説いておいた。これらの点から考えると、トヨキの命の話が後世につくられたものであることは、おのずから知られよう。

　なお、記紀のいずれにも、崇神天皇の朝に男女調貢の法を定められたとあるが、われわれの民族が一つの国家に統一せられなかった時代とても、君主の存在する以上、何らかの形での調貢の法がないはずはなく、そしていわゆる「男の弓端（ゆはず）の調（みつぎ）、女の手末（たなすえ）の調」（＊男は狩猟の獲物を、女は手で紡いだ糸や布を税として納める）はただ調貢ということを男女に分けていったまでであって、特殊の租税制度とも見えないから、これもまた調貢の起源をこの朝に付会したまでのことである。

また『日本書紀』には、崇神天皇のときにはじめて船をつくったように書いてあり、「其令諸国俾造船舶」という詔が載せてあるが、船がこれまでなかったはずはもちろんないから、これもまた船の起源をこの天皇の代に付会したものである（事物の起源を古代の君主に関係させて説くのは、たぶんシナの古史の模倣であろう。またもしこの記事を、船が少なかったから造船を奨励したのだとか、新しい製造法を教えたのだとか説くものがあるならば、それは神代史の「埴土をもって船をつくる」とあるのを解して、埴で木を塗ったのだとかどこかを埋めたのだとかいうのと同様、牽強なる合理的解釈の試みであって、「始造船舶」とあり「以埴土作舟」とある一点の疑いもない明文をほしいままに改作するものである）。

こう考えてくると、垂仁天皇の朝にノミノスクネの建言によって殉死の代わりに土偶を墓に立てるようになった、という物語の真否もほぼ推測せられる。これも『日本書紀』だけの話であって、『古事記』には、この朝に土師部（はじべ）を定められたということと、陵に人垣を立てることがはじまったということとが見えるのみである。さて、墓に人の像を立てることが殉死に代えるためであったということとは、宗教思想発達の径路から見ると有り得べきことでもあり、また後人がそう考えたことにも理由はあるが、『日本書紀』のこの前後の記事の性質から類推し、また『古事記』の記載との関係から考えると、ノミノスクネの物語が歴史的事実であろうとは思われぬ。「ノミノスクネ」の名を出したのは、その子孫であるという土師氏の職掌の起源を語るためであるが、人の像を立てることの由来をこう説いたのは、立物（はにわ）そのものの起源説話としてであり、船の起源説話を語ったのと同様の考え方から来ているのであろう。

最後にいうべきは、『古事記』にも『日本書紀』にも共通の話であるが、崇神天皇に「所知初国之御真木天皇」または「御肇国天皇（はつくにしらすめらみこと）」の称呼があるということである。次章に考えるように神武天皇が第一代の天皇として語られているのに、崇神天皇にこの称呼があるというのは、奇異なことであるから、これには何か特殊の意味がなければなるまい。『古事記』にはこのことが男女調貢の法の定められたという話に続けて記してあるが、この二つの話の間に結びつきはなさそうである。あるいはその前の「天下太平、人民富栄」の句につながりがあるのかもしれぬが、よしそうであるにしても、その句はこの天皇の治績を概括していったまでのものであって、しかもそれはこういう称呼のあった理由の説明にはならぬものである。が、今はこのことを一つの問題として提出するにとどめておく。その解釈はのちに至って試みるであろう。

第六章　神武天皇東遷の物語

一　東征の物語

開化天皇以前、綏靖天皇以後については、『古事記』にも『日本書紀』にも歴代の系譜が記されているのみであって、何らの物語がない。いわゆる『帝紀』の部分のみがあって、『旧辞』のがないのである。崇神天皇以後には、上に考えてきたような物語があり、神武天皇についても、いわゆる東遷に関する種々の説話が伝えられているにかかわらず、その中間のこの長い間に何の物語もないということは、読者をして甚だ奇異な感じを起こさせる（ただ『古事記』においては孝霊の巻にキビ平定の話のあるのが例外である）。これは何故であるかということは、記紀もしくは『帝紀』『旧辞』の性質を知るについて重大な問題となることであるが、それはしばらくあとに譲っておいて、ここではすぐに神武天皇に関する物語の考察に移る。

神武天皇に関する物語もまた、記紀の間に種々の差異がある。全体についていうと、『古事記』

には歌物語が多く、そのうちには短歌の形のものの如く、かなりあとになってつくり加えられたと思われるものさえあるが、『日本書紀』には漢文の形を用い、シナ思想によって書かれたところが少なくない。物語の細部において一致していないところのあることは、これまで考えてきた他の物語と同様であるが、東行の道筋について見ても、ヒムカ（今の日向地方、このことはのちにいおう）から出立せられ、ウサを経てヲカダに赴かれ、そこから瀬戸内海に入り、アキ、キビなどの行宮(あんぐう)などに少しずつ滞在せられた、ということは、記紀ともに同じであるが、行宮の名称や滞在の期間などは一様でない。『古事記』にヲカダとあるのも、『日本書紀』にはヲカ（筑前遠賀(おんが)郡）となっている。また『古事記』ではキビからナニハまでの航路において、ハヤスヒの門を通過せられたように書いてあるが、『日本書紀』ではそれをヒムカとウサとの間のこととしてある。ハヤスヒは豊後、伊予間の有名な海峡（＊速吸瀬戸）に違いないから、『古事記』の記載には地理上の錯誤がある。

　さて、『古事記』には、ナニハを経てアヲクモのシラカタの津に船を泊められたとき、ヤマトのトミのナガスネヒコが逆撃をしようとしたので、クサカのタデ津に上陸してそれと交戦せられたが、不利であり、そこで、日の神の御子として日に向かって戦うのはよくないから、日を背に負って進むようにしなければならぬということになって、チヌの海（＊大阪湾）、ヲの水門を経てクマヌ（＊熊野）に赴かれた、とある。ナニハとチヌの海とは明らかであるが、シラカタの津とタデ津とは、これだけでは、どこにあるのかわかりかねる。ところが『日本書紀』では、ナニハから河を溯ってクサカのシラカタの津に行かれ、それから陸路タツタを経てヤマトに入ろうとせられたが、道が険隘であったため、転じてイコマ越えに向かおうとせられ、そこをナガスネヒコが逆撃したのでクサカのタデ津に退かれ、それからチヌの海を経てクマヌ方面に赴かれた、ということになっている。

次に、クマヌからの行路については記紀ともに明らかになっていないが、『古事記』によると、ヤタガラスの嚮導によってヨシヌ河の河尻に出られ、それから途次アタの鵜飼の祖だというニヘモツノコ、ヨシヌの首の祖だというイヒカ、ヨシヌの国巣の祖だというイハオシワケノコの降伏を順次に受けてウダのウカシに行かれた、というのであるから、十津川の流域を経て賀名生方面から五条地方に出、そこから吉野川の渓谷を東進し、その上流域から転じて宇陀郡（＊奈良県北東部）に入られた、というのらしい。『日本書紀』のほうでは、クマヌからすぐにウダに行かれ、ヨシヌ河方面へはウダから別に行かれたようになっていて、クマヌとウダとの間の道筋は追跡することができない。

次に、ウダからのちのことは、『古事記』ではただオサカを経てシキ（＊磯城）に入られたことが知られるのみであって、肝心のナガスネヒコを討たれたことも明記してないが、『日本書紀』では、行路は同じことながら、その間に種々の事件があったように記してあり、ナガスネヒコの最期のことも詳説してある。なお『日本書紀』には、ソフやカツラキの方面のツチグモを征討せられたことがあるが、これは『古事記』には見えない。

さて、記紀の間に存する上記の差異は、大体において『日本書紀』のほうが後世の潤色を経たものであるとして解釈せられよう。最初のクサカ方面からの行進の模様が『古事記』より細説せられていることも、ウダからとくにヨシヌ河に行かれたとあることも、畢竟これがためであって、とくにイハレの地名説話が、前後の記事との連絡のない、調子外れのところに出ているなどは、別の材料を不用意に結びつけたからであろう。のちにいうように、ヤマトの平定に絡まっている物語が『日本書紀』においてすべて複雑になっているのも、やはり同じ事情から来ている。エシキ・オトシキについて兄弟争いの話のあるのも、エウカシ・オトウカシのを二重にしたものであろうし、ソフやカツラキの征服を記したのも、東南部にあるシキ方面の話だけではヤマト平定の物語として物足らぬように思われたので、北部と西部との地名を挙げて話の場所をヤマト平原の全体に及ぼしたものらしい。

しかし、『古事記』のほうがまったく物語の原形を保っているとばかりは考えられぬ。何人も知っていなければならぬハヤスヒの門の所在にあんな錯誤のあることも、『古事記』のもとになった『旧辞』が何人かの手によって変改を加えられていたためであろうと思われるが、ナガスネヒコの誅伐が書いてないのは、一層その疑いを深めるものである。この物語において、ヤマトの平定が主としてトミ（＊奈良市富雄町）のナガスネヒコの征服にかかるとせられていることは、話の始終によって明らかである。とくに『日本書紀』においては、東遷の主旨を示された勅語においてニギハヤビの命のことが説いてあるが、この命がナガスネヒコの妹を妻としているもので、その服従によってヤマトが平定せられたということは、記紀のいずれにも記されている。だから、この説話の原形においては、必ずナガスネヒコの誅伐が語られていなくてはなるまい。それを欠いている『古事記』の記載は、何らかの場合にそれが遺脱したものであろう（しかし『日本書紀』のナガスネヒコの最期の物語は、あまりに迂曲な、また複雑な話であるから、これも原形であるらしくは見えぬ)。

のみならず、ナニハを通過せられてからのち、チヌの海に出られるまでの行進路の記載も、『古事記』はあまりに曖昧である。これは、日に向かって戦うのはよくないというのが、この物語の骨幹をなすクマヌ迂回策の動機であるから、ナニハから東進せられたのでなくてはならず、そして『日本書紀』の記載はあたかもよくそれに当てはまるのである。だからこの点においても、『日本書紀』のほうがよく作者の思想をあらわしている(『日本書紀』にナニハから河を溯られたとあるのは、大和川へ入られたので、その川によって河内の東境、イコマ山の西方のクサカ方面へ出られ、それからイコマ山、すなわち今の闇峠(くらがりとうげ)を越えてヤマトに入ろうとせられたが、そこでナガスネヒコの軍と交戦せられたというのである。ナガスネヒコはヤマトの西境で防ごうとしたように、考えられていたに違いない。これは、昔の大和川の流れと、『古事記』の雄略の巻や『万葉集』の歌にも見えるクサカ江の存在とを考えると自然に解釈せられることであって、この点に関しては、飯田武郷(たけさと)氏の『日本書紀通釈』、吉田氏の『大日本地名辞書』の考説がしたがうべきものである。シラカタの津とタデ津との所在は不明であるが、ともに大和川かクサカ江かの渡津であった地名に違いない。またナニハからクサカを経てヤマトに入るのは、上代には一般に用いられた通路であったらしい。『万葉集』巻八、草香山歌「おしてるや、なにはをすぎて、うちなびく草香の山を、ゆふぐれにわがこえ来れば……」を参照)。ただし、タツタ路が険隘であったからイコマ越えに変えられた、というような『日本書紀』の記載は、ナニハからクサカを通過する地理上の順序からいっても素直に思い浮かぶことではなさそうであるから、これはのちの変改と見なすべきものであろう。

こう考えてくると、『古事記』と『日本書紀』とに見える物語は、そのもとになったものから二つの方向に発展し、もしくは二様に変改せられたものである、ということが推測せられる。

しかし、このもとの話においても、それが事実を語っているものであるとは考えられぬ。ヤマトに入るためにクマヌを迂回するということも甚だ難しい話であって、兵力の用いられる場合では、そういう方面（＊東面）からの攻撃に対しては、ヤマトに根拠を有するものの防御力は、西面におけるよりも幾層か強大であるべきはずである。もっとも、これは天皇を日の神、天つ神の御子として、その天つ神、日の神の神力の加護があったという話であって、ヤタガラスや金色の鵄（とび）の物語もまたもちろんその例であるが、鵄は『日本書紀』にのみあって『古事記』には見えていないことから考えると、たぶん、烏の分身であって、それのあらわれたのは『日本書紀』もしくはそれにとられた材料がはじめてであろう。

なお記紀に共通な点について見ても、ヤマトの平定がナガスネヒコの防御ではじまり、その敗亡で終わっていて、ヤマトの勢力はすなわちナガスネヒコの勢力と見なすべきものであるにかかわらず、所々のタケル（＊八十建（やそたける））やツチグモは彼に服従していたものらしく記してなく、物語の上ではヤマトに何らの統一がないようになっているのは、事実の伝えられたものとしては疑わしいことである。のみならず、この物語は多くの地名説話で満たされていて、『日本書紀』にはアキヅ、すなわち蜻蛉（とんぼ）に付会したアキツシマ（＊奈良盆地南部）の地名説話があるが、『古事記』

にはそれが見えない。これは記紀のいずれにも出ている雄略天皇のアキツ野（＊奈良県川上村）の説話と同じ着想であって、神武天皇の物語にはあとから加えられたのであろう。それについておかしいのは、本居宣長がこの説話を事実の伝えられたものと信じたため、秋津島を「アキヅシマ」（＊日本の古名）と読んだことである。津島、大綿津見神、大山津見神、高津宮などの「津」をいずれも「ツ」としながら、秋津島の「津」に限って「ヅ」と読んだのは、『古事記』の仮名の用法が極めて厳格であるということを力をこめて説いている彼のしわざとしては、甚だ滑稽である。地名説話は音の類似によって付会するので、精密に一致するを要しないことは、他の場合を見れば明らかである。

またウカシのエウカシ・オトウカシ、シキのエシキ・オトシキ、トミのトミヒコ、さらには『日本書紀』にのみあるナクサトベ、ニシキトベなど、人名には地名をそのままとってつけたものがある。「トミ」の名が「トビ」の転訛だという『日本書紀』の話ももちろん地名説話であって、ナガスネヒコを「トミヒコ」といっているのとは矛盾する。この地名説話は、ナガスネヒコの話のひと通りできあがったあとになってつけ加えられたものであろう。それから、「ニギハヤビの命」の名は、神代史において血が石にたばしり（＊ほとばしり）ついて成り出でたとせられている「ミカハヤビ」「ヒハヤビ」などの神の名と同一に取り扱われるべきものであり、したがって実在の人物の名でないことも明白である（何故にかかる人物の名があらわれたかということについては、のちに考えよう）。なお、この命の子とせられているウマシマデの命は、物語の上において何のはたらきをもしないものであり、ただ名が記されているのみであることを思うと、これはその子孫とせられている物部氏が、その家系をニギハヤビの命に結びつけるために案出したものであろう。また漁夫であるからニヘモツノコだといい石を押し分けて出たからイハオシワケノコだという話などは、それが実在の人物でないことを語るものであり、尾のある人というのが事実あるべからざるものであることも、もちろんである。

それから、ここに記されている多くの歌が、かかる場合に詠んだものでもなく古いものでもないということは、『文学に現はれたる我が国民思想の研究』の「貴族文学の時代」の序説第二章においてかつて説いておいた。ところが、こういう神異（しんい）（＊人間業でない不思議なこと）の話や地名説話や歌物語やを取り去り、また人物を除けて見ると、この物語はほとんど内容のない輪郭だけのものになる。そして、その輪郭の主要なる線を形づくるクマヌ迂回のことが、前に述べたような性質のものである。

ヤマト平定以後の物語においても、記紀の間に一致しない点がある。ヒメタタライスズヒメ（＊神武天皇の皇后）の父を『古事記』にはオホモノヌシの神としてあるが、『日本書紀』にはコトシロヌシの神となっていて、また『古事記』には『日本書紀』にない歌物語があって、その代りに『日本書紀』には『古事記』にない国名説明の説話があり、系譜においても、皇子のヒコヤイの命が『古事記』にはあって『日本書紀』にはなく、『日本書紀』に見える論功行賞の話は『古事記』にはない（ウツヒコがヤマトの国造の祖だということは、別のところにある）。またオホトモ氏とクメ部との関係が『古事記』と『日本書紀』とにおいて違っているし、『日本書紀』にはヤタガラスが人としても取り扱われている。なお、最も重要なこととして考えられているトミの山の祭祀も、『日本書紀』だけの話である。

これらはいずれも記紀にあらわれるまでの間において、『帝紀』にも『旧辞』にも種々の変改が加えられ、もしくは『日本書紀』編纂の際に潤色が施されたことを示すものであるが、記紀に共通のことで疑問の存するのは、「カムヤマトイハレヒコの命」という御称号に「イハレ」の地名がありながら、物語においてそこに何らの大切な出来事もなく、そこと関係のある何ら重要の話も見えないことである。皇居は記紀ともにウネビのカシハラとしてあり、御陵もウネビ山の北または東北としてあって、「イハレ」とはしてない。もっともイハレの範囲は明らかでないが、ウネビがそれに含まれていたらしい証跡はない。また「イハレ」の名を用いるのと「ウネビ」を標識とするのとは、その態度が違う。接近している二つの地名がとられたのみのことかもしれぬが、それにしても「イハレ」が御称号とせられたのは、それが天皇の物語において最も重要な場所であるからであり、したがってそれについての何かの説話があったであろうから、記紀によって伝えられている今の物語にはその御称号のみが残って、それに関する説話が消え失せ、あるいはそれに代わって他のものがあらわれたのではないかと疑うのは、必ずしも妄想ではあるまい。言い換えると、ここにもまた『旧辞』に重要なる変改の加えられた痕跡が認められるのではなかろうか。この御称号については本居宣長もすでに疑問として提出しているが、それに対して説明は加えられていない（『日本書紀』にはエシキの軍がイハレに充満していたという話とイハレの地名説話とがあるが、それとても天皇の御称号とすべきほどのこととしては語られていない）。

それから、天皇の御名についても記紀に種々の異説があって、『古事記』にはワカミケヌの命、またはトヨミケヌの命とあり、『日本書紀』の注の「一書」にはサヌの命とあるが、『古事記』でも別に兄弟としてミケヌの命があり、『日本書紀』の本文及び注の多くの「一書」にもミケヌの命またはミケイリヌの命が天皇のほかに記され、またワカミケヌの命が兄弟の名になっている「一書」もある。ところが「ワカ」「トヨ」は美称であるから、『古事記』の説では兄弟とまったく同名ということになり、またそれを『日本書紀』のほうに参照すると、一つの名が天皇にも兄弟にも、種々に転用せられていることがわかる（ミケイリヌの「イリ」も名そのものでないことが、崇神の巻にトヨスキイリヒメを「トヨスキヒメ」とも書いてあるので知られる）。なお、出雲国造神賀詞（かむよごと）にクマヌの大神の名を「クシミケヌの命」としてあることをも参考するがよい（「クシ」もまた「ワカ」「トヨ」と同じ美称であって、名そのものではない）。

さらに、神武紀の巻首に御名を「ヒコホホデミ」と書いてあるのも問題である。これは『古事記』にはまったく見えないことであるが、『日本書紀』の神代紀の終わりのところに注記してある三つの「一書」及びオホナムチの命のことを記してある「一書」に「イハレヒコホホデミの命」という御名があるのは、神武天皇のことである。また『日本書紀』には、即位の記事に天皇を「始馭天下之天皇（はつくにしらすすめらみこと）」と称してあるが、『古事記』にはこのことは見えぬ。それが何故であるかは、のちに考えることにする。

なお記紀に共通な点について、この物語が最初に形をなしたままのものでないということの知られるのは、タカミムスビの神（『古事記』にはタカキの神とある）の名が出ていて、しかもそれがアマテラス大神と並んで極めて重要な地位に置かれていることである。この神は神代史においてものちにあらわれたものであり、それがこういう地位を占めるようになったのは一層後世のことらしいから、ヤマト奠都（＊遷都）の物語がもし神代史の最初の述作と同時に形をなしたものであるとすれば、そのときの形においてはこの神の話はなかったはずである。

それのみでない。この物語の根本思想たる東遷そのことにも、幾多の疑問がある。第一、天皇はヒムカから出発せられたというのであるが、これは一体どういうことであろうか。『古事記』によると、それまではタカチホの宮におられたとあるが、これは神代史の物語からの引き続きであって、その神代史において、ホホデミの命がタカチホの宮におられたことになっているのである。この命の御陵もまた、タカチホ山の西にあるとしてある。ホノニニギの命はタカチホの峯に降られたのであるから、それからずっと同じ宮におられたとすれば、話は極めて自然である。しかるにここに一つの疑問が『古事記』に、ホノニニギの命のタカチホ降臨の話を承けてすぐ「於是詔之、此地者、向韓国真来通笠沙之御前而、朝日之直刺国、夕日之日照国也、故此地甚吉地」と書いてあることから生ずる。この文の「向韓国」云々の語が解しがたく、本居宣長はそれを、『日本書紀』の本文に「背宍之空国、自頓丘覓国行去、到於吾田長屋笠狭之碕矣……皇孫就而留住」とあり、注の多くの「一書」にも同じ意義の記事があるのに参照し、「詔之、此地者」の五字は「笠沙之御前而」の下にあったのが錯置せられたので「向」は「背宍」の誤りだろう、といっている。これは理由のないことではないが、そうするとホノニニギの命の宮はタカチホではなくしてカササというところだということになる。カササの所在は『古事記』だけでは明瞭でないが、『日本書紀』には「アタ」とあり、『古事記』にもそこで会われた女の名を「カムアタツヒメ」としてあるから、やはり『日本書紀』と同様に解してよいのであろう。ホデリの命が隼人アタの君の祖とせられ（『日本書紀』には、『古事記』のホデリの命にあたるホノスソリの命を、アタの君ヲバシの祖としてある）、神武の巻にも、この天皇がアタのヲバシの君の妹アヒラヒメを娶られたとあるから、アタは種々の点において皇祖と関係の深い土地とせられている。

さて、タカチホは『古事記』にはヒムカにあるとせられ、『日本書紀』の本文にも注記の「一書」にもヒムカのソにあるとせられているから、今の霧島山に擬せられていたのであろうし、またアタは今の薩摩の阿多地方にあてて考えられていたのであろう。カササの崎は比定すべきところがわからぬが、アタもしくはその付近らしい。朝日のただささす国、夕日の日照る国、とあるのを阿多地方の実際の地形に対照して考えると、東西に海を有して南方に突出している岬などが最も適当しているようにも思われるが、必ずしもそう見る必要はなく、文字通りに読めば、少しく打ち開いた土地ならばどこでもこの語に当てはまる。のみならず、『古事記』の雄略の巻の三重采女の歌、龍田の風神祭の祝詞などにも同じ意義の語があって、それは上代人の土地に対する一種の趣味をいいあらわしたものと思われるから、これはカササの崎の位置を考えるにあたっては、深く拘泥する必要のないことであろう。そこで、ホノニニギの命の宮のあったところとして物語に見える土地は、精密には比定ができないが、アタの極めて僻陬の地であるとせられていることは知られ、したがってタカチホとそことの距離が遠いということもわかる。

と同時に、ホノニニギの命がタカチホに降られ、ホホデミの命以後タカチホの宮におられたとあるのに、その中間においてカササに宮を建てられたという話が、すこぶる奇異に感ぜられる。『日本書紀』にはホホデミの命以後の宮の所在はまったく書いてないが、その代わりにホノニニギの命の御陵がヒムカのエにあり、ホホデミの命のがタカヤ山にあり、ウガヤフキアヘズの命のがアヒラ山にあるとしてあって、前後の二つは『古事記』にはまったく見えていず、中の一つは『古事記』と違っている(「エ」と「アヒラ」とは今の薩摩と大隅とにある地名と同じである。また「タカヤ山」の名は他に所見がないようであるが、宮の名としては景行紀に見えるから、『日本書紀』の編者はこれをヒムカにあると思っていたかもしれぬ)。

こういう記紀の相違は何故に生じたのであろうか。とくに、神武天皇以後の歴代については必ず御陵の所在としての地名の記されている『古事記』において、ホノニニギの命にもウガヤフキアヘズの命にも御陵の記載がないのは、何故であろうか。これも疑問であろう。なお『古事記』に見えるアタのヲバシの君の妹アヒラヒメは、『日本書紀』にはアヒラツヒメとあるから、「アヒラ」は地名らしいが、アヒラとして普通に知られているのは今の大隅(＊鹿児島県始良郡)にあるから、それとアタとの間には近からぬ距離がある。これもどういうものであろうか。

以上はヒムカに関する記紀の記載についての考察であるが、これらの点から見ると、あるいはこのヒムカの物語にもまた変化、発達の歴史があるのではないかと推測せられ、あるいは物語の述作者の地理的知識が不確実であったのではないかと思われる。とくにカササの宮の物語の如きは上に述べた如く他の話と不調和であり、ホデリ(ホノスソリ)の命の後裔とせられ宮門を護って狗吠(いぬぼえ)をするという隼人のアタの君が外戚たる地位に置かれたことも、その物語自身に矛盾した思想を含んでいるように見え、またタカチホとアタと、アタとアヒラとの結合も、確実な地理的知識に基づいたとしてはふさわしからぬ性質のものである。知識の不充分な遠方のことをおぼろげに想像すると、実際は隔たっているいくつかの土地が近距離にあるように感ぜられるものであるが、これもまたヤマトにいて遠いヒムカ方面のことを思い浮かべたために起こったことではあるまいか。そうしてそれは、昔のクマソの勢力範囲、そのクマソの服従してからのちのヒムカの国が今の日向、大隅、薩摩を含んでいる地域であって、「ヒムカ」といえばタカチホもアヒラもアタもそのうちにあるものと考えられたことによって生じたのでもあろう。

が、それはともかくもとして、単にわが皇室の発祥地がヒムカであるということに対しても、第二章に述べた如く、後世までクマソとして知られ、逆賊の占拠地として見られ、長い間ヤマトの朝廷を戴く国家に入っていなかった今日の日向、大隅、薩摩地方、またこういう未開地、物資の供給も不充分で文化の発達もひどく遅れていた僻陬の地、いわゆるソシシの空国(むなくに)（＊背中の肉の如きにやせた土地）が、どうして皇室の発祥地であり得たか、という疑問があるのである（景行朝のクマソ平定の物語に、そこがかつて皇都の所在地であったことを想起せしめるような文字が見えず、ただ叛徒のいるところ、逆賊の拠るところとせられているのも、奇異といえば奇異でないこともない。あの物語の作者には、そういうことが思い浮かばなかったものと見える。これも何故であろうか。タカヤの宮とタカヤ山との名の上の連想がよしあったとしても、それはホノニニギの命がヒムカに降られ、そして神武天皇の東遷までそこに皇都があったことを示すほどの重大な意味をもつものではなかろう。なお『宋書』に見えるいわゆる倭王の上書にも「西」は単に「衆夷」とせられているが、これはしばらく問わずにおこう）。あるいはまたヒムカが皇室の発祥地であったとすれば、その地に皇室のおられた時代の皇室の統治の及んだ範囲がどれだけであったか、またその治下にあった地域が政治的にどんな状態であったかということが、神武天皇の東遷ということとの関係においていかに解せられるか。また皇室の発祥地であったヒムカがどうしてクマソの勢力に帰したであろうか。これらについてもまた重大な疑問がなくてはならぬ。ヒムカに関する神武天皇の物語を歴史的事実を伝えたものとして見る場合には、これらの困難なる問題に明解を与えねばなるまい。その他、『古事記』に見えるツクシのヲカダの宮に一年、アキのタケリの宮に七年、またキビのタカシマの宮に八年坐したというような年数などが、記録のない時代にどうして伝えられたか、というような疑問もあるが、これらはそもそも末の話である。それから総論に述べた如く、三世紀以前においては、ツクシ地方は幾多の小独立国に分かれていて、今の中国地方以東との間に政治的関係のなかったことが推測せられるが、記紀の東遷物語がこの事実と適合するかどうかも重大な問題である。

なお一言しておくが、世間には、日向に古墳群のあることを神代史や神武天皇東遷物語のヒムカの話に結びつけ、それによってこれらの物語の事実であることを説明しようとするものがあるらしい。しかし古墳群のあるという事実は、そこに大いなる豪族がいたこと、またはそこがある政治的勢力の中心であったことの証拠にはなろうが、その勢力が皇室の御祖先に関係があるということの証拠にはならぬ。古墳は所々にあり、それをつくるほどの豪族もしくはそれを遺すような政治的勢力も所々にあったからである。だから、もし日向に古墳を遺したものが皇室と特殊の関係があることを論証しようとするならば、その古墳またはそこからの発掘品が皇室特有のものであって、他の豪族のものとしては決して許されない特徴がそれにあることを明らかにしなければなるまい。ところが、そういう立証はせられていないようである。あるいは皇室の御祖先の日向におられたことが確実であるならば、その点からこういう説明をすることもできようが、今はそれが問題であるから、そういう考え方をすることは許されぬ。だから、単に古墳群があるということだけでは、ヒムカについてここに提出した問題を解釈するには、何の役にも立たないのである。

ヒムカが皇室の発祥地であり神武天皇のときまでの皇都の地であった、ということについては、こういう種々の疑問があるが、ヒムカが皇都の地であったというのは、もともと神代の物語において語られていることであり、とくにそれは、ホノニニギの命が天上からタカチホの峯に降られたことによってはじまっているというのであるから、ここにいったヒムカに関する問題を解く一つの方法としては、その神代の物語の性質を明らかにすることが必要である。しかしそれは、神代の物語の全体について考えねばならぬことであるから、ここでしばらく別の方面からこの問題を取り扱うよりほかにしかたがない。これまで考えてきたことはすなわちそれであるが、神武天皇の東遷ということからこの問題を見るならば、ヒムカからヤマトへの東遷ということが何を意味するのか、ヤマトに遷られたことがもし歴史的事実であるならば、それによって日本の国家にいかなる新しい事態が生じたとせられているか、言い換えると、国家の形成においてこの東遷がどういうはたらきをしたというのか、さらに言い換えると、東遷ということを歴史的事実として見る場合に、それによって国家の成立の形勢がどう説明せられるか、あるいは説明し得られるかどうか、ということが疑問となるのである。そこで、立ち返って物語における東遷の意義を一応たずねてみることにする。

さて、ここには「東遷」という語を用いたが、これはこれまで一般に「東征」といわれていたことである。この語は『日本書紀』に「天皇親師諸皇子、舟師東征」（＊神武天皇は自ら諸皇子と水軍を率いて東征の途に就かれた）とあり、あとにも天皇の「令」として「自我東征、於茲六年矣」（＊自ら東を討って、六年が経過した）とあるのによったのであろうが、これは実は当たらぬことばであって、漢文風の文飾とすべきである。『日本書紀』自らにおいても、天皇の東行の動機を「東有美地、青山四周……何不就而都之乎」（＊東方に美しい地があって、青々とした山に囲まれている。そこは必ず天皇統治の大業を広大にし、天下に威風を示すに足りるであろう。その地に赴いてこれを帝都となすべきである）というところにあるとし、そうしてそれに対応するように、ヤマトの平定後、カシハラの地に都を開き帝宅を建て、そこで即位せられたことを記してある。『古事記』では、天皇がヒムカで「坐何地者、平聞看天下之政、猶思東行」（＊いずこに坐さば天下の政事を行なうことができるだろうか。なお東に行こうと思う）といわれ、それから海路を順次に「上幸」してヤマトのほうに向かわれ、さて「言向平和荒夫琉神等、退撥不伏人等而、坐畝火之白梼原宮、治天下也」（＊このようにして天皇はあらぶる神たちを平定し、服従しないものたちを討って畝傍の橿原において天下を治めた）で事が終わったことになっていて、ここでも話の首尾がよく対応している。『日本書紀』では、はじめからヤマトに都を定めるためにヒムカを出発せられたようにいってあり、『古事記』ではそう明らかに説いてはないが、「東行」

のありさまを叙する場合には、やはりヤマトを目指して進まれたように語ってある。だから、記紀のいずれにおいても、天皇のしごとは遷都の意味において行なわれたことになっているのである。

ただ、ヤマトに入られるときには武力によらねばならなかったような話になっているが、これは『古事記』に記してある如く、ナガスネヒコが「興軍待向以戦」おうとしたからであるとせられ、そのほかにはどこでも兵を用いられた話はない。だから、「東征」という語を用いることは、物語そのものと矛盾している。『日本書紀』にタカシマの宮でのこととして「備舟檝、蓄兵食、将欲以一挙而平天下也」といってあるのがこの物語の精神に背くシナ式文飾であることは、実際の行動としては、これに応ずる話がどこにも語られていないことによっても明らかである。『古事記』にカシハラの宮のことを記して「治天下也」といってあるのは、このときに日本の全土が統一せられていたものとしての書き方であるが、これはこの東遷によってはじめてそうなったというのではなく、ヒムカ時代からそうであったとする考え方のように見えるので、上に引いたヒムカでの天皇のことばも、その意義に解せられる。

しかし『日本書紀』には、四年の条にトミの山における皇祖天神の祭祀の際の詔というものが載せてあるが、それに「諸虜已平、海内無事」という語があり、これは、このとき、日本全土がはじめて治平に帰したということらしい。そしてそれは、ヒムカでの天皇のことばに「遼遠之地、猶未霑於王沢」の語があるようにいってあるのと、相応ずるものかもしれぬ（「遼遠之地」がどこを指しているのか、それがヤマトの地方を含んでいるかどうか、明らかでないから、あるいはそうでないかもしれぬが）。そうして『日本書紀』の考え方が、もし東征によって全土の統一が行なわれたとするのであったならば、神武天皇を「始馭天下之天皇」としたのも、あるいはこの意味においてのことであろうか（したがって『古事記』にこういうことのないのは、その考え方が上記のような遷都にあったからだと解せられるでもあろう）。

けれどもまた『日本書紀』のこの考え方は、ヤマト平定後に下された「令」というものに、ヤマト（中洲之地）は平らいだがその他の地方（辺土）はまだ鎮静しないといってあるのと矛盾する。これは『日本書紀』が漢文風の修飾を加えるにあたって、その用意が慎重でなく、思想の混乱していることを示すまでのことであって、これらの文字によってこの物語の本来の意義を推測することはできぬ。そして物語の上における天皇のしごとが遷都であるとすれば、その物語の精神はかえって『古事記』の説のようなものにあらわれているとすべきであろう。天皇がヒムカからすぐにヤマトに遷られることになっていて、中間の地方はただ「上幸」の途上の駐在地としてのみ記され、新たにその地方を経略せられたような話の少しも見えないこと、ヤマトに入られるまでは遠隔の地の「上幸」が容易であったようになっていることなども、こう考えることによってはじめて解せられる。したがって天皇のしごとは、肇国の大業というようなこととせられているのではないはずである。もちろん、物語において遷都の必要が感ぜられたことにしてあるのは、何らかの意味で、皇室の勢威の増大を図られたというのであろうが、それは「はじめて日本の全土を統一する」という意味であるとは考えられぬ。そう考えることは、上にいったような物語そのものと齟齬するからである。

ところが、物語の精神を上記（＊『日本書紀』）のように見ることになると、それが歴史的事実を語ったものであるかどうかの問題がここからも起こってくるので、それはひと口にいうと、ヒムカのような僻陬の土地でどうして日本の全土を統治することができたか、ということであり、また上にヒムカを皇室の発祥地として見る場合に生ずるいくつもの疑問として挙げたことが、何の解釈も与えられずして、ふたたびここに頭をもたげるのである。

しかし、神武天皇の物語に対しては、他の方面からの観察を要する。それは何かというと、上に人のことでないといっておいた神異の物語から見るのである。天皇は一々「日の神の御子」またはそれと同じ意義での「天つ神の御子」として記してある。またこの日の神の御子に対する反抗者にも、ナガスネヒコの如き人ばかりでなくして、あらぶる神がある。クマヌにもあらぶる神がいた。クマヌからヤマトのほうに進もうとせられたときにも、あらぶる神が奥のほうに多いからヤタガラスを遣わして嚮導させよう、という神の教えがあった。だから、ヤマトの平定せられたときには「まつろわぬ人ども攘い平らげる」とともに「あらぶる神たちを言向け和した」とある。だからこの物語には、天皇があらぶる神、すなわち悪神邪霊を平定斥攘せられたということが含まれている。ところが悪神邪霊を斥攘するというのは、人の力のはたらきではない。神武天皇の場合では日の神の加護によったことになっているが、その加護のあったのは、天皇が日の神の御子だからのことであるから、その意味においては、日の神の御子たる天皇自らに邪神を平定する力があったことになる。第三章の第一節で述べたように、神の加護を仰ぐ祭祀とか呪術とかに頼らず、皇室自らの力によってあらぶる神を克服せられた話のあるのを見ても、こう解せられる。

そして、天皇が日の神の御子であられるということもまた、人の世界の歴史的事実ではない。それは別の意義での事実でなければならぬ。その故郷が天にあってはタカマノハラであり、地にあっては日に向かう国、すなわちヒムカであり、そのおられる宮が「朝日のただす国、夕日の日照る国」であるというのは、この意義での事実からおのずから生じたことである。『古事記』の神代の物語においては、日の神の出生地がそもそもヒムカでなくてはならなかったのである（この日の神の出生の話のヒムカのタチバナのヲドは明らかに某の地に擬してはないが、ヒムカは国名の「ヒムカ」から来ているに違いない）。

また、神武天皇がヤマトに入られるにあたっても、日の神の御子が日の昇るほうに向かって戦われるのがよくないことはもちろんである。ウダの方面から西進せられたという話は、ここにおいてか生じなければならぬ。そしてナニハからウダに向かうためには道をクマヌにとらねばならぬが、それにしてもクマヌとウダとの連絡は困難であるから、そこでいろいろの無理な道筋が考え出される。この道筋についての記紀の間の差異はここから起こったのである。

神武天皇東遷の物語の意義は、こう見ることによっておのずから明白になる。それは、天皇が日の神の御子であられるという思想から形づくられた説話なのである。こう考えると、上に記した種々の疑問は、あるいは解釈し得られ、あるいは根本的に消滅し去ることになろう。約言すると、東遷は歴史的事実ではないので、ヤマトの朝廷は、のちにいうように、はじめからヤマトに存在したのである。東遷の物語が、『魏志』によって知られる三世紀頃のツクシの形勢に適合しないのも、クマソに占領せられていたヒムカの状態と一致しないのも、またこの物語によって国家の形づくられた情勢のわからないのも、当然である。

しかし、問題はなお一つ残っている。神武天皇の東遷はヤマトの朝廷のはじまりとなっていて、この天皇は皇室の第一代の天皇として語られているが、それはいかなる意味であろうか、ということである。が、この疑問を解釈するには、この天皇よりも前の時代とせられている神代の意義を考え、それと天皇及びその後の時代との関係を明らかにしなければならぬ。考察はここで一歩を転ずる。

二　神代と人代

「神代」というのは「上代」というのとはまったく別の概念である。これは、人類の歴史を少しでも知っているものには、いうまでもない明白なことであろう。民族の、あるいは人類の、連続せる歴史的発達の径路において、どこに人の代ならぬ神の代を置くことができようぞ。歴史を遡って上代に行くとき、いつまで行っても人の代は依然たる人の代であって、神の代にはならぬ。神代が観念上の存在であって歴史上の存在でないことは、これだけ考えても容易に了解せられよう。今日の知識から見てそうであるのみでなく、われわれの祖先とても単に「昔の代」を「神の代」と呼んだのではない。神の代という観念そのものの存在することが、神の代が人の代とは違うということを明らかに示している。神は人ではないから、昔の代、昔の人の代を「神の代」と名づけるはずがなく、神の代が昔の人の代であるならば、神の代という特殊の観念の生ずるはずがない。神代は上代というのとはまったく違った観念であり、歴史上のある時代を指すのではない。神代が、学問上、「史前の時代」と呼ばれている時代などでないことはいうまでもない。史前の時代、または先史時代は事実上、われわれの祖先の閲歴してきた時代であって、その点では歴史時代と同じであるが、神代は観念上の存在であって、事実上のある時代ではない。

しからば神代という観念はいかにして生じたか。宗教的信仰の対象としての人の形と性質とを有する神が存在したならば、そこにこの起源を求めることができるかもしれぬ。そういう神々のはたらいていた代があったとしてそれが「神の代」と呼ばれ得るかもしれないのである。しかし上に説いた如く、文献に徴し得る時代となっても、われわれの民族の間には、そういう神の観念が発達していなかった。神が人の如き名を与えられている場合のある神代史や祝詞においてすら、概していうと、実質的には人の形と性質とが具わっていない。神々の特殊の属性が明らかになっていず、どの神も同じようにあらゆる祈願を受けていること、言い換えると多神教的形相がほとんど成り立っていないこと、神々の間に何らの統制がなく、神の世界、神の社会が組織せられていないこと、人文神（*文化を創造したとされる神、たとえばギリシア神話で人間に火を与えたプロメテウスなど）が発達していないことなどは、神に与えられた人の如き名が実質的のものでないことを示している。そうしてそれはまた、神代という観念が宗教的信仰の上に構成せられたものでないことをも、語っているのである。人の形と性質とを有する神がなくして神のはたらく代のあるべきはずがないからである。

さすれば、その由来は他の方面に求めねばならぬが、神代史が皇室の御祖先としての日の神を中心として語られ、日の神及びその御子が神代における国家の統治者とせられ、神代にはたらいているものはそれとその従属者とに限られていることを思うと、神代とは皇祖としての神、約言すると皇祖神の代という意義であることが知られる。さて何故に皇祖が神であり、その代がとくに「神代」と称せられるかというと、それは、天皇に神性があるとせられているところから来ているのであろう。

天皇に神性があるという思想が上代に存在したことは、天皇に「現つ神」（出雲国造神賀詞、『続日本紀』に見える多くの宣命）または「現人神」（景行紀ヤマトタケルの命のエミシ征討の条、雄略紀四年の条）という称呼のあるのでも知られる。これは、宣命の「現つ神と大八島国しろしめす」という語によって明らかに示されている如く、政治的君主としての天皇の地位の称呼ではあるが、その地位に宗教的意義が伴っている、あるいは宗教的のはたらきがあるとせられていたために、こういわれていたのであろう。それはすなわち天皇の地位に神性があるということになるのである。神武天皇が日の神の御子であるということもまたこの意義が含まれている。神の御子の地位はおのずから神の地位として考えられるからである。あるいはまた神武紀の「ウツシイハヒ」というのも、斎主を臣下に命ぜられ天皇自らイツベの粮を嘗められた、とあることから考えると、天皇自らを神として行なわれる儀礼をいうのであろうと思われるし、なお仲哀紀に、ヲカの県主やイトの県主が五百枝の賢木を抜き取って船に立て、鏡や玉や剣をそれに掛けて天皇に献った、とあるのも、この記事の書かれた時代においては神に物を捧げる方式として考えられていたことを、天皇に対して適用したものと解せられよう（鏡や玉や剣やをこういう仕方で木に掛けてどこかに立てるのは、その本来の意義は、それらのもののもっている呪力によって邪霊を克服することであったろう）。

ところが、天皇の地位に神性があるというこの思想は極めて古い時代からの因襲であったらしく、それは、君主の神とせられることが遠い過去においては世界の多くの民族の通例であったことからも類推せられる。君主の起源に関する種々の学説についで今ここに論ずる暇（いとま）はないが、それが呪術もしくは祭祀を行なうもの、すなわち巫祝の如きものから発達したことの認められる実例は甚だ多い。神とせられたのも、そこに由来がある。呪術を行なうものは、それを行なうことによって、彼ら自ら呪力をもっているものの如く信ぜられ、神を祀るものは、神に接触する特殊の地位または神を動かす特殊の行為によって彼ら自ら神の力を得、またはそれをもっていると考えられ、神がかりの如きことの行なわれる場合にはなおさらそう思われるからである。われわれの民族でも、『魏志』に見える卑弥呼が鬼道（きどう）（＊妖術）を行なったといわれ、またイヅモの国造に宗教的権威のあったことが、政治的地位を失ったのちにはそれをのみ保有していた後世の事実から推測せられるなど一、二の例から考えても、国家のまだ統一せられない前に存在した幾多の小君主の性質がわかろう。皇室の地位に宗教的意義が伴い、または皇室が宗教的なはたらきをせられることの遠い起源もまた、そこにあるであろう。

ところで、君主の神とせられるのが呪術や祭祀を行なうこと、すなわち巫祝の務めに由来があるとするならば、君主の地位は一方で神性を具えながら、他方ではやはり巫祝の地位にあられるのが当然である。現つ神たる天皇について、あるいは仲哀天皇が大祓の如き呪術を行なわれ、あるいは崇神天皇または神功皇后が神を祀られ、または神がかりの境地に入られたという物語のあるのは、この故である。物語の上で天皇が邪神を斥攘する力をもっておられたようになっているのも、そういう効果を求めるために、事実として呪術もしくは神の祭祀を行なわれたことにその基礎があり、畢竟その反映である。またこういう巫祝によって行なわれる未開民族の呪術や祭祀は、民衆の一団、すなわち部族全体のために行なわれるのが普通であるから、わが国の天皇の行なわれるこういうことが国民全体のためであるのもまた、そこに遠い由来があろう。地方的集団の首長たる国造、県主などが祭祀、呪術を行なったのもまたその集団のためであったので、それもまた同様に考えられる。要するにこれは、多くの民族が大抵一度は経過してきた、あるいは民族によっては今日にもなお存在している状態を、われわれの民族もまた遠い上代には閲歴してきたことを語るものとしなければならぬ。

けれども、記紀はもとよりのことその他の文献においても、「現つ神」または「現人神」の称呼を有せられその地位に神性があるように考えられていた天皇も、宗教的崇拝の対象となっておられたようなことは、少しも記されていない。わが国には、上代においても、天皇崇拝の風習があったような形跡はまったく見えないのである。のみならず、天皇が神として、人とは違った特殊の生活をせられるように考えられてもいなかった。天皇は政治的君主ではあられるが、臣下や民衆と同じく、また彼らの間に立ち交じって生活せられ、したがってまた「現つ神」の称呼はもたれるが、普通の人と同じく、またそれらとともに、その日常の生活をせられるのであった。『古事記』に、神武天皇がタカサジ野で「七人の乙女」のうちからイスケヨリヒメを見出され、また

「葦原のしこけき小屋に菅だたみいやさやしきてわが二人ねし」（＊水辺の朽ち果てた小屋にムシロを敷いて二人で寝た）と詠まれた、という話のあるのでも、上代人が一般に天皇の生活をいかに見ていたかが窺い知られよう。そして天皇についてのこういうような話は、記紀の所々で語られている。

天皇はどこまでも人であられたのである。あるいはまた皇位の継承について皇子の間に争いがあったり、それが場合によっては生命の争いになったりするような話のつくられているのも、天皇または皇族を世間並みの人として見ていたことを示すものである。天皇に神性があるというのは、（天皇の地位についていうのであって、人についていうのではなく、地位についていうにしても）ただ知識人の思想においてのことであり、「現つ神」の称呼も公式の儀礼において用いられたまでのことである。皇室の宗教的のはたらきは、そういうことよりも、上にいったような民衆のために呪術や神の祭祀を行なわれることに、重要さがあったのである。

しかし、知識人の思想において天皇の地位に神性があるとせられたことは、事実である。神代の観念はここから形づくられたのであって、「現つ神」にて坐す天皇のその「現つ」という要素を、あるいは「現人神」の「現人」たる要素を観念の上において分離し去った「神」を、現実には見ることができずして観念の上にのみ表象し得る遠い過去の皇祖において認め、それを「神」とし、その代を「神代」と称したのである。天皇は「現つ神」の地位にあられるけれども、それは現実の人であられるから、それだけでは、人の代でない「神の代」という特殊の観念がつくられない。この現実の人から離れた遠い昔の皇祖を思い浮かべるとき、はじめてそれができるのである。もちろん、神の代を過去に置き御祖先の代としたのは、皇位が世襲であるため、それを遠くいにしえに延長したのではあるが、それを神の代としたのは、天皇の地位の神性が基礎になっていると見なければならぬ。だから神代は、たとえば人の世界を超越したところに存在する神、人の生活を宗教的意義において支配する神のはたらいた代というような性質のものではない。皇祖は日の神となっていて、その日（太陽）は宗教的に崇拝せられていた神であるけれども、その日の神が皇祖とせられたのは皇祖に神性があると考えられたからであり、そうしてそう考えられたのは、天皇の地位に神性があるとせられたためである。皇祖はすなわちいにしえの天皇だからである。さすれば皇祖神たる日の神の有する宗教的性質もまた、現在の天皇が有せられる神性にその基礎があるのである。皇祖神たる日の神が神を祀る地位にあったように語られているのは、天皇が神を祀られることの反映であり、また邪神を平定、斥攘することになっているのは、天皇がそれをせられることの反映であって、そこに皇祖神の宗教的のはたらきがある。ただ皇祖神は、現在の天皇とは違って宗教的崇拝の対象となっているが、これは日に結合せられ、日の神となっているからである。そして天皇の本質が政治的君主であられるところにあるとすれば、神代の中心観念がやはり政治的意義のものであることはいうまでもない。神代史において人の如き名を与えられた宗教的意義のある神々の間の関係が、神そのものの性質、もしくは神に対する宗教的信仰によってではなく、皇祖を中心とする血統によって成り立っている、言い換えると、神々自身によってその間に統制が生じたのではなく、（あたかも一般諸氏族が皇室と血族関係を有するように語られ、それが思想上、政治の大綱となっていると同じく）皇祖神の血統に入ることによってその統制を受けているのも、この故である。

「神代」という観念はこうして形成せられたのであるから、それは皇室についてのことであって、民衆またはその生活についてのことではない。神代が歴史上のある時代をいったものでなく、上代というのとはまったく意義が違っているということは、この点からもまた明らかである。したがってそれに対する人代もまた、ただ皇室についてのことである（「人代」という語は記紀にもその他の古典にも見えていないが、「神代」に対して神武天皇以後の時代を示すには便利であるから、後世の慣例にしたがってこの語を用いることにする）。

さて、この神代の観念が現実の天皇の地位と性質とに基づいて形づくられたとは逆に、物語の上では天皇の政治的君主としての地位も、その宗教的のはたらきも神代に由来し、皇祖神から伝えられたものとなっていることはいうまでもない。天皇の地位の神性そのものが、皇祖神たる日の神の子孫であられることによって成り立っているようになっている。ところで、この神代が過去に置かれたとすれば、何の点かでそれと現在の人代とを連結させねばならぬ。言い換えると、現実の存在としての人代のはじめをどこかに置いて、それとそれより前にあるとせられた神代とを、そこで区画しなければならぬ。ヤマト奠都の物語はここにおいてか生じたのである。すなわち思想の上において、現実の存在としてのヤマトの皇室のはじまったとき、そのヤマトの皇室によって国家が統一せられている現在の政治的形態のはじまったときを定め、それを人代のはじめとしたのである。『日本書紀』に神武天皇を「始馭天下之天皇」と記してあるのは、あるいはこの意味においてのことかとも解せられる（もしそうならば、『古事記』にそのことの記してないのは、ただ記してないまでのことであろう）。

ところが、こういう皇室のはじめが思想上のことであるというのは、もしヤマト奠都が歴史的事実であり、その前に都のあったどこかからその都が遷されたことであるとするならば、そしてその事実が世に伝えられていたとするならば、それは、のちにヤマトからヤマシロに遷され、京都から東京に遷された場合と同様、その前も後も連続した一つの歴史として人の記憶に残り、人の知識に存在したはずであって、したがって、それを神代と人代との境界とし、画然たる区別をその前後につけようという考えが起こるまい、ということから、明らかに推知せられよう。のみならず、こういう一つのことによって神代と人代とが明らかなる限界線を画せられている点に、

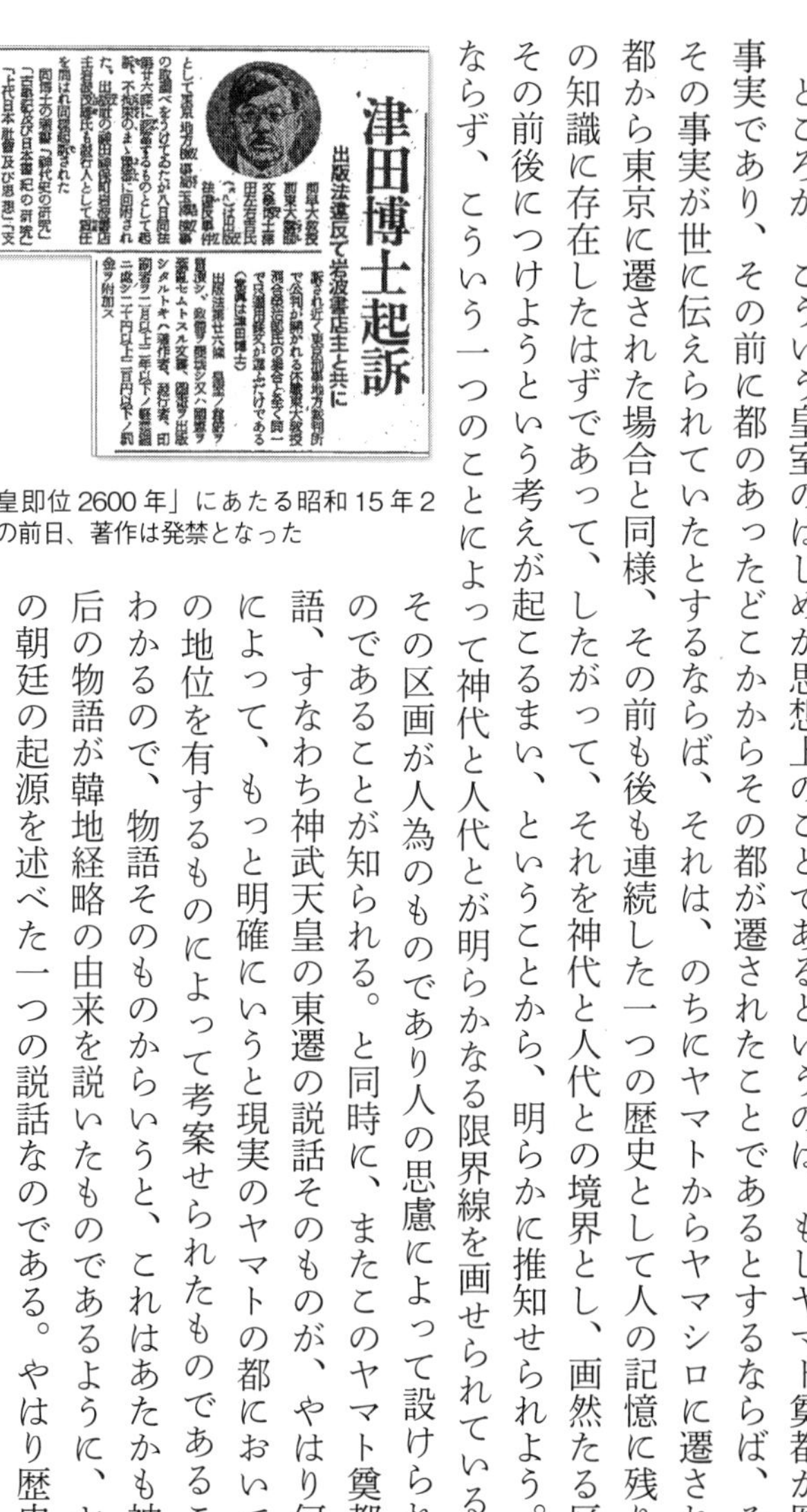
津田博士起訴
出版法違反で岩波書店主と共に

「神武天皇即位 2600 年」にあたる昭和 15 年 2 月 11 日の前日、著作は発禁となった

その区画が人為のものであり人の思慮によって設けられたものであることが知られる。と同時に、またこのヤマト奠都の物語、すなわち神武天皇の東遷の説話そのものが、やはり何人かによって、もっと明確にいうと現実のヤマトの都において重要の地位を有するものによって考案せられたものであることがわかるので、物語そのものからいうと、これはあたかも神功皇后の物語が韓地経略の由来を説いたものであるように、ヤマトの朝廷の起源を述べた一つの説話なのである。やはり歴史的事実としての記録とは考えがたい。

実をいうと、歴史的事実としてのヤマト朝廷の起源、すなわ

ち皇室のはじめは、『旧辞』のはじめてまとめられた頃にはまったくわからなくなっていたので、こういう起源説話のつくられたのは、あるいはつくり得られたのは、一つはそのためである（なお後文参照）。そしてそのヤマト奠都の物語がまったく政治的意義のものであるとすれば、それによって限界をつけられた神代という観念が、やはり政治的のものであることは明らかであるので、皇室の御祖先の代として構成せられたものであるという上記の考説は、これによってさらに一証を得たわけである。

しかし、神代と人代との間に画然たる区別がつくことは概念の上においてのことであって、具体的な物語としてはその間の境界のぼかされることが必要である。しからざれば、神代を過去に置いてそれと人代とを連続したものとしようとする主旨に背く。だから、神代の終わりの部分に人代的要素を加えるとともに、人代のはじめの部分には神代的着色を施し、交互に幾分の融合をさせねばならぬ。そうして「現つ神」であられるという皇室の地位は、その皇室のこととしての神代と人代との区別を、おのずから緩和することになる。皇孫降臨後なお神代が続いているのは前者であって、ヒムカにおける物語はあたかもそれにあたり、神武天皇及びその後の時代のこととしてもなお神異の物語が多く語られているのは後者の故であって、仲哀天皇以前の話がほぼそれに属する。神武天皇から仲哀天皇までの物語に人の行動と見なしがたいことが多いのは、一つはこれがためである。そして、神異の話の多いのがほぼ仲哀天皇までであるのは、『旧辞』の編述せられたときに、その頃の歴史的事実がほとんどまったく伝えられていなかったということが、恰好の事情となってもいるらしい。

物語の上における神代と人代との移り行きについては、なお一言すべきことがある。上に述べた如く神代は皇孫降臨のあとも続いていることになっているが、これは神代の物語のつくられたはじめからのことではないらしい。しかしのちにそう改作せられたのは、おのずから前にいったような効果を生じたことになる。またヤマトの奠都を人代のはじめとするならば、その前の神武天皇東遷の物語はむしろ神代に属すべきもののようであるのに、そうなっていないのは、奠都の前も後も天皇が同じ天皇とせられているからであろうが、それがまたおのずから神代と人代とを連結させるとともに、その区別をぼかすはたらきをすることにもなっている。この物語は、種々の神異の話がある点において神代の物語と同じ性質をもってはいるが、またそれとは違ったところもあり、その最も著しいのは、神代の物語においては、日の神たるアマテラス大神とタカミムスビの神またはその別名としてのタカキの神とが現実の存在としてそれら自ら活動しているのに、この物語においては、それらがいつも現在の何人かの夢の中にあらわれていることとである（記紀のいずれにもある剣についてのタカクラジの夢。ヤタガラスについての天皇の夢。天皇の夢に神のあらわれたことは『日本書紀』にのみあって『古事記』には見えていないが、『古事記』の書き方では、タカキの神がどういう方法で天皇にヤタガラスのことを告げたのかわからないから、これは夢のことが抜け落ちているのであろう。また『日本書紀』にのみ見える祭祀と呪詛とについての天皇の夢など）。『日本書紀』においては、なお天皇が皇祖天神（日の神のこととして解しなくてはならぬ）の祭祀を行なわれたこと、タカミムスビの神によるウツシイハヒをせられたことが見えているが、これもまた日の神やタカミムスビの神を実在の存在とは見ない考え方によってつくられた話である。これで見ると、物語の上で、神代と人代との間に明らかな区別がせられているように見える。神武天皇の東遷の行なわれたときは、これらの神が現実にはたらいていた神代ではなくなっているのである。

ただ『日本書紀』にニギハヤビの命が天から降っていたという話のあるのは、天上の人物が現実にヤマトにあらわれている点において例外とすべきであるが、この命とその話とは、神武天皇の物語のつくられたはじめからあったものではなく、あとから補われたもののようである。天つ神の御子がはじめてヤマトへ入られる前に、その抗敵者たるナガスネヒコのもとに、同じく天つ神の子とせられているこの命がいた、ということは、物語の精神に背くものであるのみならず、ナガスネヒコが天皇に対して抗戦したことを記してあるところには、この命の名が見えず、また神代の天つ神の系譜においてはこういう命の名がどこにも記されていないからである。天から降ったとしてはあるが、その天が「タカマノハラ」の名によって示されていないのもまた、この話の新しいものである一証であろう。さすればこれは、上に考えたような神代と人代との区別が注意せられずしてつくり加えられたものと解せられる。『古事記』には、この命のいかなる人物であるかが少しも示されていず、天から降りてきたものとも天つ神の子であるとも書いてないが、これは『日本書紀』によって伝えられているような話から、この命の名と、それとナガスネヒコとの関係とだけが『古事記』のもとになった『旧辞』にとられていたものと考えられる。この命の名が突然あらわれていて、話としての形の具わっていないその書き方からも、そう推測せられる。

しからば、何故にこの命のことがこの物語につくり添えられたかというと、それはナガスネヒコの反抗も天つ神に対する真の反抗ではなかったとして、天つ神の権威を一層強めるためではなかったろうか。この命は、皇孫降臨の物語におけるオホナムチの命と似た地位に置かれているのであって、たぶん、それを模してつくられたものであろうと思われるが、ヤマト平定の説話とオホナムチの命の服従の物語との間に、思想上、密接の関係がつけられているということは、上に述べておいたが、『神代史の研究』で考えたように、オホナムチの命の抗敵も単なる抗敵ではないようになっている。

なお『日本書紀』についていうならば、シナ思想による修飾が神武紀に至って急に著しくなっていることが注意せられる。神代紀にもそれはないことはないが、最初の天地開闢(かいびゃく)説とかイサナキの命の登天報命（＊天祖の命によって日本の国をイサナミとともにつくりあげたイサナキはその成功を天に上り報告した）とかの一、二の場合のほかは、多くは『旧辞』の文章に施された文字の修飾にとどまっているのに、神武紀及びそれからのちの歴代の紀には、『旧辞』にはなかったと思われる新しい記事がシナ思想によって構造せられていて、神武紀の巻首にある天皇の語、ヤマト平定後に下された「令」というもの、また四年の条の皇祖天神の祭祀などがそれである。また神代紀とは違って、神武紀になると、シナの史の本紀を学んで、年代記の形に記事を配列するようになっている。これらはいずれも『日本書紀』の編者のしわざであろうが、編者がこういうことをしたのは、神武天皇の物語を神代のそれとは違ったものとする考え方が、前から伝わっていた『帝紀』や『旧辞』においても認め得られたので、それから来たことであろう。

こういうように、神武天皇東遷の物語は神代のとの間に明らかな区別がつけられているが、しかし物語そのものはヒムカから出発せられている点において、それと連続していることはいうまでもなく、その内容を見ても、神異の話のあるのが両方に共通であるのみならず、天皇が日の神の御子として行動せられている点において、またイヅモ平定のときのことが説話の上にあらわれている点において、東遷そのことが皇孫降臨の繰り返しまたは延長の意味をもっているように語られているのであるから、その側面では、この東遷の物語は神代と人代とを連結する用をなしているのである。そしてそれによって、人代の前に神代が置かれ、ヤマトの都におられる現実の天皇の地位の由来がその神代の物語によって示されている『帝紀』や『旧辞』の精神が、よく実現せられているのである。

結論

前数章のしごとは、記紀に記されている仲哀天皇以前の時代に関する主要なる物語を一々点検することであった。そこで次には、一々の物語を一々に研究したあとを顧みつつ、多くの物語の全体を通じての観察を試み、それをこの書の結論としようと思う。

まずいうべきことは、記紀の記載の差異から推測し得られる物語の変化であって、これには同じ物語が記紀によって違っているのと、一方に無くして他方に有る物語があるのと、この二様の場合があるが、いずれにしても『旧辞』が今の『古事記』と『日本書紀』との記載となってあらわれるまでの間に、いろいろの考えをもっていろいろの人の手が幾度もそれに加えられていることを証するものである。

第一の場合においては、概していうと、『古事記』に見えるほうが『日本書紀』のよりも原形に近いと認め得られ、ヤマトタケルの命の東方綏撫の話の主要部分、神功皇后の物語などがその例であるが、ただこの場合に、『日本書紀』の記載が、『古事記』のよりもあとに潤色せられた『旧辞』の説によったものであるか、『日本書紀』の編者自らが修飾、変改したものであるかの、わからぬことがある。また物語によっては、局部的には『古事記』のよりも『日本書紀』ののほうにかえって原形の発見せられることがある。たとえば神武天皇及びその崩後の物語において『古事記』のに歌の多いのは、この点では、『日本書紀』のよりも後世の潤色を多く経ていることを示すものであろう。

また第二の場合においては、たとえば景行天皇のツクシ巡幸の物語の如く『日本書紀』にのみあるのは、のちにつくり加えられたものとすべきである。崇神朝のこととせられたアマテラス大神を祀る神宮の建てられた話なども同様である。『古事記』にのみある話は、本書で取り扱った時代のにはないが、神代の部分にはそれがある。これについては別に考えよう。

次には、記紀の物語においてほぼ共通な点においても、最初の『旧辞』とはすこぶる趣きを異にしていることの知られる場合があって、神武天皇の物語にニギハヤビの命があらわれたり、ヤマトタケルの命のにタチバナヒメの話が加えられたり、そういう例がかなりにある。かかる形跡の明らかにわからぬ場合でも、実際は種々の変改が加えられているかもしれず、細部まで原形のままである物語がどれだけ記紀によって伝えられているかは、知りがたいといわねばなるまい。たぶんそれは、極めて少ないか、またはほとんどないかであろう。

ところで、『旧辞』にこういう変改の加えられた時期はいろいろであろうが、一つひとつの物語についてすでに述べた如く、それのほぼ推測せられる場合もある。あるいはまた上に述べたイセの神宮の建てられた時期や、タカミムスビの神の性質の変化や、歌謡の形式などのことを思い合わせると、推古朝の頃において、全体にわたっての、またかなり重要な、潤色が施されたのではないかと臆測せられないでもない。この朝の歴史上の地位から見ても、この臆測にある程度の理由が認められるのではあるまいか。「天皇」という称号が神武天皇以後の歴代の物語のすべてにわたって用いてあるのも、もしそれが太安万侶の書き換えたものでなくして、稗田阿礼の誦んだ『旧辞』においてすでにそうなっていたとすれば、それもまたあるいはこの臆測を助けることになるかもしれぬ。この称号は推古朝頃から用いはじめられたもののようだからである。しかしそれはともかくもとして、『旧辞』がのちになって、いろいろの違った時期に、さまざまに潤色せられたとすれば、もとからあったものと、あとから改められまたは加えられたものとの間に、一致しないところのあることがおのずから考えられるのであって、神武天皇の物語にニギハヤビの命があらわれていたり、景行天皇がクマソを征討せられた話があったりするのが、その例である。物語の傍らに物語をなさぬ記事があるのもまた、それであろう。

以上は『旧辞』における変改、潤色の跡についてのことであるが、『日本書紀』の編者が『旧辞』に加えた変改、または『旧辞』から離れて編者自らの構想によって新たにつくられた記事が、『旧辞』の物語またはその精神と一致していないようになっている例もまた、甚だ多い。神武天皇の物語に施されたシナ思想による修飾、または神代紀に船のことが記してあるのに崇神紀にはじめて船舶をつくるといったり、仲哀天皇（＊第十四代）のときに海外に国のあることがわからなかったように書いてあるのに崇神（＊第十代）紀に任那の使節の来朝の記事を載せたりしたことなどがその例である。『日本書紀』の編者はこういう齟齬や矛盾に気がつかなかったものと見える。

なお、『日本書紀』に見える種々の物語を通覧すると、その間に類似した着想がしばしば反覆せられていることに気がつく。クマソ征討にも東国経略にも、景行天皇とヤマトタケルの命とが一度ずつ行っておられる。クマソの族長を誅伐せられた方法も、景行天皇のときのとヤマトタケルの命のときのと酷似している。アメノヒボコとツヌガアラシトとの航路についても似た話があり、またツヌガアラシトとタヂマモリとは同じように時の天皇の崩御と前後して来朝もしくは帰朝している。垂仁天皇の皇位継承の定められた事情と景行天皇のそれとも同工異曲であり、ヤタガラスと金鵄（きんし）はともに霊鳥である。あるいはまた崇神朝にも垂仁朝にもイヅモの神宝の物語があり、垂仁朝にはイヅシの神宝の話のほかにイソノカミのそれの物語があって、「神宝」というものが反覆して主題とせられている。『古事記』においても、神代史のコノハナサクヤヒメの物語と垂仁天皇の巻のサホヒメの物語とは、皇子が火の中で生まれられたという点が似ている（のちの話ではあるが、雄略紀の「一夜あひて」云々という話も、神代史に同じことがある）。神武天皇のヤマト征討と神代史のオホナムチの命の平定との間に思想上密接の関係があることは、すでに述べておいた。

その他、記紀のいずれにも各地巡歴という話がしばしば語られていて、兄弟の並んであらわれる場合に、その大部分は、兄が羸弱（るいじゃく）（＊か弱い）もしくは悪逆であって失敗に終わり弟が強健順良で成功していて、ミワ山物語の如き同じ民間説話が異なった場合に結びつけられ、似たような地名説話が至るところに用いられ、人名を地名からつくり兄弟や男女を連称することが一般に行なわれているなど、その間には上代の風俗の反映と見るべきものもあろうが、物語の上では大抵着想が定まっていること、また後人が前からある話に頼って同じようなものをつくり加えてきたことを示すものである。事実の記録として見るべきものでないことは、もちろんである。

その上、神武天皇から仲哀天皇までの物語を大観すると、国家経営の順序が甚だ整然としている。第一にヤマト奠都の話があり、次に崇神、垂仁両朝の内地の綏撫があり、次が景行朝のクマソ及び東国に対する経略となり、それから成務朝にかけて皇族の地方分遣と国県の区画制定とが行なわれ、最後の仲哀朝に至って外国征討が行なわれる。近きより遠きに、内より外に及ぼされた径路が、地理的に順序正しくなっている。これも歴史的事実の記録であるよりは、思想上の構成として見るにふさわしいことの一つである。こういう風に物語は構成せられているが、しかし全体を通じて見ると、天下、すなわち大八島国の全体はヤマト奠都の前から皇室によって統一せられていることになっているから、そういう形勢の下における国家の経営がこういう順序になっているということが、事実らしからぬ話なのである。まだ国家の領土に入っていなかった地方を新たに服属させてゆくのならばこういう地理的順序がおのずからとられたでもあろうが、これらの物語はそういう意味のことを語ったのではない。

ところで、物語がこういう構成になっているのを見ると、記紀によって伝えられている『旧辞』の述作者が、神武天皇の東遷の説話を承けて、その次に崇神、垂仁両朝の物語を置き、それから次第に仲哀天皇の物語に及んだのは、国家の経営が崇神朝にはじまったものとしてそれからのちのその進展の情勢を語ろうとしたものであることが、推測せられるようである。崇神天皇に「所知初国天皇」または「御肇国天皇」の称呼があるようにしたのもまた、この意味においてであったかもしれぬ。もしそうならば、これは神武天皇のそれと必ずしも重複もしくは矛盾するものではない。一つは国家経営の事業をせられた天皇のはじめであり、一つはヤマトの朝廷のはじめであるからである。そうして『旧辞』の潤色者が、皇祖神を祀るところとしてのイセ（もしくはそこに遷される前の地としてのカサヌヒ）の神宮の創設を崇神朝としたのもまた、この思想を継承したものと解することができよう。神宮の奉祀は国家の経営と離れるべからざるものと考えられたであろうからである。しかしこれらは『旧辞』の物語の上でのことである。歴史的事実としてのヤマトの朝廷の勢力の発展の情勢が物語によって理解し得られないことは、明らかである。

これらの点を、上に詳説した一々の物語の批判に参照してみれば、記紀の仲哀天皇（及び神功皇后）以前の部分に含まれている種々の説話を歴史的事実の記録として認めることが、今日のわれわれの知識と背反しているのは明らかであろう。そしてこれはおのずから総論において概説しておいたことを証するものである。記録の術もしくは前言往行（＊古人の言動）を一定の詞章によって語り継ぐ特殊の制度があり、それによって古事が伝えられたならば、あるいは上代の君主や英雄の事蹟を詠（うた）った叙事詩のようなものがあったならば、それは『旧辞』の編述の際に材料としてとられねばならず、したがって何らかの形において記紀の物語にもあらわれねばならぬのに、一々の物語の内容についての著者の研究はそれらがいずれも後人の述作であることを示したのであるから、そういう材料ははじめからなかったものとするほかはない。記紀の記載には、『旧辞』から写し取られまたはそれによって書かれたところでも、そのもとの姿でないところが多く、そうして上文の研究においてもそのもとの姿をことごとく呈露させるには至らなかった場合があるけれども、大体の性質はそれでわかったはずである。そして国家の成立に関する、あるいは政治上の重大事件としての記紀の物語が一つとして古くからの言い伝えによったものらしくないとすれば、それらがいくらか『旧辞』の原形とは変わっていようとも、根本が後人の述作たることに疑いはなかろう。総論において述べた如く、『古事記』の応神天皇以後の巻々には政治に関する物語がほとんどなく歌物語や恋物語などばかりになっていながら、仲哀天皇以前の巻々がかえって政治的意義を有する説話から成り立っているのもまた、それが昔から伝えられたものでない一証であろう。新しい時代のことが『旧辞』に載せられずして、それよりも前の時代のことが記されていたとは、考えられないからである。

しからば、記紀によって伝えられた物語は何を材料として述作せられたかというと、その第一は後世の事実である。『日本書紀』においてはそれがとくに著しく、神功皇后のときに高句麗が従属したとか、景行朝に陸奥の国の方面のエミシに対する遠征が行なわれたとか、崇神朝に加羅が帰服したとかいう類がみなそれであるが、同じようなことは『旧辞』から出たと見なすべき記紀共通の物語においてもいうことができる。クマソの服従が四世紀の終わりか五世紀のはじめか（＊第十六代仁徳天皇の頃）であろうという第二章の考説が是認せられるならば、それを景行天皇（＊第十二代）のときの物語としたのは、その最も著しき例である。新羅遠征の物語を神功皇后の事業としたのもまた、同様である。事実としては、新羅に兵を出したことが応神（＊第十五代）朝以後に幾度も行なわれ、雄略（＊第二十一代）朝頃からのちはそれが最も頻繁であったらしいからである。イヅモの勢力の反抗も、それが後人に強い印象を残していて、朝廷の儀礼にもその特殊なる服従の表示があらわれていることから考えると、やはりよほどの後世まで引き続いていたことではなかろうかと思われるが、もしそうならば、『古事記』の垂仁、景行の巻、また垂仁紀などのイヅモに関する物語は、神代史のオホナムチの命の話とともに、それによって構想せられたのであろう。『古事記』の応神以後の巻々において、なくてはならぬ韓地経略、クマソ征討などの物語がまったく姿を消していることからも、この推測に理由のあることが知られるので、それは畢竟、のちの事件を上代に移して物語としたがため、実際行なわれた時代には、それが空虚になったのではあるまいか。応神以後の巻々に政治譚が影を潜めて、歌物語、恋物語が代わってあらわれているのも、ここに一つの理由があるのではなかろうか。もっとも仲哀天皇以前の物語とても、のちの事件をそのままに上代に移して記したというのではなく、それを説話として結構したために、事件そのものとはまったく異なった形になっているのである。

さて第二は、民間説話またはそれに類似の物語であって、ミワ山の物語とか人の魂が鳥になって飛んだとかいうようなのはみなそれであり、玉から人が生まれたというのも、これに属する。

それから第三には、ありふれた当時の出来事や風俗などであって、恋物語とか兄弟の争った話とかいうのは、たぶんそういうところに由来があるのであろう。したがってそれにあらわれている風俗や思想は物語のつくられた時代のものであることは、いうまでもない。もっともこの点については第一、第二の場合とても、概して第三のと同様であるので、それはこれまでの物語の研究において考えたところからも知り得られよう。

ただ一つ考えるべきは、四世紀の中頃より前のことについても何か簡単な口碑が伝わっていて、それが『旧辞』にとられ、そうしてそれが記紀の仲哀天皇以前の記載にあらわれていはしまいか、ということである。たとえば四世紀の前半に行なわれたであろうと推定せられるツクシの北部の帰属というようなことは、比較的新しい事件として、その言い伝えが、文字を用いることの知られはじめた同じ世紀の末期には存在し、したがってそれが何らかの形で記録せられていたのではないかと考えられるかもしれず、そしてそう考えられるならば、仲哀天皇のツクシ行幸の物語にはそれから出たところがあるのではないか、という臆測ができるかもしれない。しかし一方では、こういう事件の言い伝えが、四世紀の末期頃において、早くもすでに記録せられるほどにその記録の術が進んでいたかどうかが問題であるとともに、他方では、『古事記』によって知られる『旧辞』には、そういう言い伝えから出たと思われることが他には見えないのであるから、この臆測が成り立つかどうか、かなりおぼつかない。このことについては総論に説いておいたことが思い出されるであろう。

　次には、上にも述べた如く『古事記』の『旧辞』の部分には物語をなさない政治上の記事があり、それは外観上、説話的分子を含まない文字であるから、つくられた物語とは違って、口碑に由来があるのではなかろうかと疑われるかもしれぬ。しかし、その主要なるものについての上文の考説は、それらが事実でないことを立証したのであるから、こう疑う理由はすでに消滅していよう。これについてもまた、『旧辞』が『古事記』にとられた本になるまでには、それに変改の加えられていることを考えねばならず、そのもとの形においては、もっと多くのそういう記事があったかもしれぬと思われないでもないが、『日本書紀』のほうでも、『古事記』の記載とほぼ同じことについてはやはり同じように見られるし、『古事記』に出ていないことは次にいうように『旧辞』からとったものではないらしく、そして『古事記』のもとになった『旧辞』とは幾分か違っているその異本に別の記載があったならば、それは『日本書紀』にとられていそうなものであるから、すべての異本において、したがってまたそのもとの形においても、『古事記』にとられなかったこういう性質の記載があったらしくはないのである。だから『古事記』のこれらの記事は、上に述べた如く、後人が『旧辞』に加筆したものであろう。

なお『日本書紀』のこういう記事で『古事記』に見えないものには、神武紀四年の条の天神の郊祀(こうし)、または上に述べたことのある崇神紀十一年の条の如くシナ思想に基づいたもの、または船舶の創製の如き事物の起源を説いたものなどもあるとともに、崇神朝に疫病が流行したために神を祀ったという話のあるのをもとにしてそれを五年と七年との条に分割して記し、十年の条に四道将軍の派遣を書いて十一年にその復命があったようにし、あるいは垂仁紀に、殉死に代えるための土偶をつくったという物語を三十二年の条に載せるについて、その前の二十八年の条に殉死者の惨状を記したなど『古事記』に見えているような、もとからあった話を暦年に配当するために構成したものもあり、大抵そういう類のであって、それが事実の記録でないことはいうまでもなかろうが、それはまた、あるいは『旧辞』の主要なる物語及びその思想と矛盾していたり、あるいは年代記編成の際にはじめて考案せられたりしたものであるから、『旧辞』からとられたものとは認めがたく、また口碑などに遠い由来があるものとも考えられぬ。

ところでこう考えてくると、『日本書紀』においても、本書で取り扱った部分の資料としては、『旧辞』のほかには何もなかったということが、おのずから知られたであろう。ただ『古事記』における如く、その『旧辞』がそのままの形であらわれていないだけのことである。そして『旧辞』からとられたものでない記載は、すべて『日本書紀』の編者の構想によってつくられたものとしなくてはならぬ。

さて、以上述べたことは、記紀の記載における物語の部分、すなわち『古事記』においては『旧辞』から写し取られたところについてであり、そうしてそれは、本書の研究の対象がもともとその部分であったからである。稀に皇室の系譜、すなわち『帝紀』から出ているところに言及したことのあるのは、物語の研究に関連してそれを考えねばならなかった場合のことであった。しかし、『帝紀』と『旧辞』とは別々の書であり、またその変改や潤色が別々に行なわれたにしても、その間に密接の関係があることはいうまでもないから、ここに記紀の系譜の部分についての概括的な考察を付記しておこうと思う。そこで第一に注意せられるのは、系譜においても記紀の間に一致しない記載の少なくないことである。その一つは天皇の年齢であり、とくにそれには、たとえば綏靖天皇の四十五と八十四と、安寧天皇の四十九と五十七との如く、訛伝や誤記から来ているとは思われずどちらかが故意に変更せられたと考えねばならぬもののあることである。次には皇子や后妃に関する記載であって、皇子については、綏靖、孝昭の二代のほかのにはみな違いがあり、后妃についても記紀の一方にあって他方にないのがあって、景行天皇のにはとくにその差異が多い。天皇の母の名もまた同じでない場合が少なくないのみならず、記紀のいずれとも違っている説が『日本書紀』に注記してある異本に見えていることもある。

これらのことから考えると、仲哀天皇までの『帝紀』があとになっていろいろに変改せられたことが知られよう。そしてこう変改し得られたのは、はじめて編纂せられたときの『帝紀』の記載が、確実なものとして考えられていなかったからではあるまいか。また景行天皇の皇子の名に「ヤマトネコ」というのと「ワカヤマトネコ」というのとがあって、天皇の地位を示すものであるこういう称呼が皇子の名として用いられたのは解しがたいことであるが、この二つのうちで、前のは『古事記』にのみ、後のは『日本書紀』にのみ記されていることを思うと、二つともあとになって加えられたものではあるまいか（一方に「ワカ」の語のあるのを見ると、この二皇子は、はじめは相伴って『帝紀』に記されていたのが、記紀にはその一方ずつが分かれてあらわれているのではないかとも考えられるが、「ワカ」の語がいつもこのような場合にのみつけられているのでもないから、こう考えることは必ずしも当たっていなかろう）。

なお記紀の記載の一致していることではあるが、孝昭天皇と垂仁天皇との皇子に「タラシヒコ」という称呼が、また垂仁天皇の皇女に「タラシヒメ」という称呼が名となっているのがある。孝昭天皇の場合のは、位を継がれた弟の皇子と、上に加えられた語の「アメ」と「ヤマト」とが違うのみで同じ名であるのを見ると、これもまた事実そういう名の皇子があったのかどうか疑わしく、したがってまた垂仁天皇の皇子、皇女についても同じように考えられる（『古事記』にはイカタラシヒコという皇子が二人記されているが、そのうちの一人の「ヒコ」は「ヒメ」の誤りであろう）。なお記紀ともに神武天皇から孝安天皇までは、皇子のみがあって、皇女が一人もないことになっているが、これもまた系譜が事実の記載でないことを示すもののようである。要するに、この時代の『帝紀』の記載には、信じがたいことが多い。しかしこれらは皇族や后妃などに関することであるが、天皇についてはどうであろうか。これが第二の問題である。

ところが、天皇については記紀の記載がみな一致しているから、この点からは問題は起こらない。そしてまた、天皇について語られている物語が歴史的事実でないということは、必ずしも天皇の存在が否定せられるべきことを示すものではない。一般的に考えても、人とそれについての説話とは離して見ることができるが、『帝紀』と『旧辞』とが別々に編述せられ、別々に伝えられ、別々に変改せられてきたものであるとすれば、なおさらである。だから、綏靖天皇から開化天皇までの歴代に物語が一つもないということは、その歴代の天皇の存在を疑うべき、少なくとも（＊実在の）強い根拠にはなりかねる。八代の記載を通じてこういう状態であるという点に、そういう疑いの起こされるある理由はあろうが、それだけでその疑いが解決せられるのではない。こういう疑いは、これまでの学者によって起こされていたものであるが、それは、崇神天皇以後の物語を歴史的事実もしくはそれによって生じた伝説と見るところに、その基礎があった。しかし、それらの物語がそういう性質のものではなく、すべてがつくられた説話であるとすれば、歴史的事実としての天皇の存否を考える場合である限り、物語はあっても、ないのと同じである。ただこの八代を通じて一つの物語もつくられなかったという点に、その八代と崇神天皇以後の歴代との間に、何か区別があるものとして、物語の作者もしくはその潤色者が見ていたのではないか、あるいはまた『旧辞』の物語のつくられたときの『帝紀』にはこの八代の天皇の名が記されていなかったのではないか、（そうしてそれはあとからつくり加えられたものではないか）ということも考え得られなくはないので、そこに上記の疑いの起こされる一つの理由があろう、というのである。けれどもまた、物語のほうに変改があって、はじめて『旧辞』のつくられたときには開化天皇より前についてもいくらかの物語があったかもしれぬ、ということも考えられようから、それだけでは強い理由にはならぬ。

さすれば、問題は別の方面から観察しなければならぬ。そこで考えるに、応神朝に百済から文字が伝えられ、それによって何らかの朝廷の記録がつくられたとすれば、そのときより四、五代ほど、年数からいってもほぼ百年あまり前からの天皇の名は、たぶん、なお人の記憶に残っていたと思われ、したがってそれが記録せられたであろうから、その点から崇神天皇以後の歴代は、その名によってのちに伝えられたであろうと推測せられる。したがってそれらの歴代の天皇は、事実上の存在として考えられよう。しかし、そういう推測を甚だしく遠い昔の時代にまで遡らせて適用することには、無理があろう。もっとも、ヤマトの朝廷の勢力の発展の径路において、かなり遠い昔のいずれのときにか画期的の事業をせられた、いわば「創業の主」とも称せらるべき君主のあったことが想像し得られるので、そういう君主の名が口碑としてのちに伝えられたでもあろうが、幾代かの歴代の君主が欠漏なく伝えられたかどうかは、問題である。したがって上記の如き推測のできるのは、ほぼ崇神天皇以後の歴代であるとするのが、安全な考え方ではあるまいか。

しかし、これについては、総論で述べたような、記紀によって伝えられている『帝紀』の天皇の名の書き方を今一度考えてみる必要がある。それは、仲哀天皇から前の歴代のがみな同じであることと、それが応神天皇から継体天皇までのとまったく違っていることとである。そして、応神天皇からのちの歴代が明らかに歴史的存在であるとすれば、仲哀天皇から前のはすべて同じようにそうではないということが、一応考えられそうでもある。とくに、崇神天皇からのちの歴代とても天皇としての称号のみが記されていて、上に推測したようにして記憶から文字に写されたと思われる名は伝えられていないからなおさらそう考えられ、したがって上記の推測は当たらないことになりそうである。けれども、安閑天皇からのちの歴代についての『古事記』の記載を見ると、やはり実の名はまったく書いてなく、ただ天皇としての称号のみが記されているから、『古事記』だけで見ると、これらの歴代の天皇の実の名はまったく知られないことになる（前にいった如く崇峻天皇だけは例外である）。さすれば、『古事記』にこうなっているのは、天皇としての称号のある場合の『帝紀』の書き方が一般にそうなっていたためであろうと考えられる（『帝紀』の最初の編述が、もしすでに考えた如く欽明朝頃であって、それからのちの部分はあとから継ぎ足されたものであるとしても、その書き方は最初のの例にしたがったのであろう）。

したがって、天皇の実の名の記されていないのは仲哀天皇までの歴代に限ったことではない、としなければなるまい。安閑天皇後の『日本書紀』の系譜の書き方は『古事記』の如く一定してはいないが、たとえば継体紀及び欽明紀における欽明天皇、敏達天皇のの如く、それと同じようになっている場合もあり、そして天皇の実の名は、たとえば推古天皇、舒明天皇のの如く、系譜においてではなくして他のところに記載せられている場合がある。欽明天皇と敏達天皇との実の名は『日本書紀』においてもどこにも記されていず、のちにはまったく伝わっていない（崇峻天皇のみに称号がなく実の名のみが記されているのは、この天皇の崩御の特殊の事情によるのであろう。安閑天皇からあとの称号は、それぞれの天皇の崩御後に、諡(おくりな)の如く定められたものと思われる)。こう考えてくると、崇神天皇から仲哀天皇までの名は、もとは朝廷の何らかの記録に載せられていたけれども、『帝紀』のまとめられたときに、天皇としての称号のみ記されたため、それが失われてしまったものと解し得られよう。だから上記の推測は必ずしも誤ってはいないことになる。

けれども、問題はなお残っている。それは一つは、開化天皇より前の歴代についての記載をそれと同じように解してよいかどうか、ということであるが、これについては、古い時代の天皇の名の伝承について上に考えたことが思い合わされねばならぬ。今一つは、欽明朝頃に仲哀天皇(及び神功皇后)より前の称号が定められたとき、何故に応神天皇から継体天皇までの称号がつくられなかったか、ということである。雄略天皇と清寧天皇とには名の下に尊称が加えてあるが、それは安閑天皇からあとの称号が実の名とは別に定められているのとは違うし、また清寧天皇のは『古事記』と『日本書紀』との間に一致していないところがあり、なお『日本書紀』には「オホハツセ天皇」「シラカ天皇」と記してある場合もあるから、これは公式に定められたものではなく、何人かの試案であったかもしれぬ。もしそうならば、これらはこの二朝のそれぞれのすぐあとでつくられたものであり、そうしてそれは、天皇に何らかの尊号を奉ろうとする要求が生じてきた時代の傾向を示すものであろうか。あるいはまた、いずれのときにか応神天皇からあとの歴代のすべてについて称号をつくろうとして試みられたものが、たまたまこの二代ののみ何らかの記録に残っていて、それが『帝紀』にとられたのかもしれれぬ。臆測はいろいろに加えられようが、確かな推定を下すことはできぬ。

しかしいずれにしても、今日から知られる『帝紀』によって考える限り、仲哀天皇から前の歴代には一様に安閑天皇後のと同じような称号が記されているのに、応神天皇からあとにはそれがないということは、前のほうの崇神天皇からあとの部分についての上記の推測の価値をいくらか低めることになるかもしれぬ。したがってまた、崇神天皇後と開化天皇前のとの間に区別をつける考え方にも、大いなる強みはなくなってこよう。要するに明らかな判断はしかねるが、応神朝から幾代か前までの歴代の天皇の名が、はじめて朝廷の記録のつくられたと考えられる頃には人の記憶によって伝えられていたであろうという推測には、ある程度の価値があり、そしてその推測が最も確からしさを含んでいるものであることは疑われまい。もっともこう見る場合に、それが記紀によって伝えられている『帝紀』の記載の（仲哀天皇から）崇神天皇までの歴代であると考えることに充分の確実性はないけれども、今伝えられている物語が、神武天皇のヤマト奠都のは別として、崇神朝のにはじまっているのは、『旧辞』の最初の形のままであり、そしてそれはその述作者がそうすべき理由をもっていたからだと考えることにも、かなり強い可能性はあるのである（しかしこれには別の解釈のしようもある。それは綏靖天皇から開化天皇にかけての系譜は、系譜そのものが一つの説話である、と見ることである。こういう歴代の天皇があったという説話なのである。そしてその説話の精神は、皇室は遠い上代から連続してこの国を統治せられていたということを説話として語るところにあったと解せられる。系譜の形をもった説話であるために、その説話の内容が『帝紀』に書き加えられて、『古事記』として編纂せられた『帝紀』のうちに存在することにはなったが、もともとそれは説話としてつくられたものである。こういう風に考えるのがよいのではないか)。

仲哀天皇より前の歴代の天皇に関する問題についてはこう考えられるが、皇子、皇女や后妃などに関する記載については、崇神天皇からあとの部分のにおいても『帝紀』編纂の際に新たにつくられたものが多く、またそれより前の部分においてはそのすべてがそうであろうが、一度つくられてからのちにも長い間にいろいろの手が加えられたらしいことは、上に述べたところからも知られる。

しかし、『帝紀』の系譜の記載をどう見るにしても、ヤマトの朝廷の起源が応神天皇の頃から考えて遠い昔にあったこと、皇室がその頃までにすでに長い歴史を経過してこられたことは、明らかに推知せられる。応神朝に朝鮮半島の経略がはじめられ、その前にツクシの北部が帰服したとすれば、それより前の長い期間にヤマトの朝廷の勢力は漸次各地方に広げられてきたに違いなく、したがって「皇室の由来は旧い」としなければならぬ。歴史的事実としてその間の情勢は、記紀の記載にはまったくあらわれていず、したがって『帝紀』にも『旧辞』にも記されていなかったろうと思われるが、もしそうならば、それはこういうことが記録せられるほどにその記録の術が進歩したときに、口碑としても伝説としてもその情勢がほとんど伝えられていなかったからであり、そしてそれほどにその歴史的事実が忘れられていたということは、皇室の成立とその勢力の発展とが決して新しいことではなかったからである。神武天皇の東遷というような事実に根拠のない物語のつくられたのがヤマトの朝廷の真の起源が知られなくなっていたからのことであるとすれば、それはすなわちヤマトに本拠のあった皇室の由来の遠いことを示すものである。それがいつからあったものであるかはもとより明らかでないが、上記の情勢から考えても、それは遅くとも二世紀の頃には、その地方における強固な勢力として存在したはずである。

記紀によって伝えられている『帝紀』『旧辞』の記載、また『旧辞』から出た部分でない『日本書紀』の記載の性質は、ほぼこういうものである。だから、それによって、われわれの民族全体を包括する国家がいかなる事情、いかなる径路によって形成せられたか、ということを知ることはできない。ヤマトの朝廷の勢力の発展の状態についても、歴史的事実がそれによって知られるのではない。『帝紀』『旧辞』のはじめて述作せられたときにおいて、すでにそれがわからなくなっていたのである。それ故にこそその述作者は、その空虚を満たすために、種々の人物とその物語とをつくり、それを古い時代のこととして記したのである。ただ、物語が歴史的事実を伝えたものでないということと、その物語に結びつけられている人物が歴史的存在であるかないかという問題とは必ずしも同じでないので、それについては『帝紀』と『旧辞』との記載をそれぞれ別々のものとして考えねばならぬ。そしてそういう考え方をした結果は、上に述べた通りのことになった。

ところで、上代の歴史的事実としては次のことだけが推測せられる。いつからということの今日からは知られない遠い昔から、この大八島に住んでいたわれわれの民族は、その状態がシナの史籍によって知られるようになった時代には多くの小国家に分かれていて、そのうちの一つにヤマト（＊大和）地方を領有していたものがあったと考えられる。その君主が皇室の御祖先であったかどうかは明らかでないが、上に述べた如く、遅くとも二世紀の頃には皇室の御祖先がそこに君臨せられたであろう。それが四世紀の前半において、いわゆるクマソを除くほか、ほぼ民族の全体を政治的に統一せられるようになった。これだけのことが推測せられるのである。

なおこのことについては、ツクシの北半が皇室に統一せられたあとにも国造とか県主とかいう世襲的首長がその地方にあったことは明らかであって、そしてそれはシナの史籍に見えるような多くの小国家が分立していた状態の形を変えて継承せられたものと見なければならぬから、同じように国造、県主の存在する他の地方においても、国家の統一がまだできなかった前は、やはりツクシ地方のようなありさまであったろうということが考えられるのである。イヅモはたぶん、その最も大きなものであって、それを服従させることは、かのクマソの征服とともに、統一事業の径路のうちにおいて最も困難なものであったろう。

さて、この推測が事実に遠からぬものであるとすれば、記紀によって今日に伝えられている『帝紀』『旧辞』、とくに『旧辞』の物語が歴史的事実ではなくしてつくられた物語であることは、おのずから明らかになるであろう。何よりも、遠い昔から大八島国の全体が皇室の治下にあったようになっていることが、事実に背いているのである。しかし、物語の精神はかえってそこにある。それがつくられた時代の現実の皇室の地位がそのまま遠い昔からの状態である、とするところに、作者の意図も物語の精神もあるのである。

なおこの結論において繰り返しいっておくべきは、皇祖神の代であるという神代の物語を頭に戴いて、それから人代の話に移っている記紀の記載は、もっぱら皇室に関することであって、わらわれの民族のことを語っているのではない、ということである。皇室が皇室であられる限り、皇室のことはその政治的権威に関すること、したがってその統治の下にある国家及び諸氏族に関することであるが、それとても、どこまでも皇室の地位に立ってのことである。まして民族についての物語などでないことは、いうまでもない。これは上に述べた神代の観念の性質からも明らかに推断せられるが、いわゆる「帝皇日継、先代旧辞」を明らかにするためであるという国史編述の由来から見ても、同様に考えられる。この点において比較的『帝紀』『旧辞』のもとの姿を伝えている『古事記』の記載が、神武の巻以後において、皇室の系譜と天皇及び皇族の行動としての物語とのみであることを考えるがよい。神代史については別に考えようと思うが、その性質はこの点からも類推することができる。

だからひと口にいうと、記紀の神代史及び上代の物語の目的は、主として皇室の起源由来とその権威の発展の情勢とを説くところにあったのである。個々の物語について見ても、神武天皇の物語はヤマトの朝廷の起源を語ったものであり、またヤマトタケルの命のはクマソ及び東国の帰服の、神功皇后のは新羅経略の、それぞれの起源を説いたものであり、あるいはまた所々に見える系譜は思想の上で皇室から分かれ出たものとせられた諸氏族の由来を記したものである。記紀によって伝わっている『帝紀』と『旧辞』との編述せられた主意の何であるかは、これから考えても明らかであろう。

もっとも、事物の起源を説くことは、必ずしも皇室及びその権威に関することには限らないのであって、至るところにあらわれる地名説明の物語もやはり地名の起源を示すためのものであり、これは上代人の物語をつくる一つの態度ともいうべきものであった。人名や俚諺（*世間のことわざ）などの起源説話のあるのも、そのためである。『旧辞』から出たものではなかろうと考えられる『日本書紀』の記載にもまたそれがあり、政治に関することでは、たとえば加羅人来朝の物語もまた任那府の由来と加羅、新羅の反目闘争の起源とを説くためのものである。なお、上に述べた如く、われわれの民族の歴史において重大なる事実であるツクシ地方の君主とシナ人との交通が毫も記紀にあらわれていず、またエミシとの民族的衝突も『旧辞』の原形においてはほとんど話題に上っていないということも、記紀の記載、したがってその本源である『旧辞』に民族の歴史が語られていないことを示すものであろう。ツクシとシナとの交通が記されていないのは、その事蹟が『旧辞』の編述せられた時代に伝えられていなかったからでもあるが、記載の上からはこう見られる。

またこの皇室の起源を説いた記紀の物語において、国家の内部に民族的な競争があったような形跡が少しも見えていないということが、注意せられねばならぬ。これは、一方からいうと、最初に『帝紀』『旧辞』の編述せられたときにおいて、国家が昔から一つの民族（少なくとも当時においては一つの民族として見らるべきもの）によって成り立っていたと考えられていた一つの明証である。もし国家が一つの民族もしくはその君主が他の民族を征服することによって成立した、というような場合ならば、民族の興亡もしくはその勢力の消長が国家の建設と密接の関係を有するのであり、またそれから生ずる民族間の反目や抗争は決して短日月の間に消え去ってしまうべきものではなく、その記憶が容易になくなるものでもないから、物語の上にもそういうことが何らかの形であらわれているべきはずであるが、それがまったく見えない。言語や容貌や生活状態や信仰や風習などの異なっている多くの民族が国家のうちにあり、そしてそれらを統御することに努力し苦心したのならば、よし記紀の物語が皇室のことを語ったものであり朝廷でつくられたものであるにせよ、その反映が何らかの形において多くの説話の上にあらわれなくてはならぬが、それが少しもないのである。これは、『旧辞』の編述の当時において、わが国が一つの民族から成り立っていて、民族的対抗もしくは競争というようなことが国家の内部になかった有力の証拠である。記紀ばかりでなく、一体に文献によって知ることのできる上代人の思想や心理において、激しい民族競争の行なわれた記憶が残っているような形跡、あるいは異民族が数多く互いに接触し衝突している場合に生ずるような特殊の現象を認めることは、まったくできない。異民族が新しく来往することによって引き起こされる動揺の空気の見えないことは、もちろんである。

なおシナの史籍によって考えてみても同様である。『魏志』によると、三世紀におけるツクシには小国家間における幾分の勢力争いこそあれ、民族としては極めて安定の状態にあった。そしてそれは、遡っては遅くとも前一世紀の時代、下ってはそこが統一せられた国家の組織に入った四世紀のありさまと間断なき連続をもっていて、その間に民族の移動のあったような形跡は毫末も認められない。そしてそれは記紀の記載によって知られる上記の状態とよく一致している。

これは記紀の物語の全体の上からの観察、またはその精神から見たことであるが、その一々の記載について考えても、たとえば、不用意に世人の口にしている如き「出雲民族」とか「天孫民族」とかいう有力なる異民族が対抗していたような形跡は、毫もそれに見えない。人種もしくは民族の異同を研究するにはおのずからその方法があるということは、この著の最初において述べた通りであるが、少なくとも記紀の物語によって考え得られる時代のことに関しては、そのうちの言語の問題について、記紀からもまたその資料を供給することができる。民族の一大特徴が言語にあることはいうまでもないが、ツクシまたはヤマト地方とイヅモとの住民が、もしくは治者に属するものと被治者に属するものとが、互いに異なった言語を用いていたというようなことには、何らの徴証がない。記紀に見える神々の名でも人の名でも、みな同一言語として解せられるではないか。記紀の物語はヤマトの朝廷で書かれたものではあるが、そういう名称などはイヅモ人にも、またイヅモ人が特殊の言語を用いる異民族であったならば、こんな名が書かれ、またはつくられるはずがない。治者に属するものと被治者に属するものとの関係においてもまた同様である（のちにつくられた特殊の物語において、ヒボコを「新羅人」として語り、またはエミシの首長を「島つ神」「国つ神」と書いてあるのは、これとは意味が違う。これらは新羅人やエミシに知られることを予期していないものである）。

一民族の言語が他の民族に同化せられることはあるにしても、それは文化の上、または政治的勢力の上において甚だしい格差があり、しかも両民族が雑居または雑婚していて、一方の民族がより強い民族の言語を用いなければならぬほどにその日常生活が相互に離れるべからざる関係を有する場合のことである。そしてそれにしても極めて長い年月を要する。だから、そうなった時代には、もはやそれぞれの民族が地方的に独立の勢力を有することはできなくなっている。記紀の物語にあらわれている時代において民族としての地方的勢力があったと考えることは、単にこの点から見たのみでも甚だ不合理である。

もしまた、一民族が他の民族を征服するという場合に、その二民族がすでに同一の言語を用いているというようなことを考えるならば、それはその考え自体がすでに矛盾した観念を含んでいるといわなければならぬ。同一の言語を用いるようになっているならば、それはもはや異民族としてそれを取り扱うことはできないからである。あるいはまた記紀に見える言語はすでに民族の混同したあとのものであるから、その言語によって語られている物語はまだそれが独立して争っていた時代の話である、というような考えがあるかもしれぬが、それは物語そのものと矛盾している。言語のことを除けて見ても、異民族間の争いを叙した物語であるというようなことを示す何らの証跡がないからである。のみならず、『旧辞』の物語の書かれたときにそう古い物語が伝えられていたとすることも不可能であろう。民族の混同には甚だ長い時間を要するからである。これは言語だけの話であるが、上代人の間において、その心生活においても、または外部にあらわれている生活状態においても、果たして民族を異にしていると見なければならぬだけの相違のあることが、一体、どこに発見せられるであろうか。

われわれの民族のうちには、あるいは遠い昔のいずれのときか、いずれのところかにおいて混合した異人種もしくは異民族の分子があるでもあろう。いかなる民族にもこういう混合のまったくなかったものはないからである。そしてそこに人種や民族に関する学問的研究の問題があるであろう。けれどもそれは記紀の語るところではない。のみならず、少なくとも言語の上からは、そういう人種的もしくは民族的混合のあった形跡が記紀の物語の上に見えていないことを、記紀は主張する。しかし今ここではわれわれの民族や人種のことを論ずるのではない。ただ記紀の性質を明らかにするために、記紀によって考え得べきことを一言し、記紀には決して、天孫民族とか出雲民族とかいうような異民族があってそれが衝突したというようなことが語られていないことを、説いておくまでである。

要するに、記紀をその語るがままに解釈する以上、民族の起源とか由来とかいうようなことに関する思想をそこに発見することはできないのであるが、それはすなわち、記紀の説き示そうとすることはわが皇室及び国家の起源であって、民族の由来というようなことではなかったことを示すものである。皇族もそれに従属する諸氏族も、また一般民衆も、ともに一つの日本民族であったことは、昔の『帝紀』『旧辞』の編述者にもわかってはいたであろうが、「民族」というような概念はその頃は形づくられていなかったから、その起源を語ろうという欲求もまた生じなかったのである。

結論として述べるべきことは、これまでの考説でほぼ尽くされたようである。そこで総括していうと、記紀の上代の部分の根拠となっている最初の『帝紀』『旧辞』は、六世紀の中頃のわが国の政治形態に基づき、当時の朝廷の思想をもって、皇室の由来とその権威の発展の状態とを語ろうとしたものである。そしてそれは、少なくとも一世紀以上の長い間に、幾様の考えをもって幾度も潤色せられ、あるいは変改せられて、記紀の記載となったのである。だから、その種々の物語なども歴史的事実の記録として認めることはできない。しかし、それに見えている思想や風俗が物語の形成せられた時代の厳然たる歴史的事実であることはもちろん、全体の結構の上にも、それを貫通している精神の上にも、当時の朝廷及び朝廷において有力なる地位をもっていた諸氏族の政治観、国家観が明瞭にあらわれているのであるから、そういう人々の思想に存在している国家形態の精神を表現したものとして、それが無上の価値を有する一大宝典であることはいうまでもなく、したがってそれに含まれている一々の物語が実際に起こった事件の経過を記したものでないということは、毫もこの点における記紀の価値を減損するものではない。『古事記』及びそれに応ずる部分の『日本書紀』の記載は、歴史ではなくして物語である。そして物語は歴史よりもかえってよく国民の思想を語るものである。これが本書において、反覆証明しようとしたところである。

付録

第一　三国史記の新羅本紀について

朝鮮半島の古史として高麗朝に編纂せられた『三国史記』（＊一一四五年成立）、とくにその新羅紀の上代の部分には、いわゆる倭もしくは倭人に関する記事がすこぶる豊富に含まれている。したがってそれらの記事は、記紀と相俟ってわが上代史を闡明すべき貴重なる史料である如く、思われていたことがある。しかし一体に『三国史記』の上代の部分が歴史的事実の記載として認めがたいということは、東方アジアの歴史を研究した現代の学者の間には、もはや異論のないことであるから、倭に関するこれらの記事もまた史料としては価値のないものと見なければならぬ。ただ何故にそれが信用しがたいかということをまとめて説いたものが、まだ見あたらぬようであるから、ここに新羅紀についてその大要を述べておこうと思う。

韓地に関する確実な文献は、現存のものでは、『魏志』の韓伝とそれに引用せられている『魏略』

とがはじめのものであって、それによって、三世紀の状態が知られ、並びにやや遡って、一、二世紀頃の大体の様子が想像せられる。その詳細をここで述べる暇はないが、三世紀において新羅は辰韓十二国中の一国にすぎない小村落であって、しかも半島における当時の文化の中心であった楽浪、帯方からは最も遠い東南隅の、今の慶州の地にあり、その文化の程度の低かったことも想像せられる。一、二世紀においては、なおさらであったろう。馬韓も郡に近い北部にのみはやや シナの文化が及んでいたように『魏志』に書いてあるが、これは地理上の事情から来ているのであろう。さすれば、辰韓の文化は概して馬韓より劣り、新羅は辰韓中でもまた劣っていたことと思われる。辰韓と楽浪郡との間に交渉のあったことは『魏略』にも見えているが、それは辰韓の西北部、すなわち楽浪郡（のちの帯方郡の部分）と接触していた地方、言い換えれば今の尚州咸昌方面のことであろう。そうしてそれにしても、辰韓の全体を通じてシナの文化の影響があまりあらわれなかったことが、『魏志』によって推測せられる。しかるに、新羅紀はその最初の国王を赫居世というものとし、建国の年を前漢の宣帝の五鳳元年（前五七年）としている。そうして、それからあとの年代記がずっとできている。これがすでに甚だ怪しいことであって、こんな年代記がのちに伝わるくらいならば、一、二世紀においてシナの文化は、よほど深く新羅に植えつけられていなければならず、したがって辰韓の他の諸国も同様でなければならぬ。さらに広くいうと、三韓全体がほぼ同じ程度の文化をもっていなければならぬ。韓地全体の文化がそれほどに開けていたならば、シナもしくは楽浪のシナ人との交渉が、よほど密接でなければならず、したがって、シナの史籍に韓地の記事が多くあらわれていなければならぬが、そんな形跡は少しもない。のみならず、それほどの文化を有するものとしては、政治上の状態があまりに幼稚である。

さていわゆる赫居世がいかにして新羅を建てたか、それより前の状態はどうであったかという と、新羅紀はそれを明らかに説いていない。ただ、朝鮮の遺民が六村を形成していたという記事があって、その六村は地名から考えると、王城（すなわち今の慶州）の地であるらしく、儒理尼師今（＊第三代）の紀の示すところによると、それはのちのいわゆる六部の起源とせられているらしいから、新羅の基礎はこの六村であったというのであろう（『梁書』の新羅伝に「国有六啄評」とあるから、新羅の本地に六部があったということは、事実であろう。しかし、それが新羅紀のいわゆる六村であるかどうかは、他に徴証がないようである）。さてここにいう朝鮮は、衛満に仆された箕氏（＊中国からの移民）のか、武帝に滅ぼされた衛氏（＊中国からの流民）のか、わからぬが、いずれにしても、その遺民はシナ人だと見なければならぬ。さすれば、新羅はシナ人を基礎としたものとしなければならぬ。けれども、赫居世の姓の朴も居西干という その称号も、辰韓人の語としてあるのみならず、新羅人もしくはその中心になっているものがシナ人であるらしい様子は、すべての点において見えない。これが甚だ不思議である。なお、儒理尼師今のときに六村を六部として一々姓をつくったというが、それがシナ人ならばすでに姓があるはずであり、そうしてその姓はシナ人の思想からいうと、決して変更すべからざるものである。だから、この話には自家矛盾がある。もっとも、全体として辰韓人が秦人、すなわちシナ人であるという説が『魏志』に見えているが、これは辰韓人がシナ人に逢って「其語非韓人」（＊韓語が通じない）といったという『魏略』の記事に矛盾するのみならず、広い辰韓の全体がシナ人であったならば、『魏志』

などのいうように、それが楽浪郡から夷狄として取り扱われるはずがないから、ここにも自家矛盾がある。一体にシナ人は、彼らの中国思想から、いわゆる四方の夷狄の祖先を己れらの君主から出たものとしたがる癖があるので、匈奴は夏后氏の裔だといい、倭人についても呉の太伯の裔ということがいわれている。辰韓秦人説も、辰と秦との音の類似から、同じような付会をしたにすぎない。とくに外国に移住したものを秦人とすることは、秦の暴政（＊多くの民が逃亡）ということが伝えられているシナ人には、甚だ起こりやすい考えである。桃源（＊中国人が憧れる理想郷）の民も秦人といわれている。衛氏の朝鮮の遺民二千余戸がかつて辰韓の一地方に移住したことがある、という話が『魏略』に見えるが、よしそれが歴史的事実であるとしたところで、辰韓もしくは辰国は、この僅少なシナ人には関係なく、厳として存在していたのである。新羅紀にも秦人来往の記事は見えるが、これには辰韓も雑居したとある（また新羅紀には、かの六村を辰韓の六部というともあって、六部は辰韓全体を六分したもののようにも書いてあるが、それは所在地の地名にも、のちの六部、すなわち六姓の話にも矛盾している）。だから、新羅人もしくは辰韓人がシナ人であるという説は、事実ではない。なお、この建国の始祖赫居世は卵から出たものだというが、これが説話であることは、もちろんである。さすれば、建国の記事がすでにあらゆる点から信じがたい。

次に、建国のあとにおける領土の範囲、及びその拡張の状態に関する新羅紀の記載を考えるに、赫居世（前五七―四年）及び南解次々雄（四―二四年）のときから、楽浪郡の兵が来攻したことをはじめとして、その後もしばしば楽浪郡との交渉のあったことが記されていて、儒理尼師今

（一四─五七年）のときには、華麗、不耐の二県人が北境を侵したとあり、脱解尼師今（五七─八〇年）のときから、しばしば百済と今の忠清北道方面で衝突したと見え、また同じ頃加耶（加羅）とも黄山河（洛東江の下流）で衝突したとあり、また祇摩尼師今（一一二─一三四年）のときには、靺鞨（『三国史記』では今の江原道地方の住民を指している）が来攻し、その衝突地点が漢江の上流地域であったらしく書いてある。もしこれが事実であるならば、その領土は国初から、少なくとも今の慶尚北道全部及び洛東江下流の東北方を包含していたもの、としなければならぬ。が、これは明らかに三世紀において新羅が辰韓十二国中の一国であった、とある『魏志』の記載に矛盾している。その上、百済という国はその存在すらこの頃にはまだ明らかでなく、よしあったにしても馬韓の一小村落にすぎなかったに違いない。そうして、楽浪郡の存在した間は、忠清北道の主要部分はその郡の域内にあったから、そこで百済と衝突するはずもない。また、江原道方面が新羅の領土に含まれていない間は、咸鏡道方面のものが北辺を侵すことはできないから、華麗、不耐二県人の侵入は靺鞨の来攻と矛盾する。なおこのとき、貊国が新羅の味方をしたように書いてあるが、貊は鴨緑江方面の民族を呼ぶ名であるから、これもまったく虚偽である。助賁尼師今（二三〇─二四七年）のときに高句麗兵が北辺を侵し、沾解尼師今（二四七─二六一年）のときにそれと和を結んだというのも、これと同じであって、この頃に高句麗が新羅と交渉を生ずべきはずのないことは、明らかである。もっとも、儒理尼師今のときに楽浪が高句麗に滅ぼされたとあるが、これは基臨尼師今（二九八─三一〇年）のときに楽浪、帯方が帰服したとあるに矛盾した記事であるのみならず、両方とも明らかに事実に背いている。それから、婆娑尼師今（八〇─

一一二年）のときには音汁伐（今の興海方面）を討ち、悉直（今の三陟）、押督（今の慶山）が降り、また比只（今の昌寧か）、草八（今の草渓）を併せ、伐休尼師今（一八四―一九六年）のときには召文国（今の義城）を伐ち、助賁尼師今のときには甘文国（今の開寧）を平らげた、とあるが、これもまた『魏志』の記載に背反するのみならず、早くから楽浪や百済やいわゆる靺鞨やと衝突したという新羅紀自身の記事とも矛盾する。これらの地方が領土内になくては、楽浪や百済やいわゆる靺鞨やと衝突するはずがないからである。なお、婆娑尼師今のときには晋州郡（今の晋州、あるいは安東）、儒礼尼師今（二八四―二九八年）のときには多沙郡（今の河東）が貢献し、また婆娑尼師今が古所夫里郡（今の古阜）に巡幸し、阿達羅尼師今（一五四―一八四年）が漢水に出動し、基臨尼師今が牛頭州（今の春川）に至り、実聖尼師今（四〇二―四一七年）のときに平壌州（今の京城）に大橋を架したとあるなど、六、七世紀になってはじめ

朝鮮半島勢力図

て新羅の領土に入った地方を、早くからもっていたように書いてあることさえある（京城付近の漢江流域を新羅が取ったのは六世紀で、晋州、河東などのある慶尚南道の西部、すなわち昔の任那日本府の領土の西部や、または春川が新羅に入ったのは七世紀である）。そうして、真に新羅が辰韓地方を統一した時代であるべき四世紀の前半にあたる訖解尼師今（三一〇―三五六年）時代の記事には、毫もそんな様子が見えていない。以上の所説を総合して見ると、新羅紀の上代の部に見える外国関係や領土に関する記事は、すべて事実でないことがわかる。

　しからば、その他の方面ではどうかというに、王室に関する記事においては、前に述べた赫居世の卵の話（これは朴氏という名の説明になっている）のほかに、脱解についても似た物語（これは脱解の名の説明に結合せられている）があり、金氏及び鶏林の名の説明として、鶏鳴を聞いて金櫃を得たという話、瓠を腰に繋いで倭から海を渡ってきた瓠公というものの話などがあるが、これらが事実でないことは、もちろんである。それから政治については、王に徳があり民が道を知っていたから、倭人や楽浪人が兵を率いて来たけれども、あえて侵さずに帰ったとか、南韓に聖人が出たというので東沃沮の使者が来貢したとか、人の災を幸とするは不仁だといって敵国王の死を弔したとか（赫居世のとき）、鰥寡孤独老病のものを給養したから隣国の百姓が多く来帰したとか（儒理のとき）、儒理と脱解とが王位を相譲ったとか、または民に農桑を勧めたとか、蝗害があったので王が山川を祭ったら豊稔になったとか（婆娑のとき）、人を労するを不可として宮室をつくらなかったとか（味鄒のとき）、こういうシナ思想での理想的君主があり理想的政治が行なわれたような記事がある。最も甚だしきは、南解次々雄が漁鉤を業としていた脱解の賢なるを聞いて女（＊娘）をもってそれに妻わせ、登庸して政事を委任し、儒理尼師今がわが子を措いてそれ（＊脱解）に位を伝えた、という堯舜禅譲の物語をほとんどそのまま模写した話さえある。そうして、それらがみな事実らしくないことは、いうまでもない。こんな風であるから、嘉禾（＊良い稲）が生じたというような祥瑞の記事のあるのも、怪しむに足らぬ（婆娑、伐休、助賁のとき）。龍が見えたということもしばしばあるが、これもシナ思想の所産であることは、いうまでもない。なお前に述べたように、山川を祭るとか、基臨尼師今のときに太白山を望祭したとかいうのも、シナ人の思想であって、韓人の風習ではない。

しからば、こういう新羅紀の記事はいかにしてつくられたかというと、第一にはシナの史籍から借りてきたもの、もしくはそれに基づいて按出したものがある。かの六村を朝鮮の遺民としたのは、たぶん、前に述べた『魏略』の記事、すなわち衛氏の朝鮮の遺民二千余戸が辰韓に来た、という話から出たことであって、それを辰韓の六部ともいうとしたのは、『魏略』に辰韓のこととしてあるからであろう。シナ人がいわゆる夷狄を中国人の裔としたのとは違い、新羅人が自分らの祖先をシナ人としたのは、不思議なようでもあるが、拓跋魏がその祖先を黄帝としたと同じく、思想上、シナを本位としているものにとっては当然であろう。また辰韓に秦人が来たというのは、もちろん、『魏志』を採ったのである。また前には引かなかったが、南解のとき、北溟人が田を耕して得た王の金印を献じたとあるのも、そのようなことを書いている『魏志』扶余伝に出所があるらしい。華麗、不耐とか東沃沮とかいう名も、もちろん、シナの史籍から出ている。が、なお一歩進んで考えると、『魏志』の東沃沮伝に「不耐、華麗、沃沮、諸県皆為侯国」と列記してあるところから来ているのかもしれぬ。卵の伝説もまた、かの『魏志』の扶余伝に付記せられている『魏略』の記事から脱化したものであろう。それから、楽浪郡の来攻などが事実でないことは明らかであるが、楽浪郡という名もやはり書物によって得た知識に違いない。また、婆娑尼師今及び伐休尼師今のときに嘉禾ができ、奈解尼師今のときに死者が復活した、という記事のある南新県は、晋書にはじめて見える帯方郡の属県の名を借りてきたものらしい。自国に史料がない場合に、シナの史籍の記事を借りてきて、それに何事かを付会するするのは、シナの文化系統に属する付近諸民族において、自然に取られた方法である。第二には、後世の状態を昔からのこととし、またはのちの事蹟に基づいて構想したものがあって、前に述べた領土のこと、高句麗や百済や加耶に関する関係、などがそれである。とくに外国に関係のあることについては、以上の二つの方法によって、あらゆる付近の民族または国土の名を列挙してある。第三に、政治道徳に関する思想の所産がシナの経典から出ていることは、いうまでもなかろう。

こう考えてくると、紀年や歴代の国王の世系もまた虚構であることが推測せられる。とくに赫居世の建国を甲子の年（前五七年）としたのは、干支の始を揃えたのであって、この甲子の四月に即位して次の甲子の年（四年）の三月に没したようにし、その在位を精密に満六十年としたのも、同じ思想から派生したものらしい。そうしてその甲子を前五七年にしたのは、前三七年に始祖東明の即位を置いた高句麗、前一八年に始祖温祚の即位を置いた百済の建国の年よりも古くしよう、という意図から出たものではあるまいか（高句麗紀と百済紀とに見える二国の物語がいつつくられたかは問題であるが、この点から見ても、それに新羅人の手が加わっていはしまいかと思われる。三国の建国が、ほぼ二十年ずつを隔てて、ほとんど同じ時代とせられたのは、そこに偶然ならぬ作意が見えるようである）。歴代の国王の在位年数などにも、ほぼ定数があって、一と二と三と四との組み合わせのほかに出ていず、それによって作者の心理が覗われるようであるが、あまりに詮索にすぎるかと思うから、ここには省略しておく。

　ところがこういう記事を除けば、新羅紀の上代の部はほとんど空虚になってしまって、残るところは倭に関するもののみとなる。が、新羅紀全体の性質が上述の如きものであるとすれば、その倭に関する記事の価値も、またおのずから類推せられる。第一に、倭人が多く王城の東方の海岸から来攻した如く記してあるが、これは前に説いたと同じ理由によって、事実としては肯われないことである。そうして、四世紀の後半から五世紀にかけて、わが国が加羅を根拠として新羅にあたった、という明白な事件がほとんどあらわれていないのは、ますます倭人に関する記事の取るに足らぬことを示すものであり、多くの戦争譚は、事実の忘れられたあとになって、構造せられたものであろう。なお、訖解尼師今のときに、倭国王が婚を請うたから臣下の女を送ったとか、辞する（＊断わる）に女すでに嫁せるをもってした、とかいう記事があるが、これは歴代のシナの帝室といわゆる夷狄との間に行なわれたこういう関係の記事を、そのまま史籍の上から借りてきたものであることは、いうまでもない。それから、阿達羅尼師今（一五四—一八四年）のときに、倭の女王卑弥呼が来聘したとあるのも、『魏志』から来たものに違いないが、年代が合わないのは作者の杜撰（ずさん）の故であろう。また脱解尼師今は、倭国の東北一千里にある多婆那国の王が女国王の女を娶（めと）って生ませた卵から出た、というのであるが、女国はもちろん、『魏志』の邪馬台の女王国から出たものであって、『魏志』には当時女王卑弥呼がいたため、便宜上、女王国としてあったのを、ここでは女国という国名にしてしまったのである。多婆那国の名の由来（＊兵庫の丹波など諸説ある）はわからぬが、東北一千里としたのは、『魏志』に「女王国東渡海千余里、復有国、皆倭種」（＊女王国の東、水行一千余里にまた国あり、皆倭種なり）とあるところから来ているらしい。倭というような文字を用いることが、すでに新羅人がシナの史籍を読んだあとのしわざである。

新羅紀の上代の部における倭に関する記事が、史料として価値のないものであることは、これでも知られよう。その戦争の記事は、畢竟四世紀の後半以後において、絶えずわが国に抗敵していた、という事実に基づいて構想せられたものらしく、それはあたかも旧くからしばしば百済と戦を交えたように書いてあるのと同じであり、また実際にない戦争を虚構した点においては、楽浪郡に関する記事と同様である。のみならず、真に戦争の行なわれた時代のことにも、確実らしい具体的の記事は多く見あたらぬ。事実の片影の残っているものが一つ二つはないでもないにせよ、それすらも年代のあてはめ方は恣意なものである。ただ、慈悲麻立干（じひまりつかん）（四五八―四七九年）のときに歃良（そうりょう）城（＊釜山の北方）方面で倭と戦ったとあるのは、大体、事実であろう。また脱解なり瓠公なりの賢王賢臣を、敵国たる倭人もしくはそれに関係のあるものとしてあるのは、少しく奇怪のようであるが、これも倭というものが新羅人に最も強大な印象を与えているからのことであって、本来は敵であるものが、ある場合にその敵であるという観念の内容が意識せられずして、印象の強さのみが残り、それが別の方面に結びついたのである。シナ思想、また新羅紀全体の態度から考えると、都城が敵軍に陥ったとか、国王が外国人だとかいうことは、もしそれが事実であったならば、むしろ史上から削り去られるのが普通であるのに、それをわざわざ載せてあるのは、そこにこういう心理がはたらいていることを証するものである。わが国の神話や上代の説話において、味方たり属国たる百済よりも加羅よりも、かえって敵国たる新羅のほうが多くあらわれているのも、一面においてはこれに似た心理に由来があろう。のみならず、こうひどく倭に悩まされながら、あるいは徳をもって、あるいは武力をもって、常にそれに討ち克ったとしたところに、作者の特殊の意図が見えるのである。

新羅紀の上代の部に対する批判は、必ずしもこれで尽くされたのではないが、倭に関する記載の取るに足らぬことを証明するには、これで十分だと思う。そうして大体からいうと、前に述べた如く、実聖尼師今の頃にも、明白に虚構と見なすべき記事があるから、その前の奈勿(なこつ)尼師今(三五六―四〇二年)の頃、すなわちわが軍がはじめて新羅を圧したと推測せらるべき時代の記事も、他の確実なる史料の記載に照応するところのあるものでない限りは、うっかり信用ができない。

さて一般に、ある国、ある王朝の上代史が、歴史的事実から生じた伝説などを書き留めたものに限らず、特殊の意図によってのちの時代に結構せられたものがあるということは、この新羅紀の一例でもわかろう。シナの各朝の祖先の話、辺外から起こった魏や遼や金や元の国初の記事、また朝鮮においては高麗朝や李朝の祖先の物語も同様であって、史上にあらわれているところは、いずれも造作に出でたものである。『三国史記』の高句麗紀、百済紀はもちろんのことである。

しかし、こうしてつくられた新羅紀の出来栄えは、甚だ粗末なものであり、何らの生気も光彩もないものである。あまりに甚だしくシナ化せられ形式化せられて、新羅人に特殊な思想も感情もまったく痕跡をとどめていない。もちろん、これはずっとあとの高麗朝に編纂せられたものではあるが、その根拠となった新羅人の述作としても、やはり似たものではなかったろうか。よしシナ思想の着色が濃厚であっても、また漢文で書いてあっても、わが『日本書紀』をそれに比べると、霄壌（しょうじょう）の差がある。境遇の馴致（じゅんち）したところか、民族性のあらわれたところか、ともかくも半島の知識人の考えはシナ思想の外には一歩も出なかった。いずれの国民の上代史においてもその一要素となっているものは、種々の説話であって、そこにその国民の特殊なる思想や感情や生活状態などがあらわれているのであるが、これも新羅紀においては極めて貧弱であって、稀にあるそういうものでも新羅人の生活から出た特色が見えないではないか。

第二　魏志倭人伝の邪馬台国の位置について

『魏志』の倭人伝に記されている邪馬台国が、ツクシ地方のどこかであるか、または皇都の多く置かれたところでのちに「大和」の文字のあてられた土地であるか、という問題については、そのどのほうの説をとる学者の考えも、よく世間に知られているから、それをツクシ地方と見るについても、今さらその理由を繰り返していうには及ばず、反対説との論争のあとをたどってみる必要もないが、重要の事柄であるから、どういう考え方によってツクシ説をとるかということを、一応簡単に述べておこうと思う。

邪馬台国の存在は『魏志』によって知られるのであるから、何よりも先にその位置が『魏志』にどう記されているかを調べてみねばならぬが、それには魏使のツクシにおける上陸地点である末盧国から東南陸行五百里に伊都国があり、その東南百里に奴国、それから東行百里に不弥国があり、その南の水行二十日のところに投馬国、その南の水行十日陸行一月のところに邪馬台国がある、としてある。ここで大切なのは方位と距離とであるが、末盧（松浦）から奴（儺）までは、あるいは不弥を宇弥（＊福岡県の宇美）とすればその不弥までは、ほぼそれが地理上の事実と一致する。方位も今日の磁針にあてはめてみれば精確ではなく、里数もまた同様であるが、磁針のなかった当時に日の昇降の方位をほぼ東西と見なし、また多くはある地点から出発するときの方向によって次の地点の方位を示したらしい昔のシナ人の風習からいえば、そうしてまた百里とか五百里とかいう大数（たいすう）によって距離を記してあるこの記載からいえば、それにこのくらいの不精確なところがあっても、怪しむには足らぬ。帯方郡から末盧までの方位と距離と、並びにその経由した水路と停泊地点とが、やはり地理上の事実とほぼ一致していること、とくに方位については精密にといってもよいほどであることを、参考すべきである。

ただここに疑問となるのは、不弥と投馬と邪馬台との関係が、方位については明らかに南としてありながら、距離については、これまでの例とはまったく違って、里数でそれを示さず、水陸の行程によって記してあることであり、そうしてこの行程は南という方位と矛盾していることである。奴または不弥の地方から南行すれば水行によるところはなく、また二カ月を要するようなところはその方向にはないからである。そこで、三十日を要する水行を瀬戸内海によるものと考え、そこから南という方位は東の誤りであるとし、それによって邪馬台国を大和の地にあてる見解が生ずるのである。しかし、方位の東が南と誤られたというのは、第一に、帯方郡から奴国まで不弥国までの方位の記載が誤っていない例から見ても、肯いがたいことであり、第二に、一日か二日の場合ならばともかくもとして、二カ月の長い旅行においていつもいつも東が南と誤認せられたというのは、なおさら信じがたいことである。もっとも第二については、旅行者が誤認したのではなく、『魏志』の記載に誤写などがあるとして、こういうことが考えられなくはないかもしれぬが、それにしてもこの二カ所の記載のみに誤写があるとするのは、よほど確実な根拠がない限り承認しがたいことである。ところがその根拠は、行程が長くして瀬戸内海にあてるよりほかにあてようがないというだけのことである。しかしこの行程がそれほど確実なものと考えられるかというに、『魏志』の記載から見るとそこに大きな疑問がある。というのは、帯方郡から邪馬台国までの距離を一万二千余里としてあるが、里数の示してある不弥国までのを合計すると一万七百里になるので、それによると、不弥国から邪馬台国まではわずかに千三百里になるはずである。末盧国から奴国までの二倍余にすぎない。水陸両行二カ月を要するというには、距離があまりに短すぎるではないか。また末盧、伊都、奴、不弥、と重要なる地点の名を順次に挙げてきたにかかわらず、二月にわたる長途の行程において、中間の地点として投馬国の一つのみが記されているのも、奇怪である。水行するにしても停泊の地はいくらもあったはずであり、一カ月の陸行に記すべき地点のなかったはずはあるまい。さすれば、これもまたこの行程の疑わしいことの一つである。こう考えてくると、この行程の記載を根拠としてそれによって考えを立てるのは、甚だ危険といわねばならぬ。もともと不弥国まではいつも里数が記されていながら、それからあとはまったく書き方が変わってこういう行程によって距離が示してあるところに、何らかの意味があるのではあるまいか。

そこで全体の上から見て、『魏志』が倭をどういう方面にあるとしているかというと、道里を計ると会稽（＊上海南部）の東にあたるといっていること、気候が暖かいといっていること、その風俗を記すについて『漢書』地理志の粤（ベトナム）の条の記載をとっているところのあること、などから考えると、『魏志』の記者は倭を南方にあるように考えていたことがほぼ想像せられる。これはいわゆる倭の女王の居所だという邪馬台国を、倭の地へ上陸してからずっと東へ行ったところ、二カ月もかかって東へ東へと進んで行ったところ、とは思っていなかったことを、示すものではなかろうか。そうしてそれは奴国、不弥国のあたりから遠く南行して邪馬台国に至るとせられているところから来ているのではあるまいか。しかしすでに述べた如くこれは地理上の事実としてあるべからざることである。しからばどうしてこういう記載があるかというと、それは直接もしくは間接にその資料となった魏使の報告のこの部分が、造作せられたものであったからではなかろうか。里数によらずしてこういう行程によって距離が示してあり、この部分だけ特殊の書き方がしてあるところに、それが暗示せられているのではあるまいか。帯方郡からの使節がその行旅の遠さを甚だしく誇張して報告しようとして、こういう造作が加えられたと見るのは、シナの使節のしわざとしては無理な推測ではあるまいか。いわゆる女王の起居のありさまを叙する場合に「宮室楼観城柵厳設」（＊卑弥呼の宮室には楼閣や城柵が厳かに設けられている）としてあるなども、上代の日本の一般の風習や生活状態から見ると、甚だしき誇張の筆と解せられるので、これは邪馬台国をシナ風の考えによって堂々たる大国の如くいったものである。『魏志』に朱儒国が倭国の南四千余里のところにあり、また裸国、黒歯国などがさらにその東南の舟行一年にして行かるべきところにある、と記してあるのは、魏使の報告にあったことか、または『魏志』もしくは『魏略』などの編者のしわざから出たことか、わからぬが、いずれにせよ、空想的伝説的の地名を実在の土地に繋ぎ合わせたものであって、それは西域のことをいう場合にその極遠の地として西王母（＊中国の女神）の国名を挙げるのと同じようなことであり、われわれから見るとそれによって実在の土地がかえって空想化せられる傾向をもつものである。邪馬台国が甚だしく遠い土地であるようにいってあるのも、一つはこれと似たところのあることであるが、それとともに使節の労苦を示しその功業を大にしようとする意図も、それに含まれていよう。

こう考えてくると、この行程において造作せられたのは、その距離にあるので、方位ではなかったろう。方位を南としたのは、使節が自己の旅行によって知ったことか、または伝聞したことか、いずれであるにせよ、事実を記したのであろう。これは造作する必要のないことだからである。なお邪馬台国より北は道里がわかるが、その他の方面についてはそれがよくわからぬといい、邪馬台国に服属している諸国はそれより北のほうであるようにいい、そうしてまたこの国の勢力の及ばない南方にその敵国である狗奴国があるといい、すべて南北によってその方向を示してあることをも、考え合わすべきである。そうしてこれは事柄の性質から見て、やはり魏使の報告したことであろうと思われる。朱儒国を南にあるとし、裸国、黒歯国をその東南にあるとしたのも、この方向のさらにおし進められたものと解せられる。こう考えてくると、邪馬台国がツクシの一地方であり、いわゆる倭がツクシ地方を指していることは、明らかであろう。この国の東方の海を渡ること千余里のところに同じ倭種の国があるというのも、こう解することによってはじめてわかるので、それはいわゆる本土もしくは四国方面のことをいったのであり、千余里とあるのは伝聞を記したために誇張せられた言い方となったのであろう。倭の地が海中にある洲島で、周りが五千余里であるというのは、実見と伝聞と想像との結合せられた知識であろうが、やはりツクシにあてはまる。邪馬台国の位置はこれらの記載によって一層明らかになるであろう。

ただここに一つ問題になるのは、魏使が邪馬台国へ行ったかどうかということである。これは『魏志』に伊都国（＊今の糸島市）について「郡使往来常所駐（＊常にとどまる所）」とも「自女王国以北、特置一大率、検察諸国、……常治伊都国、……王遣使詣京都帯方郡諸韓国、及郡使倭国、皆臨津捜露伝送文書賜遺之物、詣女王、不得差錯（＊みな波止場に出て行って、奏上書や貢献品を点検して、女王に詣でるとき間違いがないようにする）」とも記してあるのによると、魏使は伊都国までしか行かなかったように見られはしないかという疑いが起こるからである。もしそう見るならば、伊都国より先のことは、方位についても距離についても伝聞によったものにすぎないことになり、その価値がいくらか低められるのみならず、不弥国までとそれから先とで距離の示し方に違いのあることにも、さしたる意味がないとするか、または上に考えたのとは別の意味があるとするか、いずれかの見方をしなければなるまい。しかし「往来常所駐」は、往路にも来路にもその途中でいつも駐在するところという意義に解するのが、文字の上から見て妥当であろうし、伊都国で伝送賜遣の文書物品を調べるのは、魏からのも女王からのも同じであるから、そこで魏使がとめられるというようには解せられぬ。つまり伊都国が女王から任命せられた監察官の駐在するところであったため、そこが一種の関門とも中継地点ともなり、したがって魏使も往復の途上そこにはとくに滞留する慣例になっていたのであろう。常識的に考えても、郡（＊帯方）からわざわざ派遣せられた使いが途中でとめられる慣例であったとは思われず、とくに張政（＊二十年近くを邪馬台国で過ごしたとされる役人）が使いとなって行ったときの『魏志』の記載は、邪馬台国まで行ったとしなければ解しがたいもののようである。さすれば上に考えたことに誤りのないことがおのずから知られよう。

邪馬台国がツクシの地域にあり、そうして奴国や不弥国より南方にあった、ということは、『魏志』の記載による限り、もはや疑いはないと思うが、しからばそれは今のどこであったろうかというに、地名から考えると、それを筑後の山門郡とする説に従うのが穏当であろう。ここは神功紀にも土蜘蛛の居所として記されていて、上代には重要の地であったように見える。考古学的にそれを裏づける遺跡や遺物は発見せられていないかもしれぬが、史跡には必ず考古学的の裏づけができるとは限るまい。邪馬台国を東方の大和の地とする考えには、考古学方面からの観察が根拠になっているものもあるが、それは『魏志』の記載を否定するほどの確かなことではない。もともと邪馬台国の存在は『魏志』によってはじめて知られるのであるから、それを否定したのでは、邪馬台国ははじめから問題にはならぬ。否定するのではなくして解釈するのだというかもしれぬが、邪馬台国を大和にあるというのは、実は解釈ではなくして否定である。本文の記載を改作しない限り、言い換えると否定しない限り、そういう解釈はできないからである。しかしそれは別のこととして、邪馬台国を大和とすることの理由として提出せられた考古学的観察が、その観察として確かなものであるかどうかというに、必ずしもそうとは言い兼ねるのではあるまいか。このことについてもすでに議論が尽くされているようであるから、ここにはそれを述べない。そうしてこの大和説の最も重大な弱点は、大和における女王の存在を証明することのできないところにある。邪馬台国を大和とするのはその君主の家を皇室と見なすのであるが、三世紀の頃のわが皇室において女性の天皇がおられたという証跡はどこにもなく、そういう推測はどこからも出てこない。邪馬台国に女王があったというのも、そのときの何らかの特殊の事情のためらしく、その国の君主が常に女王であったのでないことは、『魏志』の記載そのものによって知られるが、その頃の大和の皇室については、歴史的事実がほとんど伝わっていないから、歴代の皇位がいかなる事情で継承せられてきたかも、またわからぬ。ただその時代にあたるらしい崇神、垂仁朝頃からあとの歴代の皇位の継承については、記紀の記載がほぼ信用すべきものと考えられるのに、そこに女性の天皇が見えないのと、記録がつくられるようになったと考えられる応神朝からあとの時代においても、推古天皇に至ってはじめて女皇があらわれたのと、まだ一般に家系が男性によって相続せられていたことと、これらを互いに照らし合わせて考えると、三世紀頃の皇室に女性の天皇のなかったことが、知り得られるのである。この点から、女王の君臨していたという邪馬台国は大和の地ではなかった、ということがわかるのである。

本文ＤＴＰ・カバーデザイン／長久雅行

古事記及び日本書紀の研究　完全版

第一刷発行――二〇二〇年一一月三日
第六刷発行――二〇二二年二月一一日
著者――津田左右吉
編集人――祖山大
発行人――松藤竹二郎
発行所――株式会社 毎日ワンズ
〒一〇一－〇〇六一
東京都千代田区神田三崎町三－一〇－二一
電　話　〇三－五二一一－〇〇八九
ＦＡＸ　〇三－六六九一－六六八四

印刷製本――株式会社 シナノ

ISBN 978-4-909447-12-8